Une histoire *européenne* de l'Europe

« La mémoire divise, l'histoire réunit. »
Pierre Nora

Cet ouvrage a été préparé dans le cadre des programmes de recherche du Réseau de coopération scientifique en ethnologie et historiographie européennes Eurethno, agréé par le Conseil de l'Europe. Il a été l'axe de recherche de l'Équipe d'accueil pour doctorants (E. A.) « Identités et socialisation » – IDES – et l'objectif prioritaire de l'Action internationale « Enseigner l'Europe » de l'université Paul-Valéry-Montpellier III. Son élaboration a été constamment accompagnée de l'appui précieux des présidents et des conseils de cette université.

L'Histoire européenne de l'Europe comprendra une série de quatre ouvrages dont les deux premiers, *Mythes et fondements* et *D'une renaissance à l'autre ?*, sont des ouvrages de vulgarisation ; les suivants (à paraître) seront un manuel d'histoire pour l'enseignement supérieur et, but essentiel de l'entreprise, un manuel d'histoire pour l'enseignement secondaire.

Dans cet ouvrage, *Mythes et fondements*, Charles-Olivier Carbonell, professeur émérite d'histoire contemporaine à l'université Paul-Valéry Montpellier III, a rédigé la première partie et les chapitres 1 et 2 de la deuxième partie ; Joseph Schultz, professeur de géographie à l'université Paul-Valéry, responsable de la cartographie, a rédigé les chapitres 3 et 4 de la deuxième partie ; Jacques Limouzin, inspecteur pédagogique régional de l'académie de Montpellier, est l'auteur de la troisième partie.

Dans l'ouvrage *D'une Renaissance à l'autre ?*, Dominique Biloghi, maître de conférences d'histoire moderne à l'université Paul-Valéry Montpellier III a rédigé la première partie ; Charles-Olivier Carbonell, la deuxième, et enfin, Frédéric Rousseau, maître de conférences d'histoire contemporaine à la même université, la troisième.

Cette étude est le fruit un travail d'équipe où chacun a été et reste solidaire de tous. Les auteurs ont été accompagnés dans leurs travaux par le soutien amical de leurs collègues Jocelyne Bonnet, Marie-Paule Masson, Danièle Roman, Constantin Angélopoulos, Gérard Dédéyan, Carol Lancu et Gabriel Jandot.

Européenne par son objet, l'entreprise le fut aussi dans sa genèse, durant laquelle elle a bénéficié des conseils de nombreux historiens et ethnologues rencontrés aux quatre coins du continent. Que soient ici remerciés plus particulièrement Mmes Dabrowska et Jaworska (Lodz), E. Karpodini (Athènes), S. Dimitrova (Blagoevgrad), C. Koulouri (université de Thrace), E. Manélis (Vilnius), M. Pélékidou (Janina), B. Valota (Milan), K. Vérébélyi (Budapest) et les responsables du Georg-Eckert Institut de Braunschweig, Mme Falk Pingel et R. Riemenschneider.

CHARLES-OLIVIER CARBONELL
DOMINIQUE BILOGHI, JACQUES LIMOUZIN,
FRÉDÉRIC ROUSSEAU, JOSEPH SCHULTZ

Une histoire *européenne* de l'Europe

MYTHES ET FONDEMENTS
(DES ORIGINES AU XVe SIÈCLE)

ÉDITIONS
Privat

Les cartes de cet ouvrage ont été réalisées, sous la direction de J. Schultz, par les étudiants du D. U. de cartographie de l'université Montpellier III, L. Chambon, J. Chante, P. Couprie, E. Deaux, M. Delboy, L. Denat, M. Edou-Ebolo, V. Grieu, L. Guerrni, P. Pruniaux, P. Serantoni, C. Sudre.

En couverture :
« Europa mundi pars quarta », *Liber Floridus*,
ms. 92, Bibliothèque de l'Université, Gent (Belgique).

ISBN : 2 7089 5398 2

Dépôt légal novembre 1999.
Imprimé en France.

Sommaire

TROISIÈME PARTIE :
FONDEMENTS
L'EUROPE DE LA CHRÉTIENTÉ

Préface

Cette Histoire n'est ni celle d'un continent, ni celle d'un concept, ni celle d'une communauté en construction.

Elle n'est pas l'histoire d'un continent ou d'une fraction de l'espace ; elle refuse donc à la géographie le soin initial de délimiter son objet trop mouvant et de faire ainsi de quelques traits de la nature la matrice d'une identité culturelle. L'absence du classique « tableau géographique » liminaire traduit la volonté des auteurs d'échapper aux séductions d'un dangereux déterminisme. Un tel tableau arrivera plus tard ; à l'heure que lui fixe l'Histoire ; lorsque les peuples se seront installés et comme rassemblés sur un espace qu'ils feront leur.

Cette Histoire n'est pas celle d'un concept, d'une idée ; une telle « chronique des prises de conscience successives d'une unité de culture » a déjà été faite ; et bien faite. Il serait vain de vouloir rivaliser avec les *Vingt-huit siècles d'Europe* de Denis de Rougemont, comme avec *L'Idée européenne dans l'histoire* de Jean-Baptiste Duroselle.

Cette Histoire n'est pas, non plus, la récente chronique d'une communauté en construction, de ses institutions, de son élargissement, de ses réalisations successives depuis la création de la Communauté du charbon et de l'acier jusqu'à l'adoption d'une monnaie commune. Elle néglige l'actualité de l'après-1989, et préfère considérer plus longuement le passé lointain que notre siècle et celui qui l'a précédé.

Cette Histoire, pour reprendre les expressions de Julien Benda dans *L'Esprit européen*, est celle d'un « être historique », d'une « réalité indivise » ; l'histoire d'une vaste communauté de civilisation qui tire son nom du continent dans lequel elle fut approximativement inscrite non par la quête d'un espace identitaire mais par la force d'un destin hostile. Elle est l'histoire des hommes qui ont participé à la même aventure, connu les mêmes conditions, partagé les mêmes situations, vécu les mêmes événements ; aventure, conditions, situations, événements qui constituent leur passé commun, unique objet de cette Histoire.

Cette Histoire est donc celle de l'Europe singulière – de l'Europe au singulier d'une part, de l'Europe dans sa singularité d'autre part. Europe au singulier et non pas, comme cela a été le cas jusqu'à présent, au pluriel. Jusqu'ici, en effet, les historiens de l'Europe ont été sensibles à sa diversité, aux différences et aux antagonismes qui la déchiraient, aux grandes fractures qui la parcouraient. Le parti qui a été pris ici est de réagir contre cette vision, non parce qu'elle serait fausse – elle n'est que trop vraie ! – mais parce que, fille de la tradition historiographie nationaliste qui fut celle des Européens d'hier, elle est abusivement et pessimistement réductrice ; parce qu'elle est toujours dominante, comme le prouvent les plus récents ouvrages consacrés à l'histoire de l'Europe : *Europe, a History*, de Norman Davies, par exemple. On y voit défiler, pays après pays, de prolixes notices nationales qui succèdent à d'heureuses mais rapides synthèses, de telle sorte que celles-ci sont constamment noyées sous celles-là.

Dégager le tronc commun des mémoires européennes, l'élaguer des mémoires nationales – en fait étatiques – qui lui font ombrage tant leurs branches ont poussé dru, tel est l'objet que poursuit cette *Histoire européenne de l'Europe* ; telle est la raison qui a guidé le choix de son titre insistant. Il ne s'agit pas, répétons-le, de décréter l'amnésie des mémoires nationales, de nier leur intérêt ou, tel Big Brother, de les faire disparaître dans quelque « trou de mémoire » comme certains ont fait, jadis et naguère, des mémoires provinciales ou locales. Il s'agit aujourd'hui d'ajouter une mémoire. Car le temps est venu de dire aux Européens pourquoi ils sont européens. Ils le sont certes pour des raisons géographiques – ils sont nés, ils vivent entre Oural et Atlantique – ou politiques – ils sont citoyens d'un État membre de l'Union européenne. Raisons existentielles ; raisons révocables. Ils le sont aussi, essentiellement – mais le savent-ils ? – par décret de l'Histoire.

Charles-Olivier CARBONELL

PREMIÈRE PARTIE

L'EUROPE A-T-ELLE UNE HISTOIRE ?

« Il n'y a pas d'histoire
européenne. »
Jean-Pierre Rioux,
Le Monde de l'éducation.

« L'Europe ?
Elle existe depuis tant de siècles ! »
Denis de Rougemont,
Écrits sur l'Europe.

S'interroger sur l'existence de l'objet même qu'on prétend étudier peut paraître une coquetterie d'intellectuel ratiocineur et une démarche un brin hypocrite quand on sait qu'à la question « L'Europe a-t-elle une histoire ? » est donnée ici réponse positive. Ici, mais pas ailleurs. Car, si les auteurs de l'*Histoire européenne de l'Europe* sont convaincus que l'Europe a un passé – un passé « un » – et qu'elle doit donc avoir une histoire – une histoire « une » –, d'autres historiens, aujourd'hui comme hier, affirment le contraire.

Écrire une histoire de l'Europe fait donc débat. La chose est heureuse ; le débat – cet exercice de l'esprit que nos ancêtres athéniens ont inventé il y a vingt-cinq siècles – nourrit la réflexion, fait prendre conscience de la relativité des points de vue, amène à mieux asseoir les augmentations. C'est pourquoi il a paru utile de publier d'entrée, comme on verse des pièces au dossier, une série de textes, plus ou moins longuement cités, qui répondent les uns négativement, les autres positivement à la question : « L'Europe a-t-elle une histoire ? » Leur lecture doit permettre de pénétrer, l'esprit averti et l'œil critique, dans l'ouvrage qu'ils précèdent sans nécessairement l'introduire.

L'EUROSCEPTICISME HISTORIOGRAPHIQUE

Les négateurs de l'histoire européenne furent légion. Ils n'ont pas, aujourd'hui, disparu. Nous leur devons ce long silence sur l'Europe, cette quasi-amnésie qui caractérise l'historiographie jusqu'à une époque récente. Durant le long siècle qui court de la classique *Histoire de la civilisation de l'Europe* de Guizot (1828) – superbe essai de philosophie politique centré sur le couple

Angleterre-France – jusqu'à l'*Essai d'une histoire comparée des peuples de l'Europe* de Charles Seignobos (1938), les histoires de l'Europe qui paraissent en France, plus nombreuses qu'en Angleterre et en Allemagne, se comptent sur les doigts d'une main[1]. La récente fortune éditoriale de ces histoires n'est pas, comme on pourrait le croire, la preuve d'un changement d'attitude. L'euroscepticisme historiographique est présent même chez des historiens de l'Europe, dont les œuvres nient la réalité de l'objet que leur titre prétend étudier. Ainsi en est-il de celles d'Emmanuel Berl et de René Sédillot.

Emmanuel Berl : L'Europe, les impostures d'une histoire

En 1946 Emmanuel Berl (1892-1976) publie conjointement le premier des trois volumes qu'il a consacrés à l'histoire de l'Europe – *Histoire de l'Europe d'Attila à Tamerlan* – et un mince essai intitulé *Structure et destin de l'Europe*. Emmanuel Berl est alors un intellectuel juif de gauche sorti de la clandestinité qui a conservé la notoriété acquise dans l'entre-deux-guerres par ses succès de romancier et de journaliste. Dans son essai, Berl entreprend de prouver que les civilisations et les constructions placées d'ordinaire au berceau de l'Europe n'eurent rien d'européen ; que la Grèce antique fut égéenne ; que la Romania dut sa grandeur à ses victoires africaines ; que, Rome tombée, l'Europe fut un « vaste magma », une « pâte flasque » que les Carolingiens ne purent organiser. Du reste, note-t-il, du Ve au XIe siècle, la vraie Europe, c'est Byzance, « asiatique d'ailleurs, plus qu'à moitié ». Et, un peu plus loin, s'il concède qu'il y eut une « grandiose » Europe gothique, c'est pour ajouter aussitôt, dans une phrase assassine, que cette Europe gothique ne fut qu'une « suite d'effondrements ».

L'*Histoire de l'Europe d'Attila à Tamerlan* connut en 1969 une nouvelle édition qui reçut une seconde préface, plus explicite que la précédente. Berl y énumère quelques caractères négatifs de l'Europe : son indétermination dans l'espace, sa discontinuité dans le temps et les virtualités successives de ses projets jamais aboutis. Ce qui fait d'elle, au mieux, « un énoncé ». En voici quelques lignes.

> « L'Europe n'est pas une fraction déterminée de l'étendue. Pas davantage une continuité. Il n'est pas raisonnable de voir dans Henri le Navigateur un

descendant d'Urbain II, non plus que dans les Césars germaniques des successeurs de Charlemagne, ni en Charlemagne une réincarnation d'Auguste ou d'Adrien. [...]

« [...] La continuité fallacieuse de la chronologie, la permanence fallacieuse d'un vocable et la prétention généalogique habituelle aux parvenus émoussent la sensibilité des Européens aux trous, aux sauts quantiques de leur histoire. Ils vont jusqu'à se réclamer de la jeune fille trouvée, enlevée par Jupiter sur une plage d'Asie mineure, et ne se rappellent pas que pour les Grecs "Europe" désignait un monde étranger à la Grèce.

« Ils parlent comme si elle était une chose donnée dans l'espace et dans le temps. Mais elle n'est pas une chose – comme l'est effectivement l'Égypte. Elle ne signifie pas autre chose que la série de ses projets successifs. Projet théocratique de la Croisade qui dégénéra..., projet mercantile de l'Europe humaniste. Projet enfin de la révolution industrielle.

« Mais de ce que l'Europe ne soit pas une chose, il ne suit pas qu'elle ne soit rien du tout. Elle ne ressemble pas à ce que Michelet exprime par le mot personne, mais beaucoup à ce que Michel Foucault entend par : énoncé – qui en soi-même n'a pas de sens, mais le prend par rapport à des ensembles, d'ailleurs variables, d'autres énoncés. L'Europe a un sens très clair par rapport à l'Islam qui du XIIIe au XVIe siècle la menace. Elle en a un par rapport aux empires coloniaux qu'elle conquiert et qu'elle abandonne. Si elle n'a pas été une nation elle a été, au XVIIe, au XVIIIe, au XIXe siècle un "concert" où chaque instrument a sa partie, mais peut rester muet un temps alors que les autres continuent à jouer. [...]

« Elle ne manifeste son unité que par concordance des destins : l'Angleterre, la France, l'Allemagne naissent ensemble, profitent du printemps gothique, dépérissent au XVe, subissent et surmontent ensemble la crise générale que produit la guerre de Trente Ans, la révolution anglaise, la Fronde – et en Russie le temps des troubles.

« Mais cette concordance, elle-même, garde rarement un caractère général : les cités italiennes et flamandes, les principautés d'Allemagne subsistent, alors que la France, l'Espagne, l'Angleterre deviennent des royaumes. En fait l'histoire européenne cesse rarement de se diviser en structures différentes. [...]

« À qui lui demande : "qu'êtes-vous ?", l'Europe répond par des balbutiements sans cohérence. »

Histoire de l'Europe. t.1 *D'Attila à Tamerlan*, Paris, Gallimard, 1946.

Lorsqu'Emmanuel Berl évoque l'indétermination des frontières de l'Europe pour nier l'existence de son histoire, son argument est moins anti-historiographique qu'il ne le croit. Que la géométrie de l'Europe soit variable donne, au contraire, toute son importance au facteur historique ; si les frontières de l'Europe ne sont pas celles de la géographie – naturelles et immobiles – elles sont celles, fluctuantes, que lui donne l'histoire. Aussi le texte qui suit, dans lequel Berl affirme l'européanité de l'Angleterre, de l'Espagne, de la Russie, aurait-il pu trouver sa place, plus loin, aux côtés des textes de ceux qui ont un point de vue opposé au sien.

« Furent et sont “européens” ceux qui s’associèrent ou s’associent à ces projets ; ont cessé de l’être ceux qui s’y refusèrent : la Russie de Kiev était européenne, celle des khans mongols non pas, celle de Pierre le Grand l’est derechef. De même l’Espagne est à la tête de l’Europe, quand elle fournit ses caravelles à Christophe Colomb, et elle ne l’est plus au XIXe, quand elle dédaigne la construction des usines. Malgré qu’en aient eu Napoléon, Guillaume II et parfois le général de Gaulle – opposer au “continent européen” l’Angleterre “qui est une île” me paraît insoutenable : l’Europe n’est pas un continent, l’Angleterre est un archipel plutôt qu’une île : en fait elle s’est associée à la croisade, elle a bâti des cathédrales à ogives, elle donne à la Renaissance Shakespeare, à la Réforme Cromwell, à la physique moderne Newton, à la biologie Darwin ; si elle n’a pas ouvert l’épopée coloniale de l’Europe, elle y a œuvré autant que toute autre nation. Après avoir été le pays des marchands et des marins, elle est devenue le pionnier de la grande industrie. Pas un chapitre de l’histoire européenne où elle ne soit présente. »

Histoire de l’Europe, t.1. *D’Attila à Tamerlan*, Préface, *op. cit.*

Il y a moins de subtilité chez cet autre négateur de l’histoire de l’Europe que fut René Sédillot, esprit entier, volontiers polémiste.

René Sédillot : « Il n’y a jamais eu d’Europe »

Journaliste économiste, René Sédillot fut un brillant essayiste qui pratiqua la vulgarisation historique à grand angle – le survol, comme il disait. *Survol de l’histoire de l’Europe*, paru en 1967, est du reste le titre de l’ouvrage dont sont citées ci-dessous quelques lignes de la conclusion. On y voit combien pèse le présent sur la vision de l’auteur. Un présent où la grande affaire est la construction européenne – à l’époque si difficile à l’ouest, avec les vetos anti-britanniques du général de Gaulle, et si chimérique à l’est avec l’infranchissable rideau de fer ; où la grande inquiétude des Européens est le déclin d’une Europe menacée de perdre son identité. Aussi la vision du passé qui s’impose à René Sédillot est-elle celle d’une suite discontinue de constructions ratées.

« Le bilan de l’histoire européenne est facile à dresser : il n’y a jamais eu d’Europe. Les seules Europes qui soient passées du rêve à la réalité sont fragmentaires. La plus durable est l’Europe romaine ; la plus passionnelle, l’Europe des papes ; la plus ample, l’Europe française des siècles classiques ; la plus asservie, l’Europe d’Hilter ; la plus organisée, l’Europe bureaucratique du XXe siècle. Mais il a manqué à l’Europe romaine de s’évader du système méditerranéen ; à l’Europe des papes et à l’Europe classique, d’atteindre à la construction politique ; à l’Europe d’Hitler, d’obtenir le consentement des peuples ; à l’Europe des bureaux, de grouper mieux que des morceaux de continent. À toutes ces Europes, il a manqué de réussir l’unité là où l’emportent les diversités. Car l’Europe est diverse. […]

> « "Nous ne coalisons pas des États, nous unifions des hommes", proclame Jean Monnet, conscient des vraies nécessités. Mais il ne suffit pas d'affirmer, il faut réaliser. La tâche est difficile. »

Et, après avoir dressé le tableau des faiblesses économiques, démographiques et monétaires de l'Europe, « colonisée par l'Amérique », et avoir regretté « la lenteur avec laquelle progresse l'idée européenne », René Sédillot conclut en apportant deux autres arguments à son euroscepticisme : l'indétermination géographique de l'Europe et son irréductible diversité.

> « La notion même d'Europe peut sembler trop étroite ou trop large : trop étroite pour ceux qui attachent le plus grand prix à la notion d'humanité ; trop large pour ceux qu'exalte l'idée de nation, ou pour ceux qui portent leur amour sur leur province ou leur village. Dans la hiérarchie des valeurs, il n'est pas évident que l'Europe doive l'emporter.
>
> « La définition de l'Europe reste incertaine, parce que ses frontières se déplacent selon les offensives des peuples voisins ou selon le caprice des géographes. Quand les Arabes sont à Valence, l'Afrique mord sur l'Europe. Quand les Turcs sont aux portes de Vienne, c'est l'Asie qui déborde. Et quand les Russes sont à Leipzig ? Ainsi l'Occident se rapetisse ou s'étale à la manière d'une fleur qui se recroqueville ou s'épanouit. Mais, autant que ses limites, son centre de gravité est mouvant : il est méditerranéen avec Rome, rhénan au XXe siècle comme sous Charlemagne.
>
> « Trois mille ans n'ont pas suffi à conférer l'unité au continent. Les princes de l'Église et du monde, les conquérants et les rêveurs y ont échoué. Les bureaux ne parviennent qu'à ébaucher des caricatures d'Europe. Imaginons que, sur l'échine du taureau divin, redébarque aujourd'hui en Crète la princesse phénicienne qui a donné son nom au continent. Après trois millénaires et demi, elle découvrirait une Europe assurément métamorphosée, mais avec des nations plus fermées, des frontières plus hautes qu'au temps où erraient des tribus éparses dans la nature encore vierge. L'Europe, en ces millénaires, a trouvé le chemin de la civilisation, mais non pas celui de l'unité.
>
> « La princesse pourrait s'interroger sur l'étrange emploi que les Européens ont fait de la métallurgie que leur a enseignée son frère Cadmos : ils ont forgé les armes qu'ils s'opposent entre eux, ils ont érigé le rideau de fer qui les divise. Elle pourrait se demander si les hommes n'abusent pas de son nom, lorsqu'ils le retiennent pour désigner des lambeaux de continent qu'elle n'a jamais entrevus, même en pensée. Elle s'en retournerait au rivage phénicien, inquiète et déçue.
>
> « Europe : pour les uns, ce mot reste une grande espérance ; pour les autres, il n'échappe pas à la mythologie. »
>
> *Survol de l'histoire de l'Europe*, Conclusion, Paris, Fayard, 1967.

Pareils propos ne restèrent pas sans réponses ; la polémique naquit entre les historiens eurosceptiques et leurs adversaires – entre Denis de Rougemont et Emmanuel Berl, par exemple, comme nous le verrons bientôt.

Les croisés de l'historiographie européenne

Les historiens qui croient à l'existence d'un passé de l'Europe – et qui, en conséquence, en écrivent l'histoire – croient aussi, et plus fortement, à la nécessité morale et politique de cette écriture. Certains sont des croisés de l'unité européenne, d'autres des humanistes pacifiques. Commençons par les premiers.

Julien Benda : Histoire, conscience et unité de l'Europe.

En 1933 Julien Benda (1867-1956) publie *Discours à la nation européenne* ; il l'adresse « aux hommes qui veulent unir les peuples, qui pensent à faire l'Europe ». Effrayé par la montée des passions nationalistes, par le succès du nazisme outre-Rhin, ce polémiste de gauche, que *La Trahison des clercs* a rendu célèbre quelques années plus tôt, rêve d'une unification de l'Europe qui « ne soit pas seulement le fruit d'une transformation économique, juridique et politique » mais aussi celui « d'une transformation des valeurs morales et esthétiques ». Il accuse l'Europe d'inconscience et veut faire naître chez les Européens la conscience et l'idée européennes. Cette absence de conscience et d'idée lui paraît scandaleuse quand on sait – mais qui le sait ? – que les Européens ont en commun le passé.

Plus tard, en 1946, dans une conférence prononcée à Genève dans le cadre des Rencontres internationales, Benda enrichira son message par des considérations historiographiques proches des nôtres, en s'exclamant : « On n'a jamais écrit une histoire de l'Europe ! »

« Existence d'un passé, absence d'une histoire » pourrait être le titre des deux textes qui suivent.

Existence d'un passé...

« On l'a dit : l'idée que les hommes se font de leurs actes est, en histoire, plus féconde encore que ces actes. Rien ne paraît le montrer mieux que l'histoire de l'Europe en ces derniers quinze siècles. À de très fréquentes reprises, on pourrait presque dire sans interruption, depuis que la chute de Rome a laissé tomber l'Europe en morceaux, les habitants de ces morceaux ont éprouvé des sentiments communs, accusé de réelles simultanéités passionnelles, affecté des mouvements proprement européens. Tout le monde en nommera un : la croisade. Il y en a bien d'autres. Pour rester dans l'ordre de la guerre, c'est bien un mouvement européen, celui qui, au IXe siècle, dresse contre l'incursion normande les riverains du Jutland comme ceux de l'Andalousie, les mariniers de la Seine comme ceux de l'Adige ; cet autre qui, trois cents ans plus tard, fait courir l'épouvante, devant l'invasion mongole, depuis les champs de l'Ukraine jusqu'à ceux de l'Île-de-France ; dans l'ordre politique, l'instauration du système féodal, plus tard l'établissement de la monarchie absolue sur les ruines des pouvoirs locaux, sont des mouvements qui, bien qu'échelonnés dans le temps selon les lieux, affectent toute l'Europe et donnent tout de suite à son ensemble, par-dessous les différences du détail, une physionomie homogène, qui la distingue profondément des autres continents ; j'en dirai autant de l'effort que font très vite les peuples, et presque simultanément cette fois, pour tempérer ce pouvoir absolu par quelque organe de contrôle ; c'est bien un mouvement européen, celui qui produit la Grande Charte anglaise, en 1215, la Bulle d'Or hongroise en 1222, la Charte danoise en 1282, les États-Généraux français en 1302 ; je le dirai encore de la crise par laquelle, quatre cents ans plus tard, les nations détruisent totalement le pouvoir absolu, crise qui, partie de l'Angleterre en 1688, ébranle la France, puis le continent entier, pendant cent cinquante ans ; et je le dirai encore de ce mouvement par lequel, à partir de 1848, le monde ouvrier s'élève contre la classe bourgeoise, et dont on conviendra qu'il est bien difficile de ne pas le reconnaître sur tous les points de l'Europe ; dans l'ordre intellectuel, c'est bien un mouvement européen, celui que manifestent, dès le XIIIe siècle, des institutions comme Cluny, comme Camaldoli, avec leurs centaines de couvents formant, par-dessus les royaumes, un vaste corps spirituel, animé d'un unique esprit, régi par une seule impulsion ; c'est bien une activité européenne, celle des Universités du XIIIe siècle, avec leurs mêmes programmes d'études, leurs *studia generalia*, leur latin international, leur rébellion d'un bout de l'Europe à l'autre contre l'autorité pontificale ; c'est bien un mouvement européen, celui qui, deux siècles plus tard, s'élève contre le dogme romain en Angleterre avec Wyclif, au Luxembourg avec Lollard, en Bohême avec Jan Hus ; qui, cent années après, depuis l'Océan jusqu'à l'Elbe, prétend mettre les esprits, sans l'entremise d'un prêtre, en face du Verbe saint lui-même et fait qu'à quelques mois de distance Luther traduit la Bible en allemand et Lefèbvre d'Étaples l'Évangile en français ; qui bientôt va arracher à l'Église catholique ensemble la Grande-Bretagne, les Pays-Bas, la Suisse, la Suède, le Danemark, une immense partie de l'Allemagne et de la France ; enfin, dans l'ordre économique, c'est bien l'Europe dans sa totalité qui éprouve au XIIe siècle, la poussée commerciale que lui valent les croisades ; qui, au XVe siècle, accomplit le mouvement d'expansion hors d'elle-même que lui impose la découverte des nouveaux mondes. »

Discours à la nation européenne, Paris, Gallimard, 1933, rééd. 1979, p. 30-32.

... *Absence d'une histoire*

« Le fait que l'Europe n'a jamais constitué une unité politique se traduit par cet autre fait : on n'a jamais écrit une histoire de l'Europe. Les livres qui portent ce titre, sauf peut-être – et encore – l'admirable ouvrage que le grand historien belge Henri Pirenne a composé dans sa captivité pendant la guerre de 1914, nous exposent l'histoire des différentes parties de l'Europe, de leurs développements respectifs, surtout de leurs oppositions, non celle d'un être historique qui leur serait transcendant. J'ai parfois reproché à des professeurs d'histoire que je savais acquis à l'idée d'une unification européenne de ne point faire à leurs élèves quelques leçons sur l'Europe, envisagée comme une réalité politique indivise. Ils m'opposaient la nécessité d'observer les programmes. »

« Conférence », in *L'Esprit européen*, Neuchâtel, éd. de la Baconnière, 1957.

Cet enseignement d'une histoire de l'Europe fut également la préoccupation d'un autre croisé de l'Europe, Denis de Rougemont.

Denis de Rougemont : Rendre son passé à l'Europe

Acquis lui aussi à l'idée d'une unification européenne, Denis de Rougemont (1906-1985) vient d'un horizon culturel différent de celui de Julien Benda. Cet éphémère universitaire suisse fut lancé par la guerre dans le journalisme et par la paix dans le militantisme européen. Sa philosophie personnaliste chrétienne l'amena très tôt à livrer bataille contre l'État-nation pour une Europe fédérale. Il participe au premier congrès de l'Europe (La Haye, mai 1948), dirige le Centre européen de la culture puis, en 1955, la Fondation européenne de la culture ; il est aussi le créateur de l'Institut d'études universitaires européennes de Genève. Les textes qui suivent ne sont pas tirés des ouvrages qu'il a consacrés à l'Europe – *28 siècles d'Europe, la conscience européenne à travers les textes* (1961), *Lettre ouverte aux Européens* (1970)... – mais de quelques-unes des nombreuses conférences qu'il a prononcées de par le monde. Ont été retenus ceux qui réfutent les thèses négatrices ou, si le mot n'est pas trop fort, négationnistes.

« Contre les négateurs de l'histoire de l'Europe : quatre réfutations »

« 1/Quantité de publicistes découvrent – et cela dure depuis des années – que l'Europe n'existe pas comme entité géographique et historique, car ses frontières n'ont pas cessé de se déplacer au cours des temps. Elle ne serait donc définissable que par sa culture, qui ne l'est guère. Conclusion : il n'y a pas d'Europe, et si l'on en veut une, il faudra l'inventer. Ce qui ne facilite guère l'œuvre d'union...

Ainsi jouent les sophistes, et le lecteur s'inquiète : il sent vaguement qu'il est en train de se laisser prendre dans une problématique artificielle, sans nul rapport avec le drame qui vient. Au vrai, tout cela n'a de sens que pour les professeurs. Ceux-ci doivent circonscrire exactement l'objet d'un éventuel enseignement ; s'ils n'arrivent pas à le définir, ils le réputent inexistant selon les normes académiques. Ce légitime souci des pédagogues devient chez les écrivains libres une méthode d'obstruction, consciente ou non. Le "préalable" d'une définition historique et géographique, occasion de discours permettant de surseoir au débat sur l'avenir immédiat de l'Europe, fournit à nos intellectuels l'équivalent du procédé parlementaire connu sous le nom de flibuster. Je n'en citerai qu'un exemple qui me tombe sous les yeux pendant que j'écris... Bien qu'auteur d'une *Histoire de l'Europe*, M. Berl estime aujourd'hui que l'Europe n'est pas une entité, mais une pure et simple expression. En effet, selon le thème connu, "elle ne se localise guère mieux dans le temps que dans l'espace [...]. On a voulu que l'empire romain fût une première ébauche de l'Europe. Mais il excluait Francfort, Copenhague, Amsterdam. Spengler tient que l'Europe débute avec le Saint Empire romain germanique, mais celui-ci excluait toute l'Espagne, tous les Balkans, toute l'Europe de l'Est. La naissance de l'Europe ne nous est pas mieux connue que ses limites."

« 2/L'Europe ne serait-elle donc pas née du tout, parce qu'on ne s'accorde pas sur sa date de naissance ? Mais le même raisonnement conduirait à douter de l'existence de la Suisse, par exemple. Les historiens font remonter sa naissance au Pacte du Grütli, conclu par trois cantons en 1291. Cette alliance excluait à peu près les neuf dixièmes de la Suisse actuelle. Tout comme la France d'avant Philippe Auguste excluait la Bretagne, l'Alsace, le Languedoc, la Provence, la Bourgogne et la Champagne. C'était tout de même la Suisse, c'était la France ; réformez vos catégories pour les faire correspondre au réel, car il s'agit maintenant de sauver ce réel, et non pas d'ergoter sur sa définition.

« En privant le concept Europe de son passé, on ne tend à rien de moins qu'à miner son avenir, et l'on déprime l'élan vers l'union nécessaire, au lieu de bien montrer ses fondements légitimes dans l'ancienneté de sa conscience commune.

« Au sujet de la naissance de l'Europe, vingt théories s'affrontent inutilement je le crains, car il en va d'une civilisation, d'une culture et même d'une nation, à peu près comme d'une œuvre d'art : est-elle née de ce jour où l'on a fait son plan, ou reçu sa commande, ou senti son climat ? Ou de cette heure où fut écrite sa première page, posée sa première touche, noté son premier accord ? Ou plutôt de l'instant d'une intuition précise, plusieurs années auparavant ? Ou n'aurait-elle pris forme et nom qu'à mi-chemin du travail entrepris, qui a soudain changé de sens et trouvé son vrai sens ? Il importe assez peu, l'œuvre est là.

« 3/Depuis quand parle-t-on de l'Europe ? S'agirait-il d'une invention de Victor Hugo, voire des fédéralistes de notre temps, comme certains l'ont finement supposé ? Une cantate peu connue de Beethoven, composée pour le congrès de Vienne, s'intitulait pourtant *L'Europe est née* ! Montesquieu, et Leibniz avant lui, mettent l'Europe au-dessus de leur "nation". Mais l'adjectif européen est d'un usage bien plus ancien : il paraît déjà au lendemain de la bataille de Poitiers (732) dans l'œuvre d'un clerc espagnol continuant la chronique d'Isidore de Beja. L'auteur y qualifie d'*Europenses* les vainqueurs de ces grandes journées, et "répète avec complaisance ce nom qui indique l'éveil d'un sentiment nouveau". Cependant, la prise de conscience d'une entité européenne ne peut être attestée à l'aide de documents qu'à partir de l'an 1300 : les premiers portulans, ou cartes maritimes, écrit M. Denys Hay, "constituaient des cartes de l'Europe en tant que telle, et (ce qui est encore plus important) ils étaient le témoignage de l'intérêt porté au caractère culturel et politique des terres dont ils décrivaient les côtés". Mais pour voir les vocables Europe et européen entrer dans le vocabulaire courant, il faut attendre les XIVe et XVe siècles, époque où la chrétienté perd ses prolongements proche-orientaux, occupés par les Turcs, et tend ainsi à se confondre avec l'Europe géographique, cependant qu'à l'inverse les premiers humanistes commencent à distinguer les deux concepts de christianitas et d'Europa. C'est enfin dans les œuvres d'un homme qui fut d'abord grand humaniste sous le nom d'Aeneas Silvius Piccolomini, puis grand pape sous le nom de Pie II, que l'Europe se voit définie, face à l'islam de Mahomet II, comme l'héritière chrétienne de Rome et de la Grèce. Chacun sait la fortune que devait connaître cette définition de l'Europe par ses trois sources principales, reprise naguère avec éclat par Valéry.

« Mais les nations sont venues se constituer, à partir du XVIIIe siècle. On nous rappelle, non sans aigreur ni sans dédain, qu'elles sont la vraie réalité. Que dis-je, on les déclare même éternelles dans la prose poétique des banquets et des éditoriaux du temps de guerre. Passons sur ces excès, voyons la thèse elle-même, et le jugement qu'elle implique sur la réalité.

« 4/On a souvent tenté de nier l'existence d'une vraie culture européenne, en arguant non seulement de ce qu'une pareille culture est difficile à définir, mais de la complexité de ses origines et de l'importance des influences extra-continentales qu'elle a subies. Ces arguments prennent toute leur force contre le concept de cultures nationales, apparu au XIXe siècle. Qu'as-tu que tu n'aies reçu ? dit l'Europe aux nations. Elles seraient bien en peine de répondre. Spécifiquement européenne ou non, la culture des Européens est tout de même plus ancienne que notre découpage en 26 ou 27 États-nations, dont on attend encore qu'ils définissent la soi-disant autonomie de leur culture. En vérité, sur ce plan-là, nulle réalité créatrice ne se confond avec les limites accidentelles et souvent fort récentes d'un de nos États. Mais sur les autres plans, qui ne voit du premier coup que les réalités décisives ont cessé d'être nationales au XXe siècle ? »

Denis de Rougemont, *La Table ronde*, mars 1957
(cité dans *Écrits sur l'Europe*. Vol. 1, édit. de La. Différence,
Paris, 1994, p. 286-288).

« Vue de loin, l'Europe est évidente »

« Au cours des discussions sur l'union de l'Europe qui se déroulent depuis une dizaine d'années, on ne cesse de reposer ces mêmes questions préalables : "Est-ce que l'Europe est vraiment une unité de civilisation et de culture ? En d'autres termes, est-ce que l'on peut fonder l'union politique et économique de l'Europe sur une unité plus profonde, humaine, physique et spirituelle préexistant à cette union ?" Et naturellement, on met en doute cette unité. C'est une des manies intellectuelles les plus répandues dans tous nos pays, que cette façon de mettre en doute l'existence même de l'Europe comme telle. Tantôt on nous dit : "Nous sommes, en Europe, beaucoup trop différents les uns des autres. Nos nations sont vraiment, par tradition, presque sans commune mesure"... Tantôt on nous dit au contraire : "Les Européens n'ont, au fond, pas de problèmes spécifiques qui les distinguent du reste de l'humanité. Tous les continents se ressemblent et ont aujourd'hui les mêmes problèmes de technique, d'organisation sociale, etc."

« Jeu typiquement européen ! À tel point que pendant une table ronde de l'Europe, que je présidais à Rome il y a quelques années, agacé par ces objections qui se multipliaient autour du tapis vert, j'ai noté sur un bout de papier la définition suivante : "L'Européen ne serait-il pas cet homme étrange, qui se manifeste comme Européen dans la mesure précise où il doute qu'il le soit, et prétend au contraire s'identifier soit avec l'homme universel, soit avec l'homme d'une seule nation du grand complexe européen, dont il révèle ainsi qu'il fait partie par le seul fait qu'il le conteste ?"

« Nos intellectuels, nos mandarins, dirai-je, adorent ce genre de jeu. Mais hors d'Europe, on ne les comprend pas. Car, vue de loin, l'Europe est évidente. Tout le problème consiste à se placer à la bonne distance du phénomène à observer. Vous rappellerai-je l'histoire du savant qui voulait étudier l'éléphant à l'aide d'un microscope ? Il n'est jamais venu à bout de la description de l'éléphant, dont il n'a pu connaître ni la forme, ni la couleur, ni les défenses, ni bien entendu, le caractère.

« Ainsi en va-t-il entre nous, entre nos trop petites nations. Tant que nous restons nez à nez, nous ne voyons que nos différences. Nous disons : "Quoi de commun entre un Scandinave du cercle arctique et un Italien de la Sicile ? Quoi de commun entre les Anglais et les Continentaux ? Entre nos chrétiens et nos athées ? Entre nos réactionnaires et nos progressistes ? Et pire encore, quoi de commun entre des radicaux valoisiens, des radicaux non valoisiens et des radicaux centre-gauche, donc de droite ?" À nous entendre, nous autres Européens de différentes nations, nous autres Français de différents partis, ou nous autres Suisses de différents cantons, nous n'aurions vraiment pas grand-chose en commun

« Vus d'Amérique, quelle que soit notre nation, nous sommes tous des Européens. Vus d'Asie, je n'ai pas besoin d'insister, on nous confond même avec les Américains. Et, de toute manière, cette unité européenne dont nous nous plaisons à douter, les Asiatiques la confirment en nous confondant tous dans une méfiance commune qui va parfois jusqu'au mépris, quand elle ne s'arrête pas à l'envie. »

« La grande culture commune européenne »

« Nos cultures nationales ne sont, en fait, que des découpages abstraits, le plus souvent erronés, et tout à fait récents, qui ont été pratiqués sur le corps de la grande culture commune européenne, laquelle est beaucoup plus ancienne que toutes nos nations sans exception, étant l'œuvre commune et séculaire de tous les Européens réunis.

« Sur la base des manuels d'histoire et de géographie on parle aujourd'hui couramment de la peinture française, de la musique allemande, de la science russe, ou que sais-je, du folklore danois, bâlois ou hollandais. C'est absolument courant, et c'est entièrement faux

« Aucune de ces choses n'existe en réalité. La peinture, la musique, la littérature même – qui tient pourtant de si près aux langues – sont nées dans plusieurs foyers simultanés ou successifs en Europe, se sont transportées d'un de ces foyers à l'autre, d'une région à l'autre, ont circulé à travers toute l'Europe, et aucune de ces histoires d'un de nos arts, prise en soi, ne coïncide avec les frontières d'aucune de nos nations d'aujourd'hui. Si vous prenez par exemple, l'histoire de la musique dans ses grands traits, vous voyez qu'elle commencé dans plusieurs foyers de l'Italie du nord – de ce qui est aujourd'hui l'Italie du nord et qui n'était pas l'Italie –, qu'elle se transporte dans les Flandres en suivant les grands axes du commerce du Moyen Âge et de la Renaissance ; que, de là, elle redescend vers la Bourgogne en se transformant ; que ces transformations reviennent vers l'Italie ; que c'est ensuite dans cette Italie du nord, Pérouse, Venise, que les premiers compositeurs allemands viennent apprendre

leur métier ; qu'ensuite, le foyer de la musique devient l'Allemagne, au XIXe siècle seulement ; que c'est en Allemagne que les Russes viennent apprendre la composition ; et que finalement, au XXe siècle, ce sont des Russes comme Stravinski (et les ballets de Diaghilev) qui reviennent apporter un nouveau style musical à notre Europe de l'Ouest.
« Le périple de la peinture est à peu près le même. Vous voyez que, dans ces deux cas, l'histoire de nos arts ne coïncide nullement avec l'histoire de la nation, et qu'aucune de nos nations actuelles n'a le droit de dire : “La peinture, c'est à moi, et je te laisse la musique si tu veux.”
« Quant aux sciences, il serait simplement absurde de vouloir leur accoler un adjectif national. La science, par définition, repose sur des valeurs et des vérifications universelles. »

Denis de Rougemont, « Comment définir l'Europe », Conférence, Nice, 27 mars 1958 (cité dans *Écrits sur l'Europe*, vol 1, *op. cit.* p. 367 et 371).

Charles Seignobos : Comment on écrit une histoire de l'Europe

En 1938, Charles Seignobos publie *Essai d'une histoire comparée des peuples de l'Europe*. Il est alors un vieux maître de l'université française, un de ces historiens sorbonnards que secoue durement la « jeune » équipe des *Annales* – Marc Bloch, Lucien Fèbvre. Il est le très célèbre auteur, avec Charles-Victor Langlois, de cette *Introduction aux études historiques*, parue quarante ans plus tôt, qui est encore, en France, l'incontournable manuel méthodologique des étudiants et, *dixit* Henri-Irénée Marrou, « la bible de l'histoire positiviste ». Historien positiviste, Charles Seignobos ? Peut-être le fut-il. Il ne l'est sûrement plus à la fin de sa vie car, à lire le texte qui suit et l'ouvrage qu'il présente, on ne peut qu'admirer la jeunesse d'esprit d'un homme qui à 84 ans invente une histoire nouvelle dans son objet, neuve dans sa méthode. C'est bien, en effet, de la première histoire de l'Europe authentique qu'il s'agit. Les précédentes étaient incomplètes – celle d'Henri Pirenne, *Histoire de l'Europe des invasions au XVIe siècle*, par exemple, que son auteur refusa de publier de son vivant et qui venait d'être, deux ans plus tôt, publiée par son fils Jacques-Henri –, ou très réductrices – limitées à la frange occidentale du continent –, ou très nationales – un comble ! Qu'il ne soit pas nécessaire d'être un européaniste engagé pour devenir un bon historien de l'Europe, Charles Seignobos en fournit la preuve, lui qui tire sa conviction de l'existence d'un passé européen de sa seule – mais immense – culture d'historien. Pour lui, l'histoire de l'Europe existe parce qu'il l'a déduite d'une vie de lectures, de recherches et d'enseignement.

Le texte qui suit est extrait de l'introduction, dans laquelle les auteurs de cet ouvrage ont retrouvé nombre de règles qu'ils avaient, avant de la lire, déjà posées, déjà suivies.

> « L'accueil fait en France à mon *Histoire sincère de la Nation française* m'a encouragé à une entreprise encore plus téméraire ; j'ai essayé de réunir en un seul volume l'histoire comparée de tous les peuples d'Europe depuis les temps les plus anciens jusqu'à nos jours. En publiant ce livre je me sens tenu d'expliquer exactement pourquoi j'ai risqué une telle aventure et ce que j'ai eu l'intention de faire.
>
> « Soixante ans passés à étudier et à enseigner l'histoire de tous les pays m'ont donné l'occasion de comparer entre eux tous les peuples de l'Europe à tous les moments de leur histoire. La comparaison m'a fait apercevoir les traits communs de leur vie qui n'apparaissaient pas aux historiens confinés dans l'étude d'un pays ou d'une époque. En comparant les aventures des différents peuples et leurs conditions de vie, je suis parvenu à dégager de la masse énorme de connaissances accumulées par les spécialistes quelques ressemblances générales et à discerner comment elles se sont formées. J'en ai distingué deux sortes, les unes résultant de conditions semblables mais indépendantes, les autres acquises par l'imitation d'un modèle unique créé par un seul peuple.
>
> « J'ai tenu à faire entrer dans cette comparaison les différentes espèces de conditions de vie, objets des histoires spéciales, de façon à embrasser l'ensemble des différentes espèces d'activités de la population, les moyens d'existence, le travail économique, les usages, le régime politique et social, la religion, les sciences, les lettres et les arts.
>
> « J'ai voulu expliquer comment elles se sont transformées en distinguant deux origines différentes des changements. Les uns ont été l'effet de la rencontre dans un même moment de séries de faits indépendants (appelée hasard ou accident) qui constitue les événements historiques, guerres, invasions, révolutions, réformes – dont l'origine est souvent l'initiative des individus. Les autres ont dérivé de conditions antérieures suivant un ordre de succession qu'on a comparé à l'évolution des êtres vivants, tel que l'accroissement d'un pouvoir, le progrès d'une technique, la propagation d'une religion ou d'une institution.
>
> « Toutes ces transformations ont été produites par des actes humains. Mais les actes eux-mêmes ont été inspirés ou dirigés par des motifs, passions, désirs, croyances, connaissances, règles de conduite, surtout par le souvenir du passé qui crée la tradition et les règles, ou par l'idée de l'avenir d'où naissent les entreprises et les progrès. Je ne me suis pas borné à constater des résultats, j'ai tâché de faire comprendre les actes en indiquant les motifs ; c'est pourquoi j'ai mis en évidence ces dispositions intérieures invisibles, beaucoup plus qu'il n'est d'usage dans les livres d'histoire.
>
> « Je n'ai pas voulu limiter l'étude à la petite minorité privilégiée (décorée parfois du nom d'élite), dont les actes tiennent la plus grande place dans les documents et les ouvrages d'histoire. J'ai cherché à décrire les conditions de vie de la masse du peuple dans la mesure, malheureusement très insuffisante, où elle nous est connue.

« Comme je tenais à comparer non des formes conventionnelles, mais des conditions de vie réelles, j'ai fait peu de cas des règles officielles, institutions, ordonnances, lois, prescriptions qui, jusqu'à des temps très récents, ont représenté les désirs ou l'idéal des autorités, plutôt que les actes de leurs sujets ; je me suis attaché à décrire les pratiques réelles en matière de politique, de religion et de conduite.

« Pour décider quelle part je devais faire à chaque espèce d'activité, je ne pouvais avoir de guide que mon appréciation personnelle, naturellement sujette à discussion ; je dois donc indiquer le principe que j'ai suivi.

« J'ai donné la place principale aux événements et aux régimes politiques, guerres, révolutions, actes des gouvernements. La dernière guerre nous a montré avec quelle force la politique étend son action sur toute la vie d'un peuple et domine toutes ses autres activités...

« J'ai pu, grâce aux travaux récents d'histoire économique, faire une large place à la production agricole et industrielle, au commerce et au crédit, aux progrès de la technique, souvent même indiquer l'origine des innovations et expliquer dans quelles conditions elles se sont produites.

« J'ai traité la masse des faits qualifiés de sociaux en réunissant dans un même exposé la structure de la société et la division en classes (résultat des conditions politiques et économiques) avec les conditions de la vie matérielle, les coutumes, les relations de société, le droit de famille et de propriété.

« Sous le nom de vie intellectuelle j'ai compris surtout les opérations de l'esprit qui dirigent la conduite des peuples, les croyances religieuses, les conceptions morales, l'idéal résultant de l'éducation et dans les temps récents les formules politiques et les connaissances scientifiques. Je n'ai pas osé passer sous silence les lettres et les arts qui tiennent une si petite place dans la vie de l'énorme majorité des hommes ; mais je me suis borné à en indiquer le caractère général et les principaux genres aux diverses époques.

« Je n'ai pas donné une place suffisante aux petits peuples qui fournissent des termes de comparaison si instructifs. Je regrette plus encore de n'avoir pu faire la part plus large aux usages de la vie quotidienne, repas, vêtements, habitation, mobilier, emploi du temps, vie de famille, relations sociales, divertissements, qui ont toujours formé l'intérêt principal de la vie chez tous les peuples...

« J'ai pris pour règle de n'exposer que les résultats des travaux historiques établis par l'accord entre les spécialistes ; j'emploie des expressions dubitatives pour les faits qui me paraissent certains, mais sur lesquels l'entente n'est pas complète.

« Je suis sûr pourtant qu'on pourra relever des erreurs de détail commises par moi ou par un historien que j'aurai eu tort de suivre. Je ne crois pas qu'elles suffisent à annuler la valeur des vues d'ensemble et des conclusions générales et j'espère avoir réussi à donner ici un tableau exact des événements et des transformations par lesquels sont passés les peuples de l'Europe, pour arriver jusqu'à l'état présent. »

Merci, Monsieur Seignobos ! Et de votre leçon de méthode retenons quelques règles de droite méthode dont l'exposé, enrichi de quelques autres, permettra de conclure ce dossier de manière constructive.

QUELQUES POINTS DE MÉTHODE

Le premier principe est de recourir comme critère de délimitation à l'histoire, et non plus à la géographie. Est européen non pas ce qui est *dans* l'Europe-continent mais ce qui est *de* l'Europe-civilisation. L'espace européen est celui qui accueille, sans discontinuité troublante, tout phénomène propre à une communauté de civilisation.

Ceci exige, au départ de l'analyse historique, une étude comparative systématique. Ou, plutôt, deux études comparatives. La première consiste à repérer les *analogies* de situation et à les localiser dans l'espace, de telle sorte qu'elles emplissent une aire de façon homogène et qu'elles délimitent ainsi l'Europe-civilisation. La seconde consiste à percevoir les *différences* entre les Européens et les « Autres » ; à percevoir que ce qui est commun aux premiers est inconnu ou étranger aux seconds qui participent d'aires culturelles différentes, même lorsqu'elles sont voisines.

D'où l'importance du *point de vue*, aux sens à la fois physique et intellectuel – le second dérivant du premier. Placez votre observatoire à Samarcande, à Bagdad ou à Marrakech, et la civilisation européenne apparaîtra dans son éclatante spécificité. Voltaire avait eu ce regard qui faisait dire à Denis de Rougemont : « Vue de loin, l'Europe est évidente. »

En résulte la nécessité de constamment recourir au *relevé cartographique*, non seulement pour connaître et fixer les changeantes frontières de l'Europe réelle, mais surtout pour légitimer, dès le départ, le choix opéré. Ne peut en effet être retenu comme européen qu'un phénomène situé, au terme de sa diffusion, dans une aire suffisamment vaste, aux dimensions d'une civilisation. Ce qui est vrai de l'espace l'est aussi du temps.

L'historien de l'Europe doit user d'une ample périodisation ; en conséquence se méfier du *découpage séculaire*, vieille habitude chronométrique des historiens, qui casse son objet et en éparpille l'étude de façon incohérente dès lors que sa durée déborde du siècle. On a vu trop souvent, par exemple, l'industrialisation de l'Europe étudiée siècle après siècle perdre son caractère européen pour devenir, successivement et discontinûment, un chapitre de l'histoire de la

Grande-Bretagne au XVIIIe siècle, un chapitre de l'histoire allemande au XIXe et, enfin, plus loin, un chapitre de l'histoire russo-soviétique.

Ceci attire l'attention sur un autre point de méthode qui bouscule, lui aussi, une pratique coutumière : éviter les synchronismes dans le temps court qui, avec le point de vue qui est le nôtre, perdent toute pertinence. La grandeur de l'espace à parcourir et à investir à partir du lieu et du moment où paraît un phénomène dont nous savons qu'il deviendra européen, ainsi que la lenteur avec laquelle celui-ci va se diffuser, exigent d'*attendre l'achèvement du processus pour l'étudier* comme un trait de civilisation. Sans cette précaution, l'histoire de l'Europe apparaîtrait, telle qu'elle apparaît du reste dans tant de ses histoires, constamment diverse et brisée. On a alors beau jeu de parler, pour certaines de ses régions, de retard, quand il ne s'agit que de décalage.

C'est pourquoi il importe d'*accorder plus d'importance à la diffusion d'un phénomène qu'à son apparition*. Certes, la démarche régressive de l'historien le pousse d'ordinaire à s'intéresser davantage à la naissance de celui-ci et aux causes de sa naissance qu'à sa diffusion ; davantage aux étapes de la diffusion qu'au terme de celle-ci. Mais ici les priorités s'inversent : l'espace doit commander au temps, la grandeur du premier à la durée du second.

D'où un exposé thématique et chronologique dont les parties successives se chevauchent comme les ardoises d'une vieille grange de montagne. Si les thèmes se succèdent dans la suite chronologique des moments de leur apparition, l'achèvement de l'un ne précède pas toujours dans le temps la naissance de celui qui suit. L'apparition, ici, d'un trait de civilisation peut être antérieure au moment où, là-bas, s'achève la diffusion d'un trait plus ancien.

Bibliographie

Carbonell C.-O., « Hier : l'Europe, une histoire de ses histoires », « Aujourd'hui : L'Europe sans histoire ? », « Demain : pour une histoire européenne de l'Europe », dans *De l'Europe, identités et identité, mémoire et mémoires* (sous la dir. de Ch-O. Carbonell), Presses de l'Université des sciences sociales de Toulouse, 1996.

Deuxième partie

Origines

« Il n'y a pas de véritable commencement dans l'histoire... Les débuts prennent toujours une suite... Tous les débuts sont les débuts de quelque chose à partir de quelque chose d'autre. » Ces mots, par lesquels Jean Brun introduit son *Europe philosophe*, s'ils n'ont pas inspiré la structure de ce chapitre, pourraient la justifier.

S'il est vrai que l'historien qui part à la recherche des origines d'une civilisation – avec le secours, aujourd'hui nécessaire, du préhistorien et du paléontologue – se perd dans le dédale sans fin d'hypothétiques influences dont il voudrait se faire le généalogiste, il ne lui est pas interdit de changer de route et de méthode. Il peut, sans cesser de recourir à la science de son temps pour fouiller le plus lointain passé, questionner les mythes d'origines élaborés par ceux dont il étudie l'histoire – ces mythes dont la fonction est, justement, de révéler le commencement ; ces mythes qui consignent et rapportent les discours changeants tenus par les Européens sur leurs ancêtres communs et témoignent ainsi de l'existence plus que millénaire d'une conscience identitaire européenne. Rapporter ici ces fables, c'est verser une pièce de plus au dossier du procès intenté aux eurosceptiques de l'historiographie européenne. Voilà pourquoi à l'homme de Néandertal et à l'homme de Cro-Magnon ont été préférés, dans les pages qui suivent, Priam et Japhet...

Voilà pourquoi, également, les racines de la civilisation européenne ont été trouvées en Méditerranée orientale. La démarche n'a rien d'original, qui reprend la théorie des Trois Sources, chère à Paul Valéry et à Denis de Rougemont. Nous n'avons pas osé suivre René Grousset qui fait du monde gréco-romain la première affirmation de la civilisation européenne. Dans *Bilan de l'histoire*, le célèbre historien des croisades, assure : « Si l'hellénisme n'était point le monde, il était vraiment, pour son époque, tout notre monde ; il était l'Europe. Pendant trois cents ans, l'Europe se résuma en lui. Les frontières européennes, en ces V^e^-IIIe siècles avant notre ère, ne sont pas marquées, comme l'affirment les géographes, par l'Oural et le Bosphore. » Et plus loin, il enchaîne : « Si l'Europe exista jamais, au sens que nous voudrions attacher à cette expression géographique, c'est-à-dire comme commune patrie et civilisation commune, ce fut pendant ces quatre siècles qui vont de l'avènement d'Auguste à la mort de Théodose. » Affirmations discutables qui ont le mérite de franchement dissocier l'Europe-civilisation de l'Europe géographique.

Cette Europe géographique est ici rencontrée en son temps ; c'est-à-dire lorsque les hommes s'enracinèrent et enracinèrent leur culture gréco-romano-judéo-chrétienne vers le nord et vers l'est du continent presque entièrement occupé. Dès lors l'espace n'est pas seulement européen ; il est européanisé. Il mérite de retenir notre attention car il participe alors, mais seulement alors, de l'identité et sans doute aussi à l'identité européenne.

I

Entre mythe et histoire

Rien ne manifeste mieux la conscience identitaire d'un groupe que sa capacité à élaborer des mythes d'origine, le soin qu'il apporte à les transmettre, l'habileté dont il fait preuve, à certaines heures de son histoire, pour en modifier quelques traits. L'anthropologie culturelle nous enseigne cette vérité que confirment, d'éclatante façon, les récits et les images dont usaient et usent, avec plus ou moins d'assiduité et de conviction, depuis le siècle d'Hérodote jusqu'au nôtre, les Européens pour évoquer leur plus lointain passé.

Parce qu'ils témoignent de la vitalité d'un imaginaire européen, mais aussi parce qu'ils nous invitent à visiter les temps du commencement et réenchantent ainsi une histoire qu'inaugure, comme un aveu d'imperfection poétique, leur rituel *Il était une fois*, les mythes originels de l'Europe trouvent en cet ouvrage leur juste place : la première.

Quatre d'entre eux se succèdent : le mythe grec de la princesse éponyme ; le mythe médiéval de la parenté des princes et des peuples, qui a nourri la culture politique européenne à l'âge de la Chrétienté ; le mythe national des Ancêtres – issu du précédent lorsque l'Europe entrait en modernité – qui ne retiendra pas notre attention ici puisqu'il fonde et entretient la diversité antagonique des peuples ; le mythe linguistique du peuple originel dont on sait à quels épouvantables effets son interprétation donna naissance.

Considérer la succession des mythes originels d'une société, c'est, avec quelque liberté, emboîter le pas à quelques philosophes de l'histoire, à Giambattista Vico (*Principii di una scienza nuova*, 1725) et à Auguste Comte (*Cours de philosophie politique*, 1830-1842) par exemple. C'est suivre les âges par lesquels est passé, ou serait passé, l'esprit européen, glissant du mythologique – païen puis christianisé – à l'historique – érudit d'abord, scientiste ensuite.

Évolution cyclique de *corsi i ricorsi*, comme le croyait le philosophe napolitain ? Si oui, nous vivrions aujourd'hui un recommencement de la phase mythologique.

Évolution progressiste, comme l'affirmait le père du positivisme ? Si tel était le cas, il faudrait constater la disparition actuelle des mythes d'origine et leur remplacement par les vérités scientifiques de la préhistoire, de l'anthropologie et de la paléontologie – à moins que celles-ci ne procèdent, elles aussi, d'un univers mythique ?

Graves questions. Le fait même qu'elles se posent, légitime notre entreprise dont un des buts est de leur donner, *in fine*, une réponse.

Pour l'heure, il convient, avant de commencer l'analyse des mythes qui disent la naissance de l'Europe et des Européens, de définir le mot qui les désigne. Précaution d'autant plus nécessaire que le mot mythe est devenu dangereusement polysémique. N'en fait-on pas le synonyme de fable ? Ne dit-on pas, par une absurde confusion phonétique, mystification quand on veut parler de mythification ? La fausse alternative « mythe ou réalité » n'est-elle pas devenue la tarte à la crème d'une problématique de pacotille – formule qu'on croit capable d'éveiller l'intelligence quand elle l'enferme dans une vision réductrice de la réalité, limitée au seul monde des apparences ?

À la lumière des plus récentes approches de la jeune discipline qu'est la mythographie, nous appelons mythe tout récit, toute représentation – le mot peut être entendu au sens graphique comme au sens théâtral du terme –, toute idée, accompagnés de leur nécessaire cortège d'images, largement répandus et diffusés, pieusement transmis de génération en génération, qui dévoile l'intelligibilité du monde et donne identité et cohésion au groupe auquel il dicte sa voie. Le mythe est rassembleur et mobilisateur ; il est, suivant l'expression de Georges Sorel dans ses *Réflexions sur la violence*, « un ensemble lié d'images motrices ». Pour ceux qu'il entraîne et réchauffe, le mythe se situe en-deçà du vrai ou du faux ; il est certitude parce qu'il participe du monde du sacré, de l'irrationnel, de l'évidence. Vivant, le mythe s'associe à d'autres mythes avec lesquels il forme un ensemble, un système, une mythologie.

Ainsi en fut-il du plus ancien des mythes européens, celui d'Europé.

LE MYTHE ÉTYMOLOGIQUE GREC, *LA LÉGENDE DE LA PRINCESSE ÉPONYME*

L'Europe doit beaucoup à la Grèce. Et d'abord son nom.

La plus ancienne mention connue du mot Europe se trouve dans un poème du VIIIe siècle avant notre ère, la *Théogonie* d'Hésiode, longue énumération de généalogies divines. Au vers 357, Hésiode nomme deux des trois mille Océanides – ces filles d'Océan et de Téthys qui « avec Apollon et les fleuves, nourrissent la jeunesse des hommes » : Europé et sa sœur Asia.

Le glissement de la mythologie à la géographie fut rapide. Le nom d'Europe est donné à la Grèce septentrionale à la fin du VIIIe ou au début du VIIe siècle, dans un poème à Apollon Pythien qui évoque « ceux qui vivent dans le riche Péloponnèse et ceux de l'Europe, et tous ceux des îles baignées par les vagues ». Trois siècles plus tard, il trouve son actuelle acception pour désigner une des trois parties du monde connu. Pourquoi ?

Hérodote (485 ?-425), au livre IV de son *Enquête*, avoue la difficulté qu'il éprouve à répondre à la question : « Quant à l'Europe, il ne paraît pas que l'on sache ni d'où elle a tiré son nom ni qui le lui a donné, à moins que nous ne disions qu'elle l'a pris d'*Europé* de Tyr, car auparavant, ainsi que les deux autres parties du monde, elle n'avait point de nom. Il est certain qu'Europé était asiatique et qu'elle n'est jamais venue dans ce pays que les Grecs appellent maintenant l'Europe, mais qu'elle passa seulement de Phénicie en Crète et de Crète en Lycie ».

De cet aveu d'ignorance sourd cependant une certitude : l'existence, au Ve siècle avant notre ère, d'une légende qui place au berceau de l'Europe une princesse phénicienne.

La légende d'Europé la plus répandue, dont le *Dialogue des dieux* de Lucien de Samosate (IIe siècle de notre ère) a donné le récit le plus éclatant, rapporte l'aventure d'une jeune et belle princesse phénicienne, Europé, fille d'Agénor, roi de Tyr et de Sidon, que Zeus, amoureux transformé en taureau, ravit sur son flanc jusqu'en Crète où, de leur union, naquirent Minos, Rhadamante et Sarpédon. Puis, les trois frères s'étant disputés, Europe quitta l'île et s'établit en Asie Mineure.

Le rapt d'*Europé* fut précédé d'un songe annonciateur – que rapporte longuement un poème du IIe siècle avant notre ère, l'*Idylle* de Maschos de Syracuse. Il fut suivi, si on en croit Hérodote et

Pausanias, d'une « quête d'Europe », série d'expéditions aventureuses que lancèrent ses frères partis à sa recherche. Le songe d'Europe avertit la princesse de son prochain enlèvement. Celle-ci, nous dit Moschos, vit « deux terres, dont l'aspect était celui de femmes, se disputer à son sujet, la terre d'Asie et la terre d'en face » ; la première, qui « ressemblait à une femme du pays, s'attachait à la jeune fille comme à sa fille », l'autre, qui « avait les traits d'une étrangère, l'entraînait sans qu'elle résistât ». La quête d'Europe mena les fils d'Agénor jusqu'aux limites des terres connues des Phéniciens : Phœnix jusqu'à Carthage, Cilix jusqu'en Cilicie, Phinée jusqu'au Bosphore, Thasos jusque dans l'île à laquelle il donna son nom, Cadmos jusqu'en Béotie où il fonda la ville de Thèbes.

Ces trois épisodes – le songe, le rapt et la quête – disent la triple nature du mythe d'Europe, étymologique, mythologique et historique.

Étymologique, la chose – depuis Hérodote et son prudent « à moins que nous ne disions… », cité plus haut – fut admise pendant deux mille ans, jusqu'à ce que les étymologistes « savants » commencent, au XVIe siècle, à se livrer à leurs érudites et longtemps fantaisistes reconstitutions philologiques, tel ce Johannes Goropius qui faisait dériver Europe de trois mots hébreux : *E*, mariage heureux, *Ur*, excellent et *Hop*, espoir !

Mythologique, la légende met en scène les dieux de l'Olympe – Zeus et Hermès, son complice, qui mena les troupeaux d'Agénor jusqu'au rivage où Europé avait coutume de se promener – et les fils des dieux : Agénor, fils de Poséidon, et Minos, premier fils de Zeus et d'Europe, époux de Pasiphaé, fille d'Hélios, dieu du soleil….

Historique, la légende d'Europé dit, à sa façon, à partir de quels foyers – la Phénicie et, si l'on songe à l'origine d'Agénor, l'Égypte –, grâce à quel relais – la Crète – et en quels points – les lieux parcourus et atteints par les frères d'Europé – les influences civilisatrices se sont exercées sur le monde grec archaïque.

Mythe des origines, la légende de la princesse Europé éclaire un très lointain passé qu'elle métamorphose en fable pour le sauver de l'oubli. Mythe des origines de la civilisation hellénique, s'entend. Apparemment restrictive, cette précision accroît, au contraire, la portée du mythe qui, par l'effet de l'évidente filiation qui suivra, devient mythe des origines de la civilisation européenne tout entière. Voilà pourquoi la légende de l'enlèvement d'Europé survécut à l'Antiquité et accompagna, jusqu'à nos jours, l'histoire du continent, avec des fortunes diverses.

Fortunes et infortunes affectèrent différemment ses deux modes d'expression que sont le récit et l'image. Rejet, critique et réhabilitation, tels furent les rapports successifs que les Européens entretinrent avec leur mythe fondateur.

Les chrétiens de l'Antiquité tardive et du Moyen Âge adoptèrent deux attitudes différentes à son égard. Certains, à la suite de Prudence (348-415) et de sa *Psychomachie*, long poème qui traite de la lutte éternelle, dans chaque âme, entre les vertus chrétiennes et les vices païens, rejetèrent avec dégoût ce récit d'un accouplement contre nature. D'autres adaptèrent la légende pour l'adopter. Les uns, comme Pierre Bersuire dans son *Reductorium morale* (XIVe siècle), en firent un discours pour l'édification des chrétiens, la « pucelle Europe » – c'est-à-dire l'âme – étant ravie – « sauvée » – par le fils de Dieu « mué en taureau ». D'autres, à la suite du mythographe grec Evhémère (IVe-IIIe siècles), retrouvèrent les hommes sous les dieux, l'histoire sous la fable mythologique ; ainsi fit Boccace dans sa galerie de « femmes illustres », *Des dames de renom* (1360), où il rapporte qu'Europe fut enlevée par « un homme puissant » nommé Jupiter, dans « une nef arborant une bannière rouge sur laquelle se détache un taureau blanc ».

Les modernes agirent différemment : ils passèrent la légende au crible de la méthode critique et la citèrent devant le tribunal d'une histoire constituée en science. La mythologie ne retrouva rien du crédit qu'elle avait définitivement perdu, sur le plan religieux, avec le triomphe du christianisme ; le mythe, lui, connut, un temps, un sort semblable pour avoir côtoyé de trop près la fable mythologique, jusqu'à s'être confondue avec elle. Les dictionnaires attestent aujourd'hui encore des conséquences néfastes de cette confusion : une malencontreuse synonymie entre « mythe » et « fable ».

Un renversement d'attitude amena pourtant les historiens – avec l'aide des archéologues, des philologues et des linguistes – à renoncer à leur attitude hypercritique vis-à-vis du mythe et à lui reconnaître une certaine crédibilité. Certes, celui-ci ne retrouva pas son rôle d'éclaireur du plus lointain passé de l'histoire ; mais, déchéance autant que réhabilitation, il put être éclairé et justifié par l'histoire, connaissance démythifiante du passé.

Ainsi le mythe de l'enlèvement d'Europe est aujourd'hui évoqué pour illustrer une vérité sortie des fouilles et des déchiffrements :

l'origine asiatique de la civilisation grecque. Premier lieu de la planète où l'homme franchit les étapes décisives et irréversibles qui le firent passer à cet état supérieur du développement que nous nommons « civilisation », la Phénicie-Palestine – la Terre de Canaan de la Bible – fut le premier berceau de l'hellénisme. Là où régnait Agénor, des hommes, pour la première fois – il y a dix mille ans – se firent cultivateurs et se groupèrent en villages ; là où jouait la jeune Europe, des hommes mirent au point ce formidable moyen de communication qu'est l'écriture alphabétique.

À la lumière de l'histoire, le mythe d'Europe, de certain qu'il était au temps de sa jeunesse, est devenu aujourd'hui, pour les Européens, partiellement vrai – changement de statut que seul un esprit européen pouvait concevoir comme un progrès dans la connaissance !

Le regard des Européens a également changé face à l'image. Les vicissitudes iconographiques du mythe sont, cependant, d'un autre ordre que celles qu'a connues le récit ; elles n'affectent pas la fortune d'une image qui ne cesse d'inspirer les artistes mais elles bouleversent sa fonction, qui cesse d'être mythique – porteuse de sens – pour n'être plus qu'artistique ou simplement allégorique.

Fortunes de l'image, retour du mythologique, triomphe de l'allégorie. Telles sont les trois étapes par lesquelles est passée depuis vingt-cinq siècles la représentation du couple fantastique formé par le taureau divin et la séduisante princesse.

L'enlèvement d'Europe a inspiré une myriade d'artistes, peintres, céramistes, sculpteurs, mosaïstes, orfèvres. Ceci depuis le tout début du VIe siècle avant notre ère, date à laquelle fut édifié en Sicile – à Sélinonte – un temple dont une métope offre au regard un fier taureau courant sur des eaux poissonneuses, une femme hiératiquement appuyée sur son flanc.

L'image du rapt et celle qui la précède – l'image de la séduction – ont accompagné l'histoire des arts en Europe et affiché ainsi l'identité européenne jusqu'aux limites du continent, jusqu'au port suédois d'Halmstad, sur le Kattegat, où une fontaine offre aux regards des passants un *Enlèvement d'Europe* sculpté par Carl Milles.

Cette diffusion n'a guère connu d'interruption. Rome y contribua largement : les scènes de l'enlèvement et de la traversée décorent les murs de Pompéi – dix-sept exemplaires retrouvés ! – et ceux des maisons d'Italie, de Gaule, de Bretagne, de Germanie. Le Moyen Âge et les Temps Modernes ont poursuivi la tradition. Des manuscrits médiévaux des *Métamorphoses* sont illustrés par les aventures d'Europe. Le Pérugin – dans la vaste composition dédiée à Isabelle d'Este et consacrée à « la Chasteté victorieuse » –, Véronèse, Titien, le Lorrain, Tiepolo, Jordaens, Boucher, Francesco Zuccarelli y puisent leur inspiration. Comme le remarque plaisamment Denis de Rougemont, « vingt siècles occidentaux feront jouer leur imagination sensuelle du mythe, et cela va de la métope de Sélinonte au bas-relief de la gare ferroviaire de Genève, d'Ovide à Victor Hugo, et de l'auteur des mosaïques d'Aquilée jusqu'aux décorateurs du XXe siècle ».

Si le thème perdure, on ne peut en dire autant de la fonction et de la nature des œuvres qui l'expriment. Celles-ci furent bouleversées lorsque l'Europe entra en modernité. L'enlèvement d'Europe cessa alors d'être l'image d'un mythe. Elle devint, sous le coup de la redécouverte de l'Antiquité, une scène de genre ou, après la découverte du nouveau monde, une allégorie, une image dont le message n'était plus délivré par un personnage mis en scène mais par les attributs symboliques qui l'accompagnaient.

La mode mythologique, qui naît avec la Renaissance et dure jusqu'au siècle dernier, n'a rien de religieux. Comme le dit Georges Gusdorf, les hommes de la Renaissance furent « les embaumeurs du cadavre exquis de l'Antiquité perdue et retrouvée, mais retrouvée comme définitivement perdue ». L'artiste qui représente le rapt d'Europe n'est pas habité par une certitude porteuse de sens.

Il recrée une scène de genre, tirant son inspiration – mais en est-ce une ? – d'un motif du répertoire sur lequel il brode quelques variations d'école. L'un, Le Pérugin, associe l'enlèvement au combat de Diane et de Vénus : *Combat de l'Amour et de la Chasteté* ; un autre, Francesco Zuccareli, fait voleter de divins amours : *Le rapt d'Europe* ; un autre encore, François Boucher, brosse une scène galante : *L'enlèvement d'Europe.*

La mort du mythe et de sa représentation est consommée au lendemain de l'immense révolution de 1492. Les réalités continentales s'imposent alors aux Européens. Toujours mieux connus, les continents deviennent des entités dont chacune possède, du moins le pense-t-on, sa propre identité. L'Europe n'échappe pas au mouvement. C'est alors, au XVIIe siècle, que « l'Europe naît dans les mots », comme l'écrit joliment Pierre Chaunu, qui précise : « Autour de I620, le mot est l'exception. Autour de 1750, Chrétienté n'est plus qu'archaïsme. » Les images de l'art accompagnent l'évolution du langage.

Ainsi naquirent deux types de représentations, qui ne sont plus celle d'*Europe* – mythe fondateur – mais celles de l'Europe, réalité géographique : l'allégorique et la cartographique.

La représentation allégorique de l'Europe la montre sous les traits d'une femme dotée d'attributs symboliques révélant les caractères originaux que lui reconnaissent les contemporains. Ainsi, l'allégorie peinte à fresque par Tiepolo en 1753, qui représente une Europe entourée de prêtres, d'artistes et de soldats, évoque les domaines où brillait alors la civilisation européenne : la défense de « la vraie foi », la vitalité de la création artistique et l'art de la guerre.

La représentation cartographique, quant à elle, reflet de plus en plus fidèle du réel, s'éloigne de l'univers mythique qu'elle contribue à condamner à mort. C'est, très tôt, le cas de la cartographie de l'Europe, tandis que, longtemps encore, celle des océans et des *terrae incognitae* offriront aux cartographes la tentation de rêver et de faire rêver à des animaux fantastiques et à des terres utopiques.

Il arriva cependant aux formes séductrices de la mythique Europe d'épouser les contours de la réelle Europe – surprenante rencontre née d'une nécessaire transition entre deux modes successifs et opposés de penser le monde. Ce que fit, en 1554, Sébastien Münster dans sa *Cosmographie universelle*, qui donna à l'Europe la silhouette d'une jeune femme à la tête couronnée – *Hispania* – tenant le globe – *Sicilia* – au bout de son bras droit – *Italia* –, tandis que les plis de sa longue tunique – *Graecia, Bulgaria, Scythia* – tombent sur *Asia* et *Pontus Eux.*.

Telles étaient, semblables l'une à l'autre, fécondes et attirantes l'une et l'autre, Europe de la fable et l'Europe de la géographie et de l'histoire. Étonnante convergence d'un mythe venu d'Asie et d'une réalité forgée par le temps.

On comprend mieux, dès lors, que le continent, devenu Chrétienté, ait conservé son nom païen. Ce que le chapitre suivant illustre et explique à sa façon.

Les mythes généalogiques médiévaux,
les origines fabuleuses des princes et des peuples

Plus ambitieux que le mythe grec, qui se borne à dévoiler l'origine d'une influence civilisatrice aux marges d'un continent, le mythe médiéval affirme, avec l'existence d'un ancêtre commun, l'identité originelle de tous les Européens en même temps que l'identité originelle de chacun des peuples entre lesquels ceux-ci se répartissent. Le mythe est à la fois continental et national, ou, si l'on juge prématuré l'emploi de ce dernier mot pré-national.

À la question : « Quel est l'ancêtre des Européens ? », les réponses que font les théologiens-historiens-mythographes divergent. Les uns évoquent Japhet, fils de Noé ; d'autres, un descendant de Priam, dernier roi de Troie ; certains, enfin, l'Hercule libyen. Il en est parmi eux – et ils ne sont pas rares – qui croisent entre elles ces généalogies pourtant si éloignées.

La diversité et la complexité des réponses témoignent du goût des hommes du Moyen Âge et de la Renaissance pour les syncrétismes les plus audacieux et de leur habileté à mêler l'héritage antique au message chrétien ; elle témoigne aussi de l'existence chez eux – pour reprendre les expressions d'Arlette Jouanna – « de la conscience d'avoir un patrimoine commun » et « du sentiment d'appartenir à une même race, une même lignée, une même famille ».

Le mythe biblique l'emporte sur les autres par sa grande et durable popularité. Présent au début du VIIe siècle dans le *Livre des étymologies* d'Isidore de Séville – où sont évoqués « les peuples de la lignée de Japhet, qui, du mont Taurus jusqu'à l'Océan britannique, posséderont toute l'Europe » –, ce mythe biblique l'est encore, mille ans plus tard, dans le *Discours sur l'histoire universelle*, où Bossuet tient pour vérité de dogme que « Japhet a peuplé la plus grande partie de l'Occident ».

Le mythe de Japhet, ancêtre des Européens, est né des gloses innombrables qui ont accompagné la lecture du chapitre 9 du premier livre de la Bible – *Genèse* ou *Entête* –, qui traite de ce recommencement de l'histoire que fut l'après-Déluge. Il est né, plus précisément, des commentaires du verset 19 qui, après avoir évoqué les noms de Sem, Cham et Japhet, précise : « Ces trois-là étaient les fils de Noé et à partir d'eux se fit le peuplement de toute la terre. » De la masse des interprétations qui en furent données, deux eurent une portée considérable – l'une géographique, l'autre morale.

La coïncidence entre le partage de Noé et la tripartition continentale fut clairement affirmée par Bède le Vénérable, un moine anglais du VIIIe siècle – celui-là même qui imposa à la Chrétienté le choix de l'an de l'Incarnation comme point-origine de l'*era mundi*. Il apparut dorénavant à tous que les descendants de Cham avaient peuplé l'Afrique, ceux de Sem l'Asie et ceux de Japhet l'Europe. Ce qu'illustrèrent à leur façon des mappemondes en TO si nombreuses à être parvenues jusqu'à nous.

L'interprétation morale est née de la convergence entre une lecture raciste du verset 9-25 et une étrange analyse étymologique du mot Europe :

– Canaan, le fils de Cham, ayant été maudit par Noé – « Maudit soit Canaan !/Qu'il soit pour ses frères/le serviteur des serviteurs ! » (*Genèse*, 9-25) – la race libyenne, issue de lui, est promise à l'esclavage ;

– à l'inverse, les descendants de Japhet sont promis à une heureuse destinée si l'on en croit d'une part la bénédiction de Noé : « Que Dieu étende les possessions de Japhet ! » (*Genèse*, 9-27) et d'autre part les étymologies fantaisistes qui firent dériver *Europos d'eurus* – mot grec signifiant « large », « étendu » – et permirent ainsi d'inscrire dans le plan de Dieu la grandeur de l'Europe.

On sait à quelle justification servit cette interprétation « morale », lorsque les Européens, devenus maîtres des Amériques, décidèrent de chercher en Afrique la main-d'œuvre nécessaire à leur exploitation. Fortune du mythe et infortune de l'histoire !

La formule ne vaut pas pour le second volet du mythe, celui des descendants de Japhet comme ancêtres des peuples européens, qui fut très tôt occulté par le mythe troyen.

Le mythe des descendants de Japhet ancêtres des peuples européens est né de la lecture du chapitre 10 de la *Genèse*. On y trouve des listes des descendants de Cham, de Sem et de Japhet, ainsi que l'indication des lieux que ceux-ci peuplèrent. Des descendants de Japhet, il est dit : « Fils de Japhet : Gomer, Magog, Madaï, Iavan, Toubal, Mèshèkh, Tiras. Fils de Gomer : Ashkenaz, Riphat et Togarma. Fils de Iavan : Elisha, Tarshish, Kitim, Dodanim. À partir d'eux se fit la dispersion dans les îles des nations » (*Genèse*, 10, 2-5). Voilà les racines du mythe de la vaste famille des nations d'Europe. Les Européens s'y référèrent, mais rarement et confusément. L'*Historia Britonum*, par exemple, œuvre anonyme composée vers 700, fait ainsi descendre les Britanniques de Brito, frère de Francus, Alamanus et Romanus, et cousin de Gothus et de Saxo – belle brochette de héros éponymes ! – qui, tous six, descendaient de Japhet à la quinzième génération.

Le mythe troyen, comme le mythe de Japhet, apparut au VIIe siècle. L'*Historia Francorum*, œuvre anonyme composée vers

660, rapporte qu'après la chute de Troie, Francion, neveu d'Enée, et quelques Troyens s'enfuirent jusqu'au Palus Méotide, où il fondèrent la ville de Sicambria. Le courage de leurs descendants leur valut de recevoir le nom de Francs – féroces – et de conquérir la Gaule, dont l'un d'eux, Clovis, devint roi en 496.

De reprises en variations, le mythe franco-troyen s'amplifia jusqu'à trouver une forme canonique en 1274, année où Primat, abbé de Saint-Denis, offrit à Philippe III le premier manuscrit des *Grandes chroniques de France* dont la rédaction et l'actualisation se poursuivirent jusqu'en 1518. Rien ne fut changé au début du texte dont quelques extraits sont cités ci-dessous. La dimension continentale du mythe y apparaît, d'emblée, dans toute son ampleur : la légende française vaut pour l'Europe entière. Elle vaut même pour l'empire byzantin où, le mythe troyen de la fondation de Rome n'ayant jamais été perdu, il n'eut jamais besoin d'être réactualisé.

« Quatre cent trois ans avant que Rome fut fondée, régnait Priam en Troie la Grande. » Ainsi débutent les *Grandes chroniques*, qui enchaînent sur un bref récit de la guerre de Troie et sur l'énumération, plus longue, des migrations de « plusieurs princes de la cité » : celle d'Hélénus qui « en Grèce s'en alla » ; celle d'Enée, bien sûr, dont on précise que le petit-fils Brutus, accompagné de Corinée, « de la lignée d'Anthénor », conquit l'Angleterre ; celle des cousins Francion – fils d'Hector – et Turcus – fils de Troylus – fuyant ensemble en Thrace, puis se séparant, le premier pour fonder Sicambre, le second allant en Petite Scythie où « ses descendants seront Goths, Vandales et Normands ».

La supériorité fonctionnelle de ce mythe, si on le compare au mythe biblique, est évidente ; elle explique son succès face au mythe japhétique :

– il dresse un parallèle exaltant entre l'obscur passé d'un quelconque peuple européen et l'illustre destinée du peuple romain ;

– il donne à chaque peuple son identité propre en le dotant d'un héros éponyme ;

– il justifie l'ordre social existant, en distinguant, sur la base du *jus sanguinis*, les nobles qui descendent du héros fondateurs, des roturiers qui descendent des hommes sans condition qui ont suivi ce héros ;

– il contribue à créer l'État-nation. En associant dans des uchronies fantastiques la généalogie de la dynastie régnante et celle du peuple que celle-ci gouverne, il légitime le régime et les détenteurs du pouvoir politique, auxquels il donne lustre et ancienneté tandis que, dans le même temps, il fonde l'unité nationale sur la communauté de race et de mémoire.

Il n'est guère de grand état européen, entre le XIIIe et de début du XVIIe siècle, dont les monarques aient négligé de se doter d'une ascendance troyenne et, parfois, d'en doter leur peuple. Ainsi le bénédictin Geoffroy de Monmouth, dans l'*Historia Regum Britanniae* (vers 1138), fait descendre les Bretons de Brut, arrière-petit-fils d'Énée, venu en Grande-Bretagne fonder Troynovant – la nouvelle Troie – qui deviendra Londres. Ainsi Jakob Mennel soutient en 1507 que les Habsbourg descendaient de Priam – thème fondamental de l'énorme propagande orchestrée par Maximilien Ier lorsqu'il voulut obtenir du pape le titre d'Élu empereur romain.

Fièvre généalogique, quête des origines, archéologie identitaire, mythographie courtisane… on manque d'expressions pour qualifier ce torrentueux discours que, pendant neuf siècles, l'Europe tint sur elle-même. Phénomène insaisissable – au sens propre comme au sens figuré du mot –, où tout semble permis à l'imagination dès lors qu'elle est au service du Prince…

On voit un génial faussaire, Annius de Viterbe, relier dans ses *Antiquités* (1497) les mythologies païennes aux données de la Bible et faire de Noé – qui s'appelle aussi Janus – un astrologue dont un des fils, Cham – aussi appelé Zoroastre, Pan, Sylvanus ou Saturne –, est grand-père d'Hercule – non de l'Hercule grec, qui fut un brigand, mais de l'Hercule égyptien ou libyen dont parle Hérodote, qui, à croire Annius, pérégrina à travers l'Europe avant de devenir le premier roi d'Espagne. On voit, dans la foulée, l'historiographe de Marguerite d'Autriche, le poète Jean Lemaire de Belges, dans *Les illustrations de Gaule et singularités de Troie* (1509), dresser un tableau généalogique de Francus qui le relie en vingt-cinq générations à Noé, via Hercule de Libye, Priam, Hector, et le fait ainsi cousin plus ou moins éloigné de Romus, de Belgius, et de Turrhenus, roi d'Italie.

On voit Guillaume Postel, professeur d'hébreu et d'arabe au Collège de France, par un recours trop habile à l'étymologie et au symbolisme astral, assurer les lecteurs de son *Histoire mémorable des expéditions depuis le déluge faites par les Français et Gaulois* (1552) que Gomer, fils aîné de Japhet, hérita, en vertu du droit sacré de primogéniture, de l'Europe entière et mena les siens, les « Gomérites », jusqu'en Asie centrale par le Danemark et la Russie ; que des Gomérites s'installèrent au bord de la mer Noire, d'autres en

Germanie, d'autres encore en Toscane ; que ceux qui se fixèrent en Gaule poussèrent une expédition jusqu'à Rome – ville fondée par Noé lui-même, connu là-bas sous le nom de Janus –, non pour la piller mais pour y remettre le pouvoir en des mains légitimes. Avec la *Cronica General* de Florian de Ocampo et l'*Histoire mémorable* de Guillaume Postel culmine le long discours polyphonique des Européens sur leur origine – discours sur l'ancêtre commun qui les faisait frères. Discours, aussi, sur l'origine des nations et des dynasties qui, à l'inverse, les faisaient de plus en plus rivaux.

La disparition des uchronies européennes est peut-être due à cette contradiction. Elle est plus vraisemblablement due à la constitution en sciences de la philologie, de l'archéologie et de l'histoire. Dès lors, la seule direction du temps demeurée ouverte à l'imagination politique fut l'avenir – d'où le foisonnement des utopies politiques. Pour le savant, le passé ne sera plus celui des fables originelles mais, plus prudemment, celui des antiquités nationales. Plus prudemment et plus passionnément aussi lorsque l'homme de science pensera et jugera en patriote.

Le mythe scientifique du peuple originel, *l'invention des Indo-Européens*

Il appartenait à notre époque de renouer avec la vieille tentation médiévale de la quête du peuple-origine et, par des voies nouvelles, qui ne sont plus celles de la foi et de la fable, mais, initialement du moins, celles de la science – de la linguistique, de l'anthropologie physique, de l'archéologie, de la mythologie comparée –, de découvrir les « vrais » ancêtres des Européens, de reconstituer leur langue et leur culture, de partir à la recherche de leur berceau.

Certains, qui mirent la science au service d'une idéologie, prétendirent en retrouver les descendants au sang demeuré « pur ». Cette dérive aux effets tragiques entache, hélas, la valeur des travaux qui, par paliers successifs, ont sorti de l'ombre ceux qu'on nomme Indo-Européens, ou Indo-Germaniques, ou encore Aryens – quoique ce terme, employé par Hérodote pour désigner les Perses et les Mèdes, soit aujourd'hui quasiment frappé d'interdit à cause de la connotation raciste qui l'accompagne. Plus que la justesse de leurs résultats, dont l'examen n'est pas notre objet, ce qui retient ici notre attention est le simple fait de leur existence.

C'est une singulière aventure de l'esprit, où se mêlent savoirs et fantasmes, intelligence et passions, que celle qui poussa les Européens à localiser, dans un espace-temps incertain, leurs hypothétiques ancêtres. Par une étrange contradiction, loin d'aider à fonder une conscience identitaire européenne, elle aboutit parfois à sa négation, soit que, remontant aux plus lointaines origines, elle exaltât le berceau asiatique et frappât de discrédit une Europe barbare, soit que, se plaçant dans le présent, elle aidât les passions nationalistes allemandes en affirmant la pureté de la race germanique face à l'impureté des autres races peuplant l'espace européen. Ceci n'enlève rien à l'intérêt de ce dernier chapitre de l'histoire de l'imaginaire européen – chapitre où l'on voit à quel point la science et le mythe tendent irrésistiblement à s'unir dans un couple où, pour ne pas succomber, la première doit sans cesse combattre le second.

Le premier épisode fut cependant scientifique. Il met en scène une toute jeune science promise à un bel avenir, la linguistique.

La découverte d'une parenté entre langues anciennes d'Europe et d'Asie revient, semble-t-il, à un orientaliste britannique, William Jones, juge-suprême au Bengale, qui, dans une communication faite, en 1786, à la *Royal Asiatic Society* de Calcutta, soutint « qu'aucun philologue ne pourrait examiner les langues sanskrite, grecque et latine sans acquérir la conviction qu'elles sont issues d'une source commune, laquelle, peut-être, n'existe plus ». Il prolongeait ainsi une hypothèse que Leibnitz avait émise en 1704 dans ses *Nouveaux essais sur l'entendement humain*. La voie ainsi ouverte allait rapidement s'élargir et s'approfondir : s'élargir dans l'espace et s'approfondir dans le temps.

En 1814, année où le mot « indo-européen » apparut dans l'*Oxford English Dictionnary*, le Danois Rasmus Rask rédigea un traité sur la parenté de l'islandais, du slave, du balte, du grec et du latin. En 1816, Franz Bopp rapprocha les systèmes de conjugaison du sanskrit, du grec, du latin, du germanique et du persan, et fonda, du même coup, la grammaire comparée ; devenu professeur à l'université de Berlin, il publia à partir de 1833 une *Grammaire comparée du sanscrit, du zend, du latin, du lituanien, du vieux slave, du gothique et de l'allemand*, dont le titre témoigne d'un nouvel élargissement de l'espace linguistique indo-européen. Le cercle de famille s'agrandit ensuite aux langues celtiques – grâce, en particulier, à l'impulsion donnée, à partir de 1870, par la *Revue celtique* créée à Paris par Henri Gaidoz –, à l'albanais, à l'arménien.

Ainsi, en moins d'un siècle, avait été reconnue la parenté typologique de la quasi-totalité des langues alors parlées en Europe. Les exclues sont le basque, inclassable et énigmatique, et le magyar, langue de la famille finno-ougrienne, les autres langues non indo-européennes étant parlées aux confins septentrionaux et orientaux de l'Europe géographique : langues ouraliennes, comme l'estonien, le finnois et le lapon ; langues. caucasiennes, comme le géorgien et le tchétchène ; langues altaïques, comme le turc et le tatar.

L'effort de classification des linguistes européens ne se limita pas à leur seule famille ; en ce siècle où l'Europe dominait le monde, il se voulut universel et aboutit au classement des milliers de langues parlées dans le monde en une trentaine de familles, elles-mêmes divisées en groupes et sous-groupes. Démarche scientifique certes, mais derrière laquelle se cacherait, si l'on en croit l'essai de Maurice Olender sur *Les langues du Paradis*, des arrière-pensées idéologiques et des mythes tenaces : mythe adamique qui pousse à chercher la langue commune aux premiers hommes ; mythe japhétique qui amène à opposer les langues sémitiques aux langues indo-européennes et à reconstituer la langue-mère de ces dernières.

Cette reconstruction de la langue-mère fut couronnée de succès. Longtemps hasardeuse, elle devint crédible lorsque le *Mémoire sur le système primitif des voyelles dans les langues indo-européennes* du Suisse Ferdinand de Saussure (1878) eut fondé une théorie de l'évolution phonétique des langues. Le passage de la comparaison à la transformation permit alors de reconstituer une langue originelle unique, l'indo-européen, dont le vocabulaire fossile est désigné par la présence initiale d'un astérisque. Ainsi, à partir du français « frère », de l'anglais « brother », de l'allemand « bruder », du latin « frater », du russe « bratch », de l'arménien « elbayr », du sankrit « bhratar », fut créé le mot indo-européen **bhrater*.

La construction d'arbres généalogiques acheva de faire des langues indo-européennes une grande et véritable famille, avec ses générations successives, ses aïeux, ses cousins proches ou lointains. En 1863 Auguste Schleicher en dessina le premier dans un ouvrage dont le titre – La théorie de Darwin et la linguistique – dit sous quelle influence il est placé.

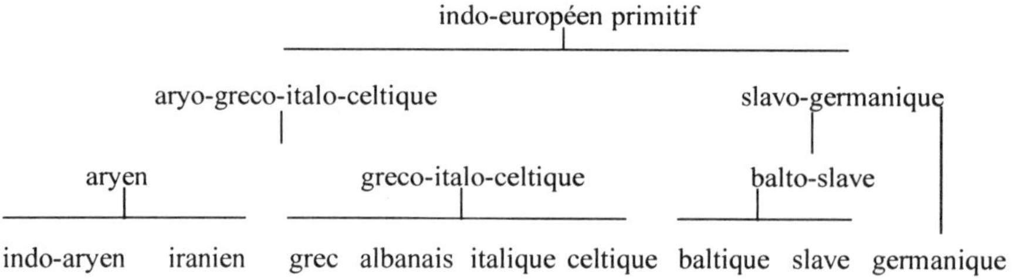

Déjà les recherches indo-européennes s'étaient aventurées dans un domaine infiniment plus vaste que celui des langues : celui de la civilisation.

La reconnaissance de la parenté linguistique entraîna, rapidement et inévitablement, la recherche de la communauté culturelle disparue, supposée avoir parlé cette langue-mère. On passa ainsi de l'indo-européen aux Indo-Européens. Grâce à une nouvelle science, la paléontologie linguistique, dont l'Allemand Klaproth jeta les bases en 1830, les mots devinrent des documents portant témoignage de la culture de ceux qui en usaient comme de l'espace dans lequel ils vivaient. On sait ainsi que les Indo-Européens cultivaient une céréale (**yewos*), avaient domestiqué les bovins (**tauros*), les ovins (**peku*) et les chevaux (**ekwo*), utilisaient des chariots avec essieu (**aks*) et étaient gouvernés par un roi (**reg*)...

Quant au foyer d'origine, il a donné lieu à une succession d'hypothèses diverses. Les premiers indo-européanistes, emportés par leur admiration pour l'Inde védique et la littérature sanskrite, le situaient en haute-Asie, sur le plateau du Pamir ou dans les steppes du Turkestan. L'indophilie avait été, au début du siècle, une attitude largement partagée. « L'Europe », affirmait le philosophe allemand Schelling, « est un tronc stérile en soi, qui doit tout à ses greffes orientales », et Michelet dans son *Introduction à l'histoire universelle* (1831) lançait : « Au point de départ, dans l'Inde, le berceau des races et des religions, *the womb of the world.* » Les choses changèrent dans la seconde moitié du siècle ; on se moqua alors de l'indomanie ; on dénonça, avec Isaac Taylor (*The Origin of the Aryans*, 1890), « la tyrannie des sanscritistes ». L'hypothèse du foyer européen se substitua à celle du foyer asiatique. Pareille évolution n'est pas due uniquement au triomphe de l'impérialisme européen ; elle trouve également son origine dans les progrès de l'archéologie préhistorique, dans l'émergence fulgurante de l'anthropologie physique et dans l'éveil des nationalismes. Le patriotisme n'est pas étranger au choix par des savants allemands de l'Allemagne du nord et de la Scandinavie du sud comme Vaterland originel des Européens, hypothèse complétée par la théorie des raids (*Züge*) formulée par le préhistorien berlinois Gustav Kossina dans les années 1900, selon laquelle c'est à partir de là que les peuples indo-européens se seraient répandus à travers l'Europe et une partie de l'Asie. Cette théorie, qui fut admise par d'éminents préhistoriens français et anglais, s'appuyait sur des arguments empruntés à la paléolinguistique, à l'archéologie préhistorique et à l'anthropologie raciale.

Après s'être intéressés à la langue, à la civilisation et à l'espace, les indo-européanistes découvrirent, en effet, la race. Se plaçant au cœur du champ mythologique européen – là où les mythes du progrés, de la science et de la supériorité de l'homme « blanc et civilisé » croisaient ceux de l'antisémitisme –, ils affirmèrent l'existence d'une race aryenne et en proclamèrent la supériorité ; ainsi le Genevois Adolphe Pictet qui, dans son *Essai de paléontologie linguistique* (1859), écrit : « À une époque antérieure à tout témoignage historique une race destinée par la Providence à dominer un jour le globe entier, grandissait peu à peu. [...] Privilégiée entre toutes les autres par la beauté du sang, cette race fut appelée dès le début à conquérir. [...] De là le développement précoce de la réflexion qui prépare et de l'énergie qui accomplit. [...] Tout en croissant ainsi joyeusement en nombre et en prospérité, cette race féconde travaillait à se créer une langue admirable [...], portant en germe toutes les richesses futures d'une magnifique expansion de la poésie la plus élevée, comme de la pensée la plus profonde. » Après quoi, il dresse un parallèle entre Aryens et Hébreux, tout à la défaveur de ces derniers ; chez les premiers, il trouve « la liberté qui développe, la réceptivité qui étend et assimile, une immense extension de la race [...] », chez les seconds « l'autorité qui conserve, l'intolérance qui concentre et isole, une seule nationalité compacte [...] ». Le Juif devient ainsi le contraire de l'Européen et l'antisémitisme une façon pour celui-ci d'assumer son européanité.

Le mythe de la race supérieure ne va pas garder longtemps sa dimension européenne. Sous l'influence de Gobineau, de Darwin et de l'anthropologie physique, le mythe va devenir germanique et casser l'Europe en deux. En effet les aryanistes s'inspirent de la thèse de l'inévitable dégradation des races humaines par les métissages qu'expose Gobineau dans son *Essai sur l'inégalité des races humaines* (1853-1855) pour la corriger en affirmant qu'une race, une seule, a échappé à ce processus universel, la germanique. De même, leur lecture du célèbre ouvrage de Darwin, *De l'origine des espèces au moyen de la sélection naturelle* (1859), révèle leur habileté à utiliser une théorie générale au profit de leur vision particulière : ils lui empruntent le mécanisme de la sélection naturelle des meilleurs et la transforment en conflits de races qui voit le triomphe des supérieures. Quant à l'anthropologie physique, dont la craniologie est le fer de lance, elle jouit pendant un demi siècle d'un grand crédit dans l'Europe savante, qu'elle déchire en deux camps : ceux qui admirent les « dolichocéphales-blonds » et ceux qui admirent les « brachy-bruns ». En France, la guerre qui les oppose ravive l'antagonisme des deux France. À Paul Topinard qui assure dans son *Anthropologie* (1893) que « les brachycéphales forment aujourd'hui, en France, dans l'Allemagne du sud et ailleurs, une population sobre, prévoyante, voulant le calme, la paix, aimant le sol de la patrie, à laquelle appartient l'avenir », Vacher de Lapouge répond dans *L'Aryen, son rôle social* (1899) où il évoque « la malédiction de l'indice encéphalique qui fait de toutes les races brachycéphales des esclaves nés » et explique les malheurs de la France par l'extinction des dolychocéphales blonds. « L'Aryen, écrit-il, c'est l'*Homo Europaeus*, une race qui a fait la grandeur de la France, qui est aujourd'hui presque éteinte. »

Le débat franco-français – ou gallo-franc – devient européen avec la parution, la même année 1899, de *La genèse du XIXe siècle* d'Houston Stewart Chamberlain, cet Anglais qui fut le gendre de Wagner et devint le maître à penser des pangermanistes les plus racistes, donc des théoriciens du nazisme – de Rosenberg en particulier. Les quelques lignes qui suivent, extraites de *La genèse du XXe siècle*, disent clairement la pensée de l'auteur : « L'Europe compte des centaines de milliers d'hommes qui comme nous parlent des langues indo-européennes, qui s'habillent comme nous, qui participent à notre vie, qui sont d'excellentes gens, mais qui diffèrent autant de nous, Germains, que s'ils habitaient une autre planète. Il ne s'agit pas d'un abîme comme celui qui, à certains égards, nous sépare des Juifs [...], il s'agit d'une muraille, proprement infranchissable, qui sépare un pays de l'autre. »

Ainsi, le mythe scientifique du peuple originel devient celui des deux Europe. La pure et la décadente. La première recevra mission de purifier la seconde en bâtissant cet « ordre nouveau » où l'Europe manquera de se perdre.

Aujourd'hui archéologues et spécialistes de mythologie comparée redonnent quelque crédit aux recherches indo-européanistes. Mais le sérieux de leurs recherches et l'aridité de leurs discours découragent les amateurs de certitudes simples. Quant à la foule grossissante de ceux qui s'intéressent au passé le plus lointain, elle se passionne pour une pré- et une protohistoire qui lui révèlent les successions de cultures et les brassages de peuples. Elle apprend aussi que l'Europe est fille de civilisations et que sa véritable généalogie n'est pas de races mais de cultures.

Bibliographie

Beaune C. , *Naissance de la France*, Paris, Gallimard, 1985.

Carbonell C.-O., « Les uchronies au berceau des monarchies européennes (VIIIe-XVIe siècle) », in *Les temps de l'Europe*, t. 2, *Temps mythiques*, Actes Eurethno 1992 (Conseil de l'Europe), p. 108-115.

Demoule J.-P., « Les Indo-Européens ont-ils existé ? », *L'Histoire*, n° 28, novembre 1980, p. 108-120.

Poliakov L., *Le mythe aryen*, Paris, Calmann-Lévy, 1972.

Pastoureau M. et Schmitt J.-C., *Europe, mémoires, emblèmes*, Paris, Les Éditions de l'Épargne, 1990.

Reynold G. de, *Formation de l'Europe*, t. 1, Fribourg, LUF, 1944.

Rougemont D. de, *28 siècles d'Europe*, Paris, Payot, 1961.

II

Racines

Rome, Athènes, Jérusalem

« L'Europe », disait Denis de Rougemont au moment où, dans l'éclatement de la guerre de Corée, il prenait la direction du Centre européen de la culture, « l'Europe n'a pas pris naissance dans le conflit entre l'Est et l'Ouest, mais bien dans le complexe de tensions entrecroisées dont les trois pôles peuvent être appelés symboliquement Athènes, Rome et Jérusalem. » Puis, après avoir éclairé son propos – « Athènes, c'est la découverte de l'individu…, Rome, c'est la création du citoyen, Jérusalem, enfin, c'est la révélation de la personne » –, il affirmait avoir trouvé dans ces trois sources les clés de deux mille ans d'histoire : « À partir de ces trois pôles, il est possible d'interpréter les principales structures dynamiques de l'Occident, les conflits fondamentaux qui les sous-tendent et les grandes doctrines de l'homme et de la société qui se sont dégagées de ce complexe. […] Après vingt siècles de combinaison et d'analyse, Athènes, Rome, et Jérusalem, cela s'appelle aujourd'hui l'individualisme, le collectivisme et le personnalisme. »

Vingt ans plus tôt, Paul Valéry avait fait la même analyse, qu'il avait conclue d'un aphorisme promis à la célébrité : « Toute race et toute terre qui a été successivement romanisée, christianisée et soumise, quant à l'esprit, à la discipline des Grecs, est absolument européenne. » La formule parut trop réductrice à nombre d'historiens. À Emmanuel Berl, par exemple, qui, dès l'introduction de son *Histoire de l'Europe*, pourfend sans ménagement celui qui l'avait ciselée. « Qu'un auteur aussi amoureux de précision que Paul Valéry », s'indigne-t-il, « ait pu écrire : Europe = Grèce + Rome + Christianisme, éveille en moi une surprise toujours renouvelée. Car enfin Valéry est d'abord un poète. Or, ni Tristan et Ysolde, ni Roméo et Juliette, ni don Quichotte, ni Faust ne sont des Grecs organisés par Rome et convertis par saint Paul. »

L'Europe-civilisation, il est vrai, ne se limite pas à la somme de ses composantes méditerranéennes ; à celles-ci se sont ajoutées, avant la féconde rencontre entre Chrétienté et Dar-el-islam, trois composantes continentales : l'héritage indo-européen, l'apport celtique et l'influence germanique. Aucune, pourtant, ne peut être considérée comme racine de la civilisation européenne. L'héritage indo-européen parce qu'il demeure l'objet de trop de conjonctures et de polémiques ; parce qu'il navigue encore, nous l'avons vu, entre mythe et histoire. L'héritage celtique parce que, hors de la frange atlantique du continent, il se réduit à peu de choses : un cycle de légendes et un calendrier agraire. L'influence germanique, enfin, parce qu'elle s'est fait sentir tardivement, à l'aube du Moyen Âge, quand la civilisation gréco-romaine avait déjà reçu une empreinte chrétienne ; greffe si l'on veut ; racine, assurément pas.

L'équation valéryenne est également contestée par ceux qui cherchent les origines de la civilisation européenne et non plus ses berceaux. Remontant le temps, ils trouvent ses origines hors des Trois Sources : dans l'Égypte pharaonique – à laquelle, dit Hérodote, les Grecs doivent tout –, dans les empires mésopotamiens, dont sont sortis, avec Abraham, bien des traits de la culture juive, et dans les civilisations préhelléniques de Crète et de Mycènes. En fait, leurs recherches, qui s'appuient sur les découvertes de l'archéologie, de la philologie et de jeunes disciplines aux méthodes très sophistiquées, sont fort différentes de la démarche culturelle, quasi introspective, que suit une communauté lorsqu'elle évoque des ancêtres qui sont par un jeu de miroirs ses fils autant que ses pères. Dans le second cas, on affirme une identité construite par un incessant va-et-vient entre l'amont et l'aval ; dans le premier, on décèle des influences, on découvre des emprunts, qui ne permettent pas de fonder une généalogie de civilisations. La découverte, au siècle dernier, d'une épopée babylonienne – l'épopée de Gilgamesh, cinquième roi de la première dynastie d'Ourouk – contenant le récit d'un déluge autorise les historiens à affirmer que les Hébreux ont introduit au chapitre premier de la Bible un mythe babylonien ; elle ne leur permet pas de décréter un lien de parenté entre la civilisation juive et les civilisations mésopotamiennes.

La quête des origines, au lieu d'ébranler le schéma valéryen, peut parfois le conforter. L'étude comparée des civilisations permet à certains, à Pierre Chaunu en particulier, de trouver dans l'antériorité du passage à la civilisation des peuples du Croissant fertile (Palestine,

Syrie du nord, Mésopotamie) l'explication de la supériorité de la civilisation européenne. La Méditerranée, constate Pierre Chaunu, est, dans sa frange orientale, le premier lieu de la planète où l'homme a franchi les étapes décisives et irréversibles qui le firent passer à cet état supérieur du développement de la condition humaine que nous nommons « civilisation ». Il s'agit de l'apparition de sociétés agricoles denses – denses parce que agricoles –, dotées de structures politiques pouvant regrouper un ou plusieurs millions d'hommes et disposant d'un niveau de communication élevé grâce à l'invention de l'écriture. Ce processus complet ne s'est enclenché que trois fois : dans le Croissant fertile, dans la plaine de la Chine du nord et au pied de l'Himalaya – les civilisations amérindiennes et afro-africaines n'ayant jamais atteint d'elles-mêmes le niveau de l'écriture. La plus ancienne des révolutions néolithiques, c'est-à-dire le passage de l'homme prédateur à l'homme producteur (éleveur, cultivateur), se déroula dans le Croissant fertile 2 000 ans avant qu'elle n'apparaisse au Mexique, 4 000 ans avant qu'elle n'apparaisse en Chine. Formidable avance que mesure plus précisément la date de domestication des céréales – blé, riz, maïs – qui rendit possible la sédentarisation en villages et en villes et la croissance démographique. La plus ancienne culture du blé apparaît dans le bassin oriental de la Méditerranée vers – 8000 ; associé à l'orge, le blé est alors cultivé à Jéricho (Palestine) et à Tell Aswad (Syrie). La culture du maïs apparaît au Mexique, sur les plateaux de l'Anahuac, 3 000 ans plus tard. Celle du riz en Chine plus tard encore, vers – 4000. « L'Europe », commente P. Chaunu, « héritière par le blé du Fertile croissant et, au plan culturel, nombreuse, intelligente, a deux ou trois millénaires d'avance au départ. [...] Le blé donne la hiérarchie dans le temps, c'est-à-dire la hiérarchie dans l'espace des réussites. » Le blé donne aussi son identité au continent européen. En moins de quatre mille ans sa culture se répandit jusqu'à l'Irlande, la Scandinavie et l'Oural, tandis qu'elle était bloquée par les déserts d'Afrique et d'Asie occidentale. Seule héritière du « miracle » méditerranéen du néolithique, l'Europe est donc devenue le continent du blé.

La théorie de la « supériorité par antériorité » de l'Europe-civilisation trouve confirmation dans l'histoire de l'écriture. Celle-ci est apparue, comme la révolution néolithique, en différents points de la planète : en Égypte et en Mésopotamie vers 4000 avant notre ère ; en Chine vers – 2000 ; dans l'Inde vers – 1500. Mais c'est 1 100 ans environ avant la naissance du Christ, en Phénicie, dont Europé fut princesse, que le pas décisif fut franchi avec l'invention de l'écriture alphabétique qui consignait voyelles et consonnes. Grâce à elle, l'acquisition de l'écriture devenait rapide, la prononciation des mots était dévoilée et la communication était facilitée. Et P. Chaunu de conclure : « C'est autour de la Cité grecque, entre 530 et 400 av. J.-C, entre Ionie et Athènes, que le miracle naît. Un groupe de plusieurs centaines de milliers d'hommes qui possède ce surmultiplicateur de la communication, une écriture alphabétique, vivant sur une terre pénétrée par la mer, multiplicateur des moyens de transport. Le miracle grec, c'est d'abord et surtout une densité jamais égalée de cerveaux communicants entre eux. »

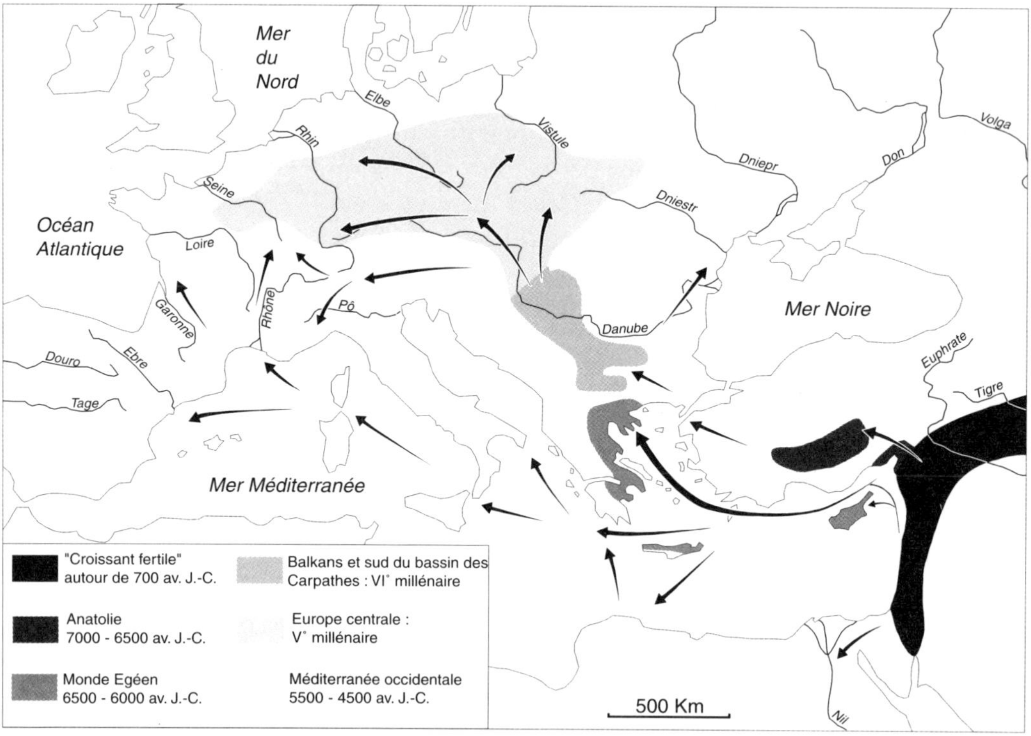

L'extension du néolithique vers l'Europe

Athènes

Athènes n'est, dans l'Antiquité, qu'une cité grecque parmi le millier et demi que dénombrent les historiens. Il n'est pourtant pas injustifié d'en faire la source pure de cet hellénisme qui nous fait européens, tant est éclatante sa supériorité culturelle sur ses sœurs et rivales ; même les villes d'Ionie, premier berceau de la pensée philosophique, et Alexandrie, dernier et superbe relais d'un héritage grec de plus en plus bigarré, ont contribué, les premières à faire naître l'héritage, la dernière à l'enrichir.

« Nous devons tant aux Grecs que nous pourrions nous dire hellènes ! », s'enthousiasme l'Occitan Robert Lafont dans son essai *Nous, peuple européen* ; et, dressant l'inventaire de l'héritage, il affirme d'emblée : « L'Europe est grecque par son paysage bâti. » Au récit des vicissitudes d'une longue histoire qui voit les Européens entretenir avec la Grèce antique des rapports changeants, allant de l'indifférence destructrice à l'imitation en passant par la découverte émerveillée, l'embaumement muséal et la restauration *in situ*, Robert Lafont préfère le bilan d'aujourd'hui. « La colonne, les métopes, les ordres – dorique, ionique, corinthien –, le péristyle, le portique, écrit-il, ont franchi les frontières jusqu'auxquelles les Romains en avaient étendu l'usage : ils sont aujourd'hui présents à Edimbourg, à Stockholm, à Potsdam, à Vienne, à Saint-Petersbourg. On croyait que le béton, l'acier et le verre nous avaient délivrés de cette hantise architecturale. Mais voici qu'avec le postmodernisme la Grèce antique nous ressaisit. » Juste remarque qu'aurait pu illustrer une image de l'actuelle Moscou, où l'architecte catalan Bofill plaque ses façades néo-grecques sur les tristes immeubles de l'ère communiste.

Nous sommes grecs, aussi, pour une raison tout autre, qui tient aux mots et non plus aux choses : le grec fut et reste le langage commun des philosophes et des savants. La botanique, la biologie animale, la géologie, la paléontologie, la physique, la chimie, l'astronomie parlent grec. Métabolisme, cybernétique, microbe, électron... la liste est si longue des néologismes que la science a forgés à partir du grec ancien qu'on se prend à se demander, avec trop d'audace sans doute, si la filiation linguistique ainsi fabriquée ne témoigne pas d'une filiation plus profonde de la pensée.

Car, nous « pensons grec », si l'on ose dire, avec les logiciens et les philosophes qui ont inventé la dialectique, l'art du discours, les règles du raisonnement. Les Grecs, ceux d'Ionie, puis ceux d'Athènes, et ceux d'Alexandrie plus tard, nous ont transmis ce qu'ils ont inventé : la connaissance de la nature – donc sa maîtrise – et celle de l'homme ; les sciences et la philosophie qui révèlent à l'homme ses capacités d'observation, d'abstraction et de raisonnement, et qui lui permettent d'arriver, sans le truchement de la religion, à la vérité. Comparant « Rationalité grecque et raison européenne » dans *Les Grecs, les Romains et nous*, Edgar Morin n'hésite pas : « Les Grecs sont les pères de notre rationalité » ; et il précise : « En quel sens ? D'abord dans le sens où, depuis les présocratiques, ils s'efforcèrent de concevoir le monde à travers des concepts, à travers des théories, et non pas par une explication mythologique ou par l'intervention providentielle du divin. Ce que nous devons aux Grecs, c'est l'institution du dialogue comme règle, c'est-à-dire l'acceptation du conflit entre arguments et de la critique, sans qu'il y ait sanction physique pour tel ou tel argumentaire ; c'est l'attention au problème de la logique et l'élaboration de règles logiques [...] ; c'est également une recherche sur le problème de la causalité et de la finalité. »

Que nous soyons les héritiers de Thalès, d'Euclide, de Pyhagore, d'Archimède, il n'est pas un seul collégien européen qui l'ignore ; comme il n'y a pas un seul lycéen qui, à la fin de ses études, ignore le nom et les idées de Platon et d'Aristote... Les historiens de la philosophie, très sensibles aux filiations intellectuelles, dessinent parfois des généalogies. On peut y voir, le long d'une échelle haute de deux mille ans, Montaigne descendre de Démocrite, via Chrysippe et Mac-Aurèle ; Machiavel d'Épicure via Lucrèce ; saint Thomas d'Aquin d'Aristote ; Maître Eckardt, de Platon via saint Augustin.

Nous « pensons grec » aussi, d'une tout autre façon, inverse et complémentaire, avec les poètes et les dramaturges, qui ont dévoilé et habillé à la fois les mythes qui disent l'Homme – son être comme sa condition : mythe d'Œdipe – au cœur de l'analyse freudienne –, mythe de Sisyphe – qui donne son titre à l'essai existentialiste d'Albert Camus –, mythe d'Orphée, mythe de Pandore, mythe d'Antigone... Deux d'entre eux fascinent l'Européen moderne, selon qu'il croit y reconnaître la passion de l'aventure technique ou celle de la navigation politique : le mythe de Prométhée l'orgueilleux et celui du rusé Ulysse.

Ces mythes sont découplés de la mythologie : point besoin d'Olympe aux chrétiens que nous sommes devenus ; la mythologie païenne n'est plus pour nous qu'un inépuisable réservoir de fables, une source d'inspiration artistique et littéraire, ou alors un objet d'étude exotique, distancié. Il n'en est pas de même de ces récits à hauteur d'homme que sont les mythes grecs. Nous en usons parce qu'ils nous révèlent à nous-mêmes. Un des pionniers de la construction européenne, le comte Richard Coudenhove Kalergi – qui lança dès 1922 l'idée d'une Paneurope – affirme que « revêtu du costume moderne, Ulysse apparaît aussitôt comme un authentique Européen du XXe siècle..., dont la grandeur procède de sa plénitude dans les trois dimensions du corps, de la volonté et de l'esprit ».

C'est dans le domaine des arts plastiques que l'héritage grec de l'Europe apparaît de la plus éclatante façon. Les Grecs ont donné à leurs héritiers des modèles que ceux-ci n'ont cessé d'admirer ; dont ils se sont inspirés, par pulsions discontinues, quand ils ne les ont pas copiés. Quête de l'harmonie par la recherche et le calcul d'un équilibre entre les parties : le nombre d'or en architecture, les canons du corps humain en sculpture. Exaltation de l'homme et de la femme, de la beauté du corps humain deux fois divinisé car donné aux dieux et aux déesses comme image de perfection, car objet de culte privilégié, pour ne pas dire unique, d'une nouvelle religion, l'esthétique. Des siècles durant, les artistes européens se mettront à l'école des sculpteurs et des architectes du siècle de Périclès même lorsque l'inspiration chrétienne, l'effervescence baroque et la révolte romantique viendront bousculer ce qu'il convient d'appeler l'académisme.

Grecs – Athéniens, plus précisément –, les Européens le sont aussi en politique. De deux façons : en adoptant, en adaptant aussi, le régime démocratique né à Athènes et en cherchant chez les philosophes, les dramaturges et les historiens grecs la clé de leur intelligence politique, les fondements d'une science politique.

Certes, il est de bon ton d'affirmer, aujourd'hui, qu'Athènes est pour les Européens un modèle... inimité parce qu'inimitable ; d'insister sur les différences qui éloignent les Européens des Grecs dans l'exercice de la démocratie. Cornélius Castoriadis, dans son essai sur « l'Imaginaire politique grec et moderne » – dans *Les Grecs, les Romains et nous* –, s'est plu à énumérer quinze traits par lesquels la démocratie contemporaine se distingue de l'antique : le régime représentatif, le suffrage universel, la professionnalisation des politiques, l'existence d'une constitution, la perception de l'État comme extérieur au citoyen, la croyance en un « individu-substance, ontologiquement autarcique », lié à l'État par contrat.. D'autres font remarquer que la démocratie grecque n'était pas parfaite – la nôtre le serait-elle ? ; que ni les esclaves, ni les étrangers, ni les femmes ne votaient ; que l'élection se faisait à main levée quand elle n'était pas remplacée, pour la désignation d'un magistrat, par le tirage au sort... C'est oublier l'essentiel, qui est passé de la racine aux branches touffues de l'arbre européen : la liberté de parole dans les réunions publiques – « Qui peut, qui veut donner un avis ? « interrogeait le héraut lorsqu'il ouvrait les débats entre les citoyens assemblés sur l'Agora, les invitant ainsi à pratiquer dialogue et dialectique ; l'égalité entre les citoyens dans l'exercice de la parole comme dans le vote par lequel se manifeste constamment la souveraineté du demos ; la prise de décision à la majorité ; l'élection des détenteurs de l'autorité... Thucydide, dans l'oraison funèbre qu'il fait prononcer à Périclès dans *La guerre du Péloponnèse* peint la démocratie de son siècle avec les mots qui conviendraient pour dire celle d'aujourd'hui : « Notre régime politique ne se propose pas pour modèle des lois d'autrui, et nous sommes nous-mêmes des exemples plutôt que des imitateurs. Pour le nom, comme les choses dépendent non du petit nombre mais de la majorité, c'est la démocratie. S'agit-il de ce qui revient à chacun ? La loi, elle, fait à tous, pour leurs différends privés, la part égale, tandis que pour les autres, si l'on se distingue en quelque domaine, ce n'est pas l'appartenance à une catégorie, mais le mérite qui vous fait accéder aux honneurs ; inversement la pauvreté n'a pas pour effet qu'un homme pourtant capable de rendre service à l'État en soit empêché par l'obscurité de sa situation. Nous pratiquons la liberté, non seulement dans notre conduite d'ordre politique [...] mais aussi dans la vie quotidienne : nous n'avons pas de colère envers notre prochain s'il agit à sa fantaisie et nous ne recourons pas à des vexations qui, même sans causer de dommage, se présentent au dehors comme blessantes. »

Plus que l'objet étudié – un régime et ses mécanismes –, c'est le fait de prendre une distance vis-à-vis de cet objet afin de le connaître et de le juger qui fait l'apport essentiel d'Athènes. En Europe, au long des siècles et jusqu'au nôtre, la démocratie athénienne pourra être oubliée, moquée, caricaturée ou dénaturée. Qu'importe ! Éclairée par la théologie chrétienne, par la philosophie humaniste puis par l'idéologie militante, la pensée politique demeurera un exercice quasi-permanent de l'esprit européen. Platon, Thucydide et Aristote, pour ne parler que d'eux, ont donné à leurs héritiers le désir et les moyens de débattre du pouvoir du Prince ou de celui du Peuple. On peut, ici, suivre Marx lorsqu'il affirme que les Grecs ont fait passer l'homme d'un statut d'espèce animale – *Gattungswesen* – à un statut d'animal politique – *zôon politikon*. Une conquête que la Rome républicaine sut adopter et, un temps, conserver, mais à laquelle renonça, pensent certains, la Rome impériale.

Rome

Rome, la Rome antique et païenne, a-t-elle transmis l'héritage grec ? l'a-t-elle dévoyé ? occulté ? A-t-elle donné sa marque propre à la civilisation européenne ? À ces questions – à la dernière surtout, la plus digne de retenir notre attention – les historiens répondent de façon contradictoire. L'histoire de la Rome antique, dix fois plus longue que le siècle de Périclès, leur offre, il est vrai, tant de visages changeants ! Certains, aujourd'hui encore, portent sur elle un regard sévère ; l'obsession mussolinienne de la référence à l'*imperium romanum* hante peut-être encore leur mémoire. Ceux-là refusent de voir en elle une des Trois Sources chères à Denis de Rougemont. Les uns la considèrent comme un simple relais et comme un diffuseur efficace du modèle grec. Sans l'empire d'Alexandre, disent-ils, l'idée d'empire universel n'aurait pas séduit les César-Auguste du premier siècle de notre ère ; sans les chapiteaux helléniques, les édifices romains n'auraient pas eu la façade ornée qu'on leur connaît ; la seule originalité de la statuaire romaine, le gisant funéraire, est, remarquent-ils, un emprunt à l'Étrurie. D'autres vont plus loin dans la dépréciation, qui qualifient de médiocre les réalisations romaines, les œuvres de l'esprit – la philosophie, que les Romains ont, déplorent-ils, malheureusement associée à la religion – comme les réalisations artistiques : quel nom de sculpteur romain connaissons-nous alors que tant de noms grecs enchantent nos mémoires : Myron, Polyclète, Phidias, Scopas, Praxitèle ? D'autres, enfin, estiment que Rome représente un long moment de régression vers la barbarie. Rome a tué Athènes comme l'*imperium* a tué la cité démocratique et les légions en armes ont chassé les citoyens de l'*Agora*. C'est le réquisitoire de Spengler dans *Déclin de l'Occident* : « Sans âme, sans philosophie, sans art, racistes jusqu'à la brutalité, attachés sans vergogne au succès pratique, les Romains se dressent comme une barrière entre la culture hellénique et le néant. » L'outrance du propos décourage la discussion. Du moins peut-on en retenir le mépris qu'affiche son auteur à l'égard du « succès pratique » des Romains et partir de lui pour un plaidoyer nécessaire.

Dotés d'un incontestable génie pratique et bâtisseur – excellents architectes et constructeurs de routes, excellents juristes et administrateurs –, les Romains ont su, en effet, par la solidité même de leurs œuvres, laisser un héritage tangible. En voici quelques éléments qui prouvent qu'il n'y a là rien de négligeable

L'architecture européenne doit aux Romains des innovations techniques et des créations monumentales qui, arrivées jusqu'à nous, sont devenues nos modèles. L'invention romaine, au IIIe siècle avant notre ère, de la maçonnerie au mortier de chaux permit la construction de solides voûtes clavées, donc d'édifices plus larges et plus hauts ; d'autant plus hauts et plus larges qu'ils s'appuyaient sur des contreforts extérieurs. L'invention des pendentifs donna naissance, au Ier siècle, au chef-d'œuvre qu'est le dôme du Panthéon ; les monuments qui s'en inspirent sont comme autant de documents d'une chronique, inscrite dans l'espace, de l'Europe romanisée : Sainte-Sophie de Constantinople (VIe siècle), chapelle Palatine d'Aix-la-Chapelle (VIIIe), église de la Sainte-Croix à Aght'amar (Arménie, Xe), Sainte-Sophie de Kiev (XIe), monastère à Studenica (XIVe), Hôtel des Invalides à Paris (1679), église Saint-Nicolas de Prague (XVIIe), cathédrale Saint-Paul à Londres (1710), basilique de Pest (XIXe)...

Créations monumentales romaines, les arcs de triomphe et les colonnes proclament l'immortelle gloire de l'*imperator*, du *divus Augustus* ; avant de proclamer, bien des siècles plus tard, celle des monarques et des chefs de guerre de l'Europe entière. Ils participent, avec les façades richement décorées des bâtiments publics et des palais, à la théâtralité architecturale de la ville, ce style propre à l'*urbs* que les Européens, qui l'avaient oublié durant un millénaire, retrouvèrent à partir du XVe pour ne plus l'abandonner.

Les villes romaines ne sont pas seulement belles ; elles sont inscrites de façon ordonnée dans l'espace. Ici apparaît un trait de civilisation dont les Européens ont également hérité : le marquage de l'espace arpenté, possédé, mis en ordre. Ce sont les cadastres (centuriations) qui découpent l'espace en carrés égaux de 20 actus de côté – un peu plus de 700 mètres ; la photographie aérienne et la cartographie à grande échelle révèlent la permanence jusqu'à nos jours de ce parcellaire fossilisé. Ce sont les indestructibles voies romaines, rayonnant autour de Rome, régulièrement balisées de bornes milliaires. C'est la cartographie – dont témoigne la fameuse copie médiévale dite « table de Peutiger » – qui illustre la volonté des Romains de conjuguer art, connaissance et pouvoir. C'est, peut-être aussi, aux limites de l'empire – *fines imperii* – le limes, cette ligne fortifiée dont « on a fait », pour reprendre l'analyse de Michel Foucher dans *Fronts et frontières*, « selon les cas et les périodes, le prototype de la frontière linéaire consolidée », c'est-à-dire une préfiguration de la frontière européenne, « ou, à l'inverse le modèle de la frontière-zone, dynamique et base de conquêtes ultérieures «. Cela renvoie à l'*imperium*, à l'État, et, pour reprendre l'expression de Valéry, à « ce modèle de puissance organisée et stable » que fut Rome. Celle-ci a légué aux Européens une forme pure : l'État. L'État centralisé, doté d'une armée permanente régulièrement soldée, d'une administration compétente et d'une organisation fiscale sans défaillance ; l'État chargé du maintien de l'ordre intérieur et de la paix extérieure, capable aussi d'intégrer tous les habitants libres de l'immense empire en leur conférant la citoyenneté romaine : c'est l'édit de Caracalla, la *Constitutio antonina* de 212. Car l'empire fut bâti par force mais aussi par le droit.

Le droit romain marqua durablement les Européens, qui le vénérèrent et dont ils crurent, jusqu'au XIXe siècle, qu'il était le droit naturel. Élaboré au fil des siècles, il accompagna la prodigieuse histoire d'une cité devenue le monde, depuis la *Loi des XII Tables* (450 av. J.-C.) jusqu'au *Corpus juris civilis* de Justinien, ensemble de textes juridiques collectés de 529 à 533 sur l'ordre de l'empereur. Il n'est sorti ni d'une religion, ni d'une philosophie, ni même d'un moment historique déterminant. C'est la somme de règles progressivement édictées à l'abri des variations du pouvoir politique ou des constructions idéologiques. Cette allure intemporelle explique qu'on ait cru très longtemps à son universalité. Assez précis et ferme pour éliminer l'arbitraire du juge – *dura lex, sed lex* –, ce droit s'applique à tous ; il est donc, par essence, républicain, même en temps de despotisme : soucieux de la « chose publique », du « bien commun », garant de l'égalité de tous les hommes libres devant la loi. Cette indépendance et cette transcendance du droit est la grande leçon léguée par les juristes romains.

Rome, nous le verrons plus loin, a aussi légué la réalité historique de l'empire universel, référence des Carolingiens – Charlemagne se fait couronner empereur à Rome –, des Hohenstaufen et des Habsbourg, empereurs d'un Saint Empire qui pour être germanique n'en était pas moins, et d'abord, romain. Romain et, d'abord, saint – parce que chrétien.

JÉRUSALEM

L'Europe n'est plus la Chrétienté médiévale, où le christianisme pénétrait tout, commandait à tout et à tous ; au regard de la foi confessée et de la religion pratiquée, sa déchristianisation est, aujourd'hui, un fait incontestable. Pourtant, les Européens sont encore marqués par le christianisme et, à travers lui, par le judaïsme.

Ville du Temple et du Saint-Sépulcre, Jérusalem est le troisième berceau de leur civilisation. Peut-on pour autant qualifier de judéo-chrétienne cette troisième source ? L'expression est ambiguë ; généalogique, elle est acceptable ; identitaire, elle ne l'est pas, car, appliquée à la civilisation européenne, elle confond composante et racine – composante chrétienne et racine juive. Les Européens n'ont pas reçu le judaïsme en héritage ; ils l'ont au contraire ignoré, rejeté ; haï même. Seuls les juifs, si présents en Europe tout au long de l'histoire, l'assument et le revendiquent avec une fidélité admirable, malgré les conditions de dispersion, d'isolement et de vexation dans lesquelles ils ont vécu dans la Chrétienté médiévale et dans la moderne Chrétienté profane – à cause, peut-être, de ces conditions ? Si la rupture entre la Synagogue et l'Église a dissimulé aux yeux du plus grand nombre les racines juives de la civilisation européenne, elle ne les a pas détruites pour autant. Et pour cause, puisqu'elles se trouvent dans le livre que l'une et l'autre partagent, la Bible.

La Bible hébraïque – l'Ancien Testament, pour les chrétiens – a façonné la sensibilité, la vision du monde et le langage des Européens, auxquels elle a fourni, outre une inépuisable source d'inspiration religieuse, littéraire et artistique, repères, valeurs, *exempla* et mythes. L'empreinte juive sur l'Européen est considérable car elle ne s'est pas limitée aux domaines de la religion et de la morale révélées. Certes, les chrétiens que furent les Européens, et que sont encore bon nombre d'entre eux, partagent avec les juifs la foi en un Dieu unique, créateur, providentiel, qui s'est manifesté à Abraham il y a quatre mille ans et la foi dans la transcendance de la Loi reçue par Moïse. Mais l'influence de la Bible hébraïque s'étend à de nombreux domaines profanes qu'investissent et qu'éclairent des récits mille et mille fois narrés, dessinés, sculptés, joués. Formidable imprégnation du champ culturel par une Histoire sainte – par le livre de la *Genèse* en particulier, considéré par l'anthropologue Junzo Kawada comme « le paradigme et le substrat idéologique du complexe technico-culturel occidental » –, qui fournit à la psyché européenne achétypes et mythes porteurs de sens et donneurs de leçons :

– mythe de la création qui donne un commencement à toute chose et au temps lui-même, dont la scansion renvoie à celle de la Création : la semaine de sept jours présente un caractère immuable et rythme les activités humaines comme elle avait scandé celles de l'Éternel jusqu'à son repos du septième jour ;

– mythe symétrique de la fin du temps et des temps, qui ne cesse de hanter l'esprit européen, depuis le millénarisme des premiers chrétiens jusqu'aux grandes peurs contemporaines face à l'atome, à la pollution, au sida ;

– mythe biblique de l'homme maître de la création, dominant les animaux dépourvus d'âme et invité à peupler la planète – mythe auquel l'Européen s'est si bien conformé !

– mythe de l'homme fait à l'image de Dieu, qui fonde la dignité de la personne humaine et annonce les droits de l'homme ; droits que les Européens, qui les ont pourtant souvent bafoués, devaient, en écho à un verset de la *Genèse*, lorsqu'ils les proclamèrent, déclarer « sacrés » ;

– mythe de la femme tirée de l'homme, tentatrice, servante et mère – « croissez et multipliez-vous » –, qui transforme en fatalité la condition inférieure de la femme dans la société ;

– mythe de la chute, du paradis perdu, de l'enfantement dans la douleur et du travail dans la peine qui, comme le précédent, a si longtemps pesé sur les comportements et les idées des Européens ;

– mythe du messie qui introduit l'avenir comme une dimension du temps vécu qu'il importe de connaître et de préparer.

La pensée scientifique européenne elle-même, pourtant fille du rationalisme positiviste – et ce cas, limite, est plus qu'un autre révélateur de la permanence de certitudes extra-scientifiques – n'occulte pas certaines certitudes bibliques ; mieux ou pis, elle y trouve parfois de fructueuses hypothèses qui, à l'usage, ressemblent à des *a priori*. Ainsi le *Fiat lux* de la *Genèse* devient la théorie astrophysique du *Big bang* et Adam semble inviter les paléontologues partis à la recherche des berceaux de l'hominisation à préférer la théorie de la monogenèse de l'espèce à celle de sa polygenèse. C'est du moins ainsi que peut s'interpréter l'hypothèse d'une « Ève africaine » apparue il y a 200 000 ans dans la grande vallée du Rift, qui serait la « mère » commune de toute l'humanité et descendrait elle-même de la célèbre Lucy, la plus vieille hominidée connue dont les restes ont été découverts en 1974, non loin de là, dans l'Afar. Après avoir étudié « les représentations mythiques qui fondent pour nos cultures la thèse de l'unicité originelle des races », une historienne de la paléontologie pouvait conclure par cette interrogation : « Concession aux medias ou persistance tenace des représentations bibliques ? »

Voilà qui a nourri le christianisme ; voilà qui est passé en lui et, par lui, dans les cultures populaires et savantes de l'Europe entière, puis d'une grande partie du monde.

Bibliographie

Bailey C. et Finley M., *L'héritage de la Grèce et de Rome*, trad. de l'anglais, Paris, Robert Laffont, coll. « Bouquins », 1992, 906 p.

Chaunu P., « La succession des systèmes de civilisation », dans *Histoire science sociale. La durée, l'espace, l'homme*, Paris, Sedes, 1974.

Cohen C., « Préjugés et modèles de la paléontologie humaine », dans *Les origines de l'humanité*, « Dossier pour la science », 1999.

Les Grecs, les Romains et nous. L'Antiquité est-elle moderne ?, sous la dir. de Roger-Pol Droit, Le Monde éditions, Paris, 1991, 480 p.

Lafont R., *Nous, peuple européen*, Paris, édit. Kimé, 1991, 266 p.

III

Enracinement

L'empire romain dans sa plus grande extension, sous les Antonins au deuxième siècle, comprend tous les rivages de la Méditerranée, les régions atlantiques de la côte marocaine jusqu'au mur d'Hadrien au nord de l'Angleterre ; il s'abrite derrière la ligne de défense fortifiée, le *limes*, qui court le long du Rhin et du Danube et ne s'en écarte que pour intégrer, et pour quelque temps, certaines régions au nord du Danube (Dacie). L'espace situé au nord-nord-est du *limes* n'est pas inconnu des Romains, mais il est considéré comme en dehors de l'empire, comme étant le domaine des peuples barbares (originellement, ceux qui ne s'expriment ni en grec ni en latin). Ce domaine immense – les deux tiers de ce que l'on pourrait appeler l'espace géographique européen –, est inorganisé, parcouru par des peuples le plus souvent nomades et païens qui se battent pour leur survie et qui sont attirés essentiellement par les richesses de l'empire. À cause de leurs razzias et leurs invasions répétitives ils contribuent à la désorganisation et finalement à la disparition de l'empire romain. D'intenses mouvements de migration accompagnent le désagrégation de l'empire (d'Occident) pendant plusieurs générations, voire même plusieurs siècles. Pourtant, ces poussées migratoires finissent par s'essouffler et disparaître progressivement. La colonisation du sol l'emporte sur les raids. Les peuples guerriers nomades se sédentarisent, l'économie de prédation laisse la place à l'économie de production. Un état de droit, fortement influencé par la civilisation romaine, se substitue progressivement à la loi du plus fort. La religion chrétienne finit par créer un modèle de comportement. Les peuples s'enracinent et deviennent européens…

De l'empire romain aux royaumes barbares

La mobilité, la migration des peuples, est une donnée complexe qui peut être imposée par le changement des conditions naturelles, le système économique, la fortune de guerre, ou tout simplement le mirage de trouver mieux ailleurs. Elle se révèle être une nécessité permanente lorsque toute l'organisation économique et sociale lui est subordonnée, comme c'est le cas des peuples vivant de l'élevage nomade ou de l'agriculture itinérante. Cette instabilité peut être fortuite et ponctuelle lorsqu'elle a été provoquée par une rupture quelconque d'équilibre, qu'il s'agisse d'une catastrophe naturelle, d'une

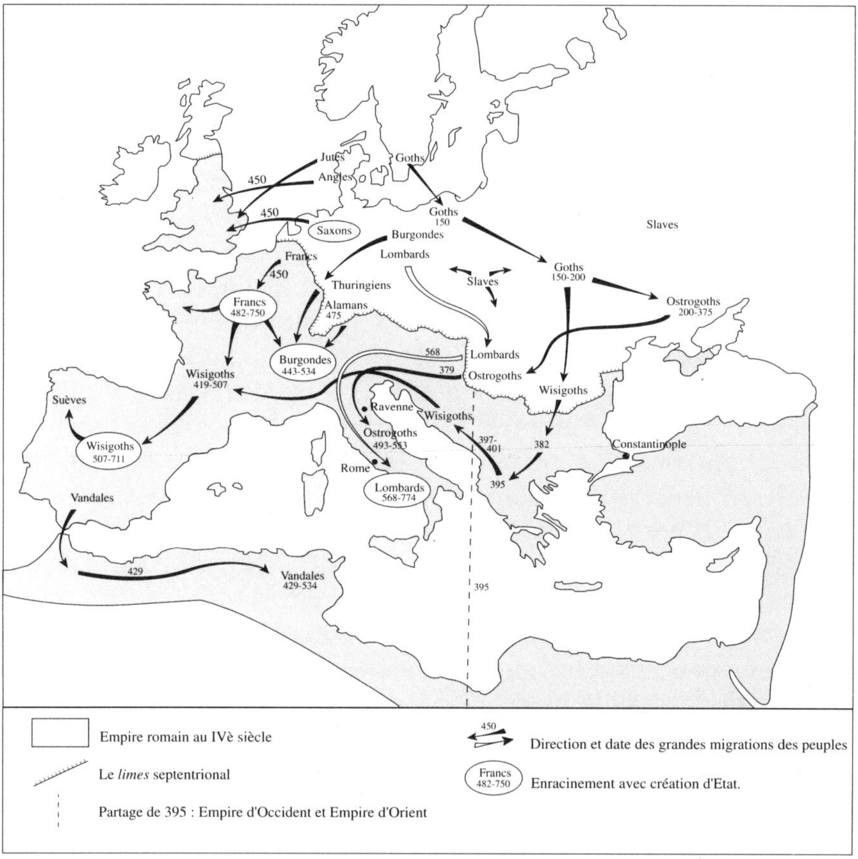

De l'Empire Romain
aux premiers royaumes barbares

grave défaite militaire ou encore d'une opportunité, chance irrésistible d'un mieux-être. Entre la migration paisible de colonisation agricole s'étendant dans le temps et l'invasion guerrière rapide, une multitude de formes existent selon le temps et l'espace concernés au cours de telle ou telle période d'histoire.

L'espace européen est parcouru par des mouvements migratoires dont l'ampleur peut être considérable. Le fait que ces mouvements ne soient pas désordonnés mais d'orientations constantes pendant tout le premier millénaire de notre temps, du nord-est au sud-est et d'est en ouest, fait penser à des facteurs de migration déterminants et permanents. Que ce soit le surpeuplement des régions méridionales de la Scandinavie et des pourtours du littoral de la Baltique, ou le changement climatique (refroidissement) sensible dans le nord de l'espace européen ou encore le *ver sacrum* obligeant les jeunes gens à chercher fortune par les armes à l'extérieur, les historiens s'interrogent toujours sur la juste raison, dans un contexte où les documents manquent et où l'archéologie ne propose que des éléments d'explication incomplets. En revanche, les migrations d'est en ouest qui prennent parfois l'aspect de véritables invasions sont apparemment mieux expliquées par le double phénomène de la formation des empires à l'échelle eurasiatique et celui simultané de la fuite des peuples de peur de l'élimination, qui pousse toujours plus en direction de l'ouest. Cette pression à l'arrière dans l'espace européen provoque des réactions de migrations en chaîne. Les migrations de nord-est/sud-ouest concernent avant tout les peuples germaniques, les migrations d'est-ouest les « peuples des steppes ».

Probablement partis d'un foyer en Scandinavie méridionale, les Germains migrent progressivement vers le sud, essaimant d'abord sur la côte baltique et s'étendant lentement sur le continent ; ils occupent au Ve siècle avant J.-C. l'espace entre Rhin et Vistule. Leur migration est freinée quelque temps par la résistance des Celtes qui dominent de l'Atlantique à l'Europe Centrale, et surtout par l'empire romain qui les contient vers l'ouest et le sud pendant plusieurs siècles. C'est donc par l'est qu'ils continuent leurs vagues successives de migration, auxquelles participent les Bastarnes, les Goths, les Vandales, les Burgondes entre autres, parcourant l'espace entre l'Ukraine et le Danube, stationnant un moment dans le Bassin Pannonique et envahissant même l'empire romain par l'est, comme les Cimbres et les Teutons dans les dernières années du IIe siècle avant J.-C. L'empire romain consolide ses conquêtes territoriales par la construction du *limes* et par l'organisation militaire des confins. Même si les Germains réussissent plusieurs fois à percer le *limes*, comme en 166 (Quades et Marcobans en Vénétie), en 254 ou en 289, et à dévaster l'empire, comme les Alamans qui sévissent en Italie (260 et 270) ou les Goths qui ruinent la Thrace et la Grèce de 258 à 269, la défense de l'empire demeure solide tout au moins jusqu'à la fin du IVe siècle. Les Germains piétinent longtemps le long de *limes*, attendant le moment propice pour pénétrer dans l'empire, fascinés qu'ils sont par ses richesses. S'il existe des moments de luttes atroces, de pillages, de massacres, les longues périodes calmes sont tout aussi remarquables. Dans ces temps de paix les contacts sont permanents et les échanges, le commerce sont réguliers. Les influences romaines pénètrent le monde barbare, comme l'attestent les nombreuses découvertes archéologiques, en particulier celle de la monnaie romaine, qui est connue de la Scandinavie à Ceylan. Nombreux sont aussi les Barbares qui rentrent pacifiquement dans l'empire : esclaves vendus par les marchands, paysans en quête de terre et surtout soldats cherchant fortune. Rome, adroitement, utilise de plus en plus les Barbares, qui réussissent parfois de brillantes carrières.

Le long cheminement très souvent mouvementé à travers l'espace européen, ou l'attente sur le qui-vive le long du *limes*, met en contact des peuples qui se battent ou qui s'associent mais qui, dans tous les cas, s'imprègnent des influences des autres. Autour des peuples les plus forts se créent naturellement des fédérations opportunistes dans le but de profiter des avantages d'une action de guerre. Pour les Barbares il ne s'agit pas de conquête territoriale mais de prise systématique de butin. Les Goths, les Huns, les Avars, les Bulgares ont été des grands rassembleurs de nations entre le IVe et le VIIe siècle. L'empire utilise les Barbares pour contenir d'autres Barbares. C'est ainsi que l'armée romaine des Gaules commandée par Aetius recourt souvent à l'aide des Huns : contre les Wisigoths en 427, contre les Francs en 428, contre les Burgondes en 430. Il est en de même de l'expédition de Radagaise qui, lors de l'attaque de l'Italie en 405, a une composition surprenante réunissant des ressortissants d'une demi-douzaine de peuples ; l'armée romaine qui l'arrête n'est pas en reste : commandée par un chef de sang vandale (Stilicon) et par un Wisigoth (Sarus), elle réunit entre autres des Huns et des Alains. Les Ostrogoths, si célèbres, sont pourtant minoritaires dans l'armée de Theodoric qui occupera l'Italie à la fin du Ve siècle.

Le brassage des peuples est incontestable, comme le mélange des influences de civilisation. Mais tous les Barbares admirent Rome. À partir de la fin du IVe siècle (victoire des Wisigoths à Adrinople en 378), quand le *limes* ne peut plus contenir les assauts répétés des Barbares et que, en dehors de quelques armées isolées qui continuent la lutte, la résistance romaine se réduit à la défense de quelques villes et *castella*, les peuples jusque là tenus en respect s'engouffrent par les passages laissés libres et s'établissent massivement à l'intérieur de l'empire, obtenant même de Rome une sorte de droit de sol, le *fœdus*. Ce fœdus est un contrat de fédération par lequel les intéressés assurent la défense des terres reçues et fournissent l'aide militaire à l'empire en contrepartie d'un tribut et des vivres que celui-ci s'engage à leur fournir. Des fœdus successifs ont été accordés aux Wisigoths dès 418 puis aux Vandales (435), aux Burgondes (443), aux Ostrogoths (en 489) ; tous ces contrats sont renouvelés durant tout le Ve siècle.

L'agonie de l'empire d'Occident au Ve siècle, l'ouverture subséquente de l'espace depuis si longtemps convoité, ouvrent la première grande phase de migration définitive. Les peuples qui se pressent derrière le *limes* pour fondre sur l'empire en 407 sont pratiquement tous des peuples germaniques. À peu de chose près, ils ont accompli un parcours semblable : venant des contrées de la Baltique, ils ont erré longtemps à travers l'Europe Centrale avant de longer le *limes* d'est en ouest dans l'espoir du moment opportun pour passer. Dans ces longues phases d'errances, les périodes de fixation sont importantes pour ces peuples qui ne sont pas des éleveurs nomades, puisque tous connaissent et pratiquent l'agriculture même si ce n'est pas leur activité exclusive. Ainsi les Goths séjournent longtemps au nord de la mer Noire, y constituant un état solide dans les premiers siècles de notre ère ; d'autres se trouvent plus à l'ouest dans les plaines danubiennes pour un temps plus ou moins long, comme les Vandales

Des périodes d'agitation segmentent ces temps de migration. Les guerres sont des moyens de se procurer des esclaves, des bijoux, des vivres ; essayer de franchir le limes devient alors pour eux une obsession. Mais l'accélération des mouvements est consécutive à l'apparition des peuples de la steppe, remarquablement organisés pour la conquête et qui balaient tout devant eux. Ces perturbateurs rompent l'équilibre des peuples dans l'espace en provoquant de véritables processus de fuite. C'est le cas des Huns qui éliminent l'État Goth de la mer Noire (375) et qui s'installent pour quelques générations dans le Bassin Pannonique. Face à ce peuple guerrier les seules parades sont la soumission (cas des Ostrogoths, Gépides, Ruges, Erules, Skires, etc.), la fuite vers l'est (cas des Vandales) ou le refuge dans l'empire (cas des Wisigoths entre autres). Qui plus est, ces migrations sont à l'origine de problèmes de coexistence, de densité de population trop élevée, surtout à proximité du limes occidental.

La forte pression sur le *limes* coincidant avec une période d'affaiblissement de la défense ouvre l'accès à l'empire. Au cours des ve et vi^e^ siècles, l'empire d'Occident se disloque progressivement, Rome subit plusieurs sacs (les Wisigoths d'Alaric en 410, les Vandales de Genséric en 455, les Suèves de Ricimer en 472) et lorsque le dernier empereur est déposé (en 476) l'empire d'Occident est depuis longtemps déjà moribond.

En fin de parcours migratoires, quelques royaumes barbares sont édifiés sur des terres d'empire, avec autorisation impériale, du moins en partie (le *fœdus*) ; certains sont fort brillants : royaume ostrogoth de Théodoric en Italie ou celui des Wisigoths en Espagne. Ils sont presque des héritiers de Rome au moins par les formes sociales, la langue et certains éléments de culture. D'autres royaumes, bien individualisés mais basés sur le pillage (tel celui des Vandales en Afrique du Nord) laissent à l'histoire un souvenir négatif, et d'autres encore n'auront qu'une prospérité éphémère (royaumes burgonde, suève), mais tous disparaissent après quelques générations, balayés par la reconquête de Justinien (Ostrogoths d'Italie en 552, Vandales d'Afrique du Nord en 533) ou par la conquête arabe (Wisigoths d'Espagne en 711).

Il faut cependant noter que d'autres peuples qui n'ont pas joué de rôle éminent avant le ve siècle connaissent une vie plus prospère. C'est le cas de peuples germaniques comme les Saxons, les Alamans, les Bavarois et surtout les Francs.

Issu du long processus de lente colonisation agricole, le peuple franc est installé au début du ve siècle sur les marges de l'empire, le long du *limes* du Rhin, en aval de Worms, et un peu à l'intérieur de l'empire à la faveur d'un *fœdus* obtenu en 358. S'ils ne participent pas à la grande percée du *limes* en 407, les Francs entament une migration vers le sud-ouest où ils colonisent l'espace entre Rhin et Somme et, après avoir vaincu l'armée romaine de Syagrius (486), ils continuent à progresser jusqu'à la Loire. Le fait que Clovis se convertisse au catholicisme et que son peuple y consente est d'une importance considérable, car tous les autres Barbares sont ariens, chrétiens que le concile de Nicée a condamnés comme hérétiques en 325, voire païens. En prenant la religion des Romains, Clovis peut se faire accepter comme le « nouveau Constantin » des chroniqueurs de l'époque et, *a fortiori*, comme le combattant de la cause juste pour répandre la vraie foi auprès des hérétiques et des païens. En conséquence, il entreprend des campagnes contre les Wisigoths d'Aquitaine, qu'il repousse au-delà des Pyrénées ; après la bataille de Vouillé en 507, il conquiert le royaume de Bourgogne ; ainsi les Francs dominent pratiquement toute la Gaule, à l'exception de la Bretagne et du rivage méditerranéen. Poursuivant ses visées, le royaume mérovingien étend son influence plus ou moins forte au-delà du Rhin jusqu'au moyen Danube, en imposant une série de protectorats aux peuples germaniques restés païens : Alamans, Thuringiens, Bavarois.

Un autre type de migration se met en route simultanément à celles qui dévastent l'empire romain sur le continent : les migrations maritimes en direction des Îles Britanniques, menées par les Anglo-Saxons.

Les peuples qui vivent sur le littoral de la mer du Nord pratiquent la piraterie tout comme ceux du continent vivent de razzias. Ces peuples essentiellement maritimes, sans abandonner la piraterie, entreprennent progressivement la conquête des terres en Bretagne romanisée. Angles, Frisons, Jutes et surtout Saxons de plus en plus nombreux, se pressent sur les côtes ; après la percée du *limes* rhénan de 407, lorsque l'armée romaine de Bretagne se replie sur le continent, la migration commence à prendre les caractères d'une véritable colonisation, phénomène qui s'accélère dans la deuxième moitié du Ve siècle. À partir de l'estuaire de la Tamise, des Fens et de l'estuaire de la Humber, les immigrés saxons progressent vers l'intérieur et dès la fin du VIe siècle ils occupent la moitié orientale de la grande île. Il faudra encore plusieurs décennies pour venir à bout de la résistance des Celtes, qui seront finalement repoussés dans les contrées occidentales les moins fertiles de l'île (Galles, Cornouailles, Strathclyde). Ces derniers ne sont pas au bout de leur peine, puisqu'ils doivent faire face à un autre danger : la colonisation entreprise par les Pictes et les Scots d'Irlande. Beaucoup d'entre eux s'embarquent alors vers la Bretagne armoricaine. Des royautés anglo-saxonnes s'individualisent ; leur enracinement est facilité par le caractère agricole de cette colonisation de peuplement.

Les grandes migrations qui secouent l'espace européen sont tout à fait remarquables par l'extension spatiale. Un phénomène détonateur, comme le jaillissement d'un peuple nomade guerrier dont la réputation de férocité se répand comme une traînée de poudre, crée une réaction en chaîne : celle de la panique des peuples qui fuient devant l'envahisseur et bousculent sur leur passage d'autres peuples plus faibles qui à leur tour en dérangent d'autres encore. Pour les sociétés nomades ou semi-nomades habituées aux déplacements, le mal créé est insignifiant, seule la manière change ; pour les sociétés sédentarisées qui ont commencé à mettre en valeur l'espace et attendent les résultats de leur labeur, c'est une catastrophe. Pour elles, la nécessité se fait sentir d'une organisation susceptible d'assurer leur défense et d'imaginer toutes formes de stratégie politique et diplomatique capables de faire face à l'envahisseur.

La fin des grandes migrations et l'enracinement spatial

Un autre mécanisme dans les grandes migrations est cet appel du vide créé par l'abandon d'un espace ou par la disparition d'une force qui jusque là résistait au choc des mouvements en chaîne. Le vide sert d'attraction au mouvement des peuples, qui derrière eux laissent un vide à combler par d'autres.

Ces mécanismes de remplissage peuvent avoir une portée plus ou moins grande ; ceux du VIe siècle sont particulièrement significatifs. La reconquête de l'Italie entreprise sur l'ordre de l'empereur byzantin Justinien atteint son terme vers 560, après trente ans de guerres et de destructions rendant l'Italie exsangue. Pendant toute cette période, dans les Balkans la frontière septentrionale de l'empire est restée dégarnie ; c'est alors que les Avars, peuple nomade venant des steppes du Don, enrôlant des hordes de Bulgares et de Slaves, envahissent l'empire. Contraint d'aller défendre Constantinople, Justinien abandonne l'Italie. Le retrait de Justinien y crée un vide attractif. Les Lombards, peuple germanique qui grâce à un *fœdus* de

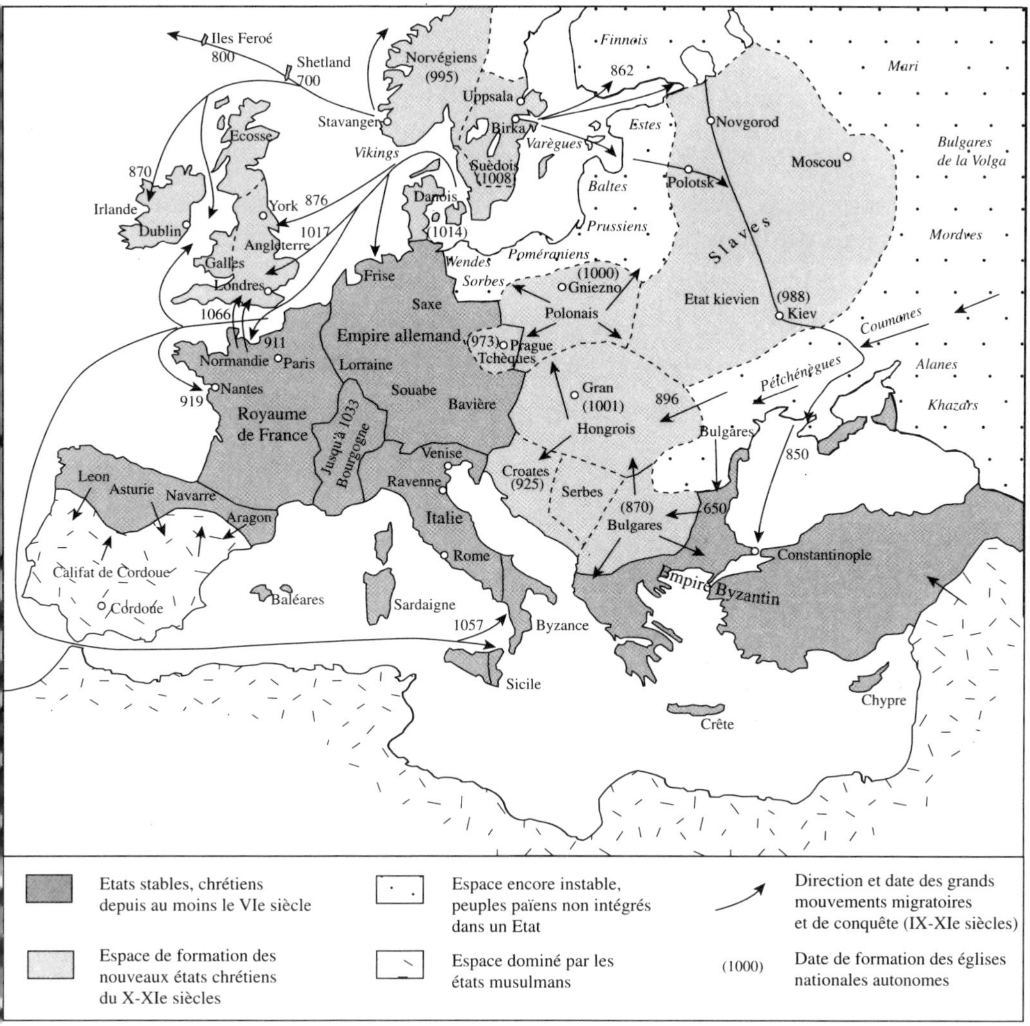

Fin des migrations
et enracinement spatial (IXe-XIe siècles)

Justinien stationnent depuis quelques années en Pannonie, décident de partir à la conquête de l'Italie (568), suivis dans leur aventure par des éléments hétéroclites, véritable échantillonnage des peuples environnants : Gépides, Sarmates, Bavarois, Saxons, Thuringiens, Bulgares et même des éléments des populations romanisées autochtones de Pannonie et de Norique. À son tour, le Bassin Pannonique laissé vide est occupé par les Avars qui ont abandonné les Balkans ; l'espace libéré par les Avars au nord de la mer Noire sera occupé par les Khazars, qui sont remplacés à leur tour par les Pétchénègues du côté des steppes de la basse Volga… et ainsi de suite.

Les Avars réussissent mieux que les Huns en se maintenant dans le Bassin Pannonique pendant trois siècles, mais cette « performance » a très peu d'incidence sur l'histoire. On peut le comprendre si l'on considère deux raisons plutôt négatives : en s'installant dans les parages du Danube moyen, ils coupent la grande route commerciale qui reliait la Baltique à la Méditerranée (« route de l'ambre »), qui passait par le couloir de la Morava, le pied des Alpes et l'Adriatique. Par ailleurs, ils contraignent les Slaves qui leur sont assujettis à mener des assauts répétés contre l'empire et Constantinople, permettant aux masses slaves d'infiltrer progressivement les Balkans.

L'origine des Slaves est controversée. Leur premier centre de rayonnement pourrait se trouver dans la Grande Plaine germano-polonaise entre les cours de la Vistule et du Dniepr. À partir de cet espace immense et autour des VIe et VIIe siècles ils entreprennent une lente colonisation périphérique : vers l'ouest les Polanes et les Silésiens essaiment jusqu'à l'Elbe ; Tchèques, Moraves et Slovaques s'installent en Bohême et dans les Carpates. Une fois les Avars disparus, Croates, Slovènes et Serbes, venant du nord des Carpates (« Croatie blanche », « Serbie blanche »), traversent le Danube et s'imposent entre Drave et la côte dalmate, puis à la faveur des circonstances (terrible peste de 746-747 dépeuplant la Grèce) et d'une alliance heureuse avec les Bulgares, ils conquièrent avec ou sans armes une bonne partie de la péninsule des Balkans, créant les Sclavonies des Byzantins.

Le cas des Bulgares est particulier. Probablement turco-tatars, ils arrivent derrière les Avars comme les autres peuples nomades d'Asie ; on les trouve au milieu du VIIe siècle sur le bas Danube. En compensation de l'aide fournie contre les Avars, ils obtiennent du basileus Constant II un territoire en Dobroudja. Très combatifs et insatiables, ils seront bientôt le principal danger pour l'empire, lequel est bien forcé de leur livrer tout l'espace entre Danube et Monts Balkans (679). À la fin du VIIIe siècle, ils sont maîtres d'un espace immense, comprenant aussi les plaines au nord du Danube et une partie du Bassin Carpatique, et vont même jusqu'à assiéger plusieurs fois Constantinople. Pourtant, ils sont peu nombreux et ils ont perdu le contact avec les autres Bulgares restés sur la moyenne Volga ou du côté du Don, les Pétchénègues s'étant interposés ; ils s'appuient alors sur les Slaves qu'ils réussissent à unifier, tout en s'imprégnant progressivement de leurs coutumes, de leur langue. On peut considérer que vers la fin du IXe siècle ils sont déjà totalement slavisés, tout en ayant sauvegardé leur forte personnalité et leur combativité.

Dans le nord de l'espace européen, une nouvelle phase de perturbation apparaît à la fin du VIIIe siècle avec l'entrée en scène des Vikings et des Varègues. Dotés de technique d'avant-garde dans la construction et le maniement des navires (la voile associée à la rame) et maîtrisant l'astronomie nautique, les Vikings deviennent des seigneurs de la mer.

Les Vikings norvégiens fréquentent l'Atlantique-Nord, dévastent les côtes de l'Écosse et de l'Irlande, découvrent et peuplent l'Islande (860) et s'aventurent jusqu'au Canada. Les Vikings danois et norvégiens cinglent aussi par la Manche vers l'Atlantique et la Méditerranée ; leur épopée est jalonnée par les pillages des côtes et des ports tels que Nantes, Bordeaux, Lisbonne ou Séville en 844. Ils essayent, semble-t-il, d'implanter des colonies de peuplement sur les rivages des Frises ou à Nantes, avec peu de succès. Leur réussite est meilleure en Angleterre (duché de York) et surtout en Normandie, où le chef Rollon obtient du roi franc Charles le Simple un territoire de peuplement (911) d'où Guillaume partira à la conquête de l'Angleterre un siècle et demi plus tard (1066).

La navigation dans la mer Baltique est l'affaire des Suédois (appelés Varègues). Dès le VIIIe siècle, les rivages baltiques n'ont plus de secret pour eux, mais leur plus grand mérite est l'ouverture des voies fluviales nord-sud dans l'isthme de Baltique-Méditerranée et par la suite d'en faire des voies de commerce par excellence. Dès 839 ils atteignent la mer Noire en descendant, depuis le golfe de Finlande, le Volkhov et le Don. D'autres parcours empruntent la Dvina et le Dniepr. Tout ceci est rendu possible en raison des caractères topographiques peu marqués de la plaine germano-polonaise et de la faible séparation des bassins hydrographiques : moins de cent kilomètres séparent la partie navigable de la Dvina de celle du Dniepr ou de la Volga, cent cinquante kilomètres le Volkhov du Dniepr. Arrivant à la mer Noire il est facile de gagner Constantinople. Cette route, appelée « des Varègues aux Grecs », est complétée bientôt par celle qui par la Volga permet d'atteindre la Caspienne bordant la Perse (880). Les Varègues, que les Grecs et les Arabes appellent « Rus », créent le long de leur trajet quelques villes et quelques États. Ils fondent Novgorod sur le Volkhov (862), mais surtout, en

882, Oleg s'installe à Kiev sur le Dniepr, fonde une principauté sur laquelle règne sa propre dynastie, dont les membres portent des noms scandinaves encore au Xe siècle, et qui régnera jusqu'au XVIe siècle.

À ce puzzle européen quasi-complet, il manque encore un élément : le peuple hongrois. Partant de la région de Volga-Oka, abandonnant les autres groupes finno-ougriens, stationnant successivement au nord des Caucase, puis du côté du Don, ce peuple, comme ses prédécesseurs nomades d'Asie, reçoit un faisceau d'influences des peuples turcs (Bulgares, Khazars...) ou iraniens (Scythes, Alains...) au cours de son cheminement. Poussés par les Pétchénègues, le groupe principal, sous la conduite d'Arpàd, franchit les cols des Carpates et s'installe dans le Bassin Pannonique (896) en éliminant le royaume de la Grande Moravie de Svatoplouk. Vivant de pillage à travers tout l'espace européen, se prêtant aux demandes d'alliance quand ils y trouvent leur intérêt, les Hongrois auraient pu disparaître après quelques générations comme les Huns ou les Avars avant eux et comme les Ogoures, les Khazars, les Yazigues, les Pétchénègues ou autres Coumans après eux. Or ils vont se maintenir dans ce bassin des Carpates, abandonnant de façon opportune leur genre de vie pour celui des autres peuples européens déjà installés.

Avec la survie des Hongrois il ne s'agit pas d'un hasard de l'histoire européenne. L'époque des grandes migrations est terminée. Contre les peuples nomades qui pratiquent un genre de vie basé sur la prédation, les sociétés sédentaires et productives trouvent la solution : la défense communautaire. Elle exige une organisation forte, fondée sur un maillage territorial serré. Défrichant la forêt, élargissant sans cesse les clairières, ce sont ces petites communautés rurales qui constituent le tissu de résistance, l'Église et la structure féodale de l'État en deviennent les éléments forts. Si les razzias perturbent gravement ces sociétés de production, faisant des dégâts parfois considérables mais tout compte fait passagers, leurs conséquences, contre toute attente, peuvent se révéler positives : le renforcement du système de défense, en resserrant les liens sociaux, finit par épuiser inévitablement la capacité d'invasion de l'intrus (Jacques Lévy parle de « l'effet d'édredon »). Alors pour les nomades le choix est simple, tout en étant crucial : ou ils se sédentarisent ou ils disparaissent. Mais un autre dilemme demeure encore fortement lié au passage vers un nouvel ordre social : l'acceptation ou non de la religion chrétienne. Pour vivre en paix, pour se soustraire à la convoitise des États puissants qui rêvent de conquête et de croisade, se convertir devient une condition vitale. C'est cela que les chefs hongrois ont compris en même temps que d'autres peuples qui sont dans une situation comparable sur les confins orientaux de l'Europe, menacés par un empire germanique avide de s'étendre vers l'est, par un empire byzantin qui rêve toujours de reconstituer l'empire romain à son profit, et enfin par la papauté dont les agissements démontrent bien qu'elle est à la fois puissance spirituelle et temporelle.

La première esquisse d'organisation d'un État hongrois date de la fin du Xe siècle ; le mérite en revenant au duc Géza, fondateur de la dynastie arpadienne. Il se fait baptiser puis se dépêche de rassurer ses alliés par des liens de mariage dynastiques : deux de ses filles épousent l'une le roi de Pologne et l'autre le doge de Venise, son fils épouse une princesse bavaroise. Mais sa conversion n'est encore que circonstancielle. C'est son fils, Étienne (sous son nom de baptême), qui, couronné roi en l'an 1000 (ou 1001), réalisera la véritable transformation du pays. Il impose, au besoin par la force, à son peuple le christianisme de rite catholique, construit dix évêchés, dont celui d'Esztergom (Gran), devenu rapidement siège épiscopal rayonnant sur une province ecclésiastique autonome. Il démantèle l'ancienne organisation tribale-familiale et divise le pays en cinquante comitats, base de la structure féodale. Il ménage les influences. L'activité de l'Église byzantine est tolérée en Transylvanie, mais il favorise l'Église de Rome : il facilite l'installation des moins bénédictins italiens, mais ne néglige pas les cisterciens de Cluny, et les premiers évêques sont français, italiens ou allemands et surtout slaves.

Des événements comparables se déroulent dans l'ensemble du monde slave.

Le duc Mieszko (dynastie des Piasts) réunit sous son autorité les Polanes et les Vislanes en partie déjà exterminés par les Allemands après une guerre revêtant le masque d'une croisade et se convertit au catholicisme (966) pour se prévaloir du prétexte d'une guerre sainte contre les Slaves. Son fils Boleslaw rend hommage à la papauté pour l'ensemble de ses États pour obtenir l'institution d'une province ecclésiastique polonaise autonome. À Gniezno sera créé un archevêché (en l'an 1000) avec quatre évêchés suffragants (Poznan, Kolobrzeg, Wroclaw et Cracovie).

Les Bulgares seront évangélisés au cours du IXe siècle par les disciples de Cyrille et de Méthode ; en 870 Boris reçoit le baptême et devient roi, mais c'est surtout sous le règne de son fils Siméon que l'évangélisation sera effective, réelle.

Les Russes sont très proches des Bulgares dans leur évolution. C'est le prince Vladimir qui décide de christianiser tout son peuple (lui-même est baptisé en 989) et Kiev devient bientôt (1037) le siège d'une métropole, église autonome nationale.

Les peuples qui refusent cette évolution attirent les foudres des croisés ; ils disparaissent à plus ou moins longue échéance, comme les tribus wendes, poméraniennes, sorabes, prussiennes, ou bien ils sont exploités, sous dépendance pendant des siècles, comme les peuples baltes ou finnois.

Rares sont ceux qui échappent à cette destinée. Les survivants basques et celtes se réfugient dans les finistères de l'ouest atlantique où ils sont toujours ; à l'extrême est, les Caucase ont accueilli une multitude de groupes d'origine ethnique très diverse ; le grand nord européen est l'espace de repli de groupes nationaux fort étriqués qui ont pu échapper à l'invasion tartare du XIIIe siècle comme à la conquête russe des XVIIe et XVIIIe siècles (finno-ougriens, turco-tatars, etc.) ; enfin les montagnes souvent difficiles d'accès des Balkans ont été aussi des refuges (vlaco-roumains, macédoniens, albanais, etc.), comme certaines sections des Carpates ou, à une échelle géographique nettement plus restreinte, le delta du Danube.

Au tournant du premier millénaire il semble ainsi que la future Europe des nations est, pour l'essentiel, en place. Chaque peuple a trouvé un espace de référence où l'enracinement s'accélère, à condition que les structures sociales et économiques soient conformes au « modèle » européen. Le décalage dans le temps, le gradient ouest-est, concernant cette évolution ne sont pas les faits les plus importants ; ce sont les modalités, la nature, la finalité de l'enracinement qui sont déterminants. Ni les dernières invasions des nomades de la steppe (au XIIIe siècle), ni les guerres fratricides, ni même les conquêtes arabe ou ottomane ne changeront fondamentalement la donnée de base, la symbiose entre l'espace et l'histoire des peuples européens.

ENRACINEMENT, DÉRACINEMENT...

La fin des grandes invasions, la sédentarisation définitive des nomades, le défrichement généralisé des terres, le christianisme partout conquérant, le système féodal récurrent comme forme d'organisation efficace, pourraient permettre de penser que l'espace européen retrouve enfin la stabilité aux Xe et XIe siècles et cela pour longtemps. Il n'en est rien, car ces facteurs a priori de stabilité deviennent directement ou indirectement des éléments de perturbation, créant de nouveaux déséquilibres à l'origine de forts mouvements de population pendant plusieurs siècles.

Il est tout à fait probable que l'élément déclenchant la déstabilisation soit démographique : l'augmentation de la population dans la moitié occidentale de l'espace européen fournit des densités rurales exceptionnelles pour l'époque compte tenu des conditions de production agricole d'alors. Les défrichements systématiques, y compris des terres de qualité médiocre, le morcellement des grands domaines de l'époque carolingienne, le triplement du maillage territorial, le nombre élevé de villes nouvelles sont des indices de la vigueur démographique et les prémices d'une situation proche de la rupture. La réaction à ce trop-plein démographique est naturellement la conquête de nouvelles terres. Les vagues normandes partent vers la Méditerranée (conquêtes de la Sicile et de l'Italie du sud), la *Reconquista* ouvre la péninsule ibérique aux Français du sud, et les croisades vers la Terre Sainte concernent tous les peuples de l'Europe. Si ces mouvements de migration ont laissé des traces importantes dans l'histoire européenne, le mouvement le plus ample et le plus conséquent par sa signification spatiale est la colonisation des terres vers l'Est européen.

Il ne s'agit aucunement d'invasions, même si l'action des chevaliers teutoniques ou des Porte-glaives prend souvent l'allure de conquête militaire. Ce serait plutôt au départ un lent et long mouvement de migration, de colonisation agricole pour l'essentiel, alternant flux (XIIe et XIIIe siècles) et reflux (XIVe et XVe siècles) et qui concerne des Wallons, des Flamands, des Hollandais et surtout des Allemands : Bas-Saxons, Westphaliens, Thuringiens, Bavarois. Parler de « front pionnier » qui avance progressivement des régions de l'Elbe vers l'Est serait tentant s'il n'existait pas déjà un peuplement et une civilisation très proches de celle des migrants, qu'il s'agisse de la Pologne, de la Bohême ou de la Hongrie. Cependant, d'importants vides témoignent de l'inégale occupation du sol, avec de grandes forêts et de vastes espaces incultes séparant les zones déjà défrichées. Ce remplissage « interstitiel » se solde par la fondation en pays slave de communautés villageoises germaniques qui commencent à poser des problèmes lorsque leur nombre dépasse largement celui des peuples antécédents. Les populations slaves entre Elbe et Oder sont vite submergées, même s'il existe quelques groupes de Sorabes qui survivent en Lusace jusqu'à aujourd'hui.

Considérée de plus près, on aperçoit que cette vision d'une colonisation agricole apparemment paisible et progressive n'est qu'un raccourci historique ; en réalité, il s'agit de moments de fortes progressions suivis de stagnation, de recul, puis de reprise avec un rythme différent suivant chaque secteur de l'espace considéré. Les faits ou phénomènes déterminants de la dynamique migratoire sont liés aux guerres, aux modalités de l'action de l'évangélisation de l'Église, mais aussi à l'impact régional des famines et des épidémies comme la peste.

En outre, cette occupation spécifique de l'espace agricole n'est pas un phénomène spontané qui se répand par bourgeonnement. Elle est menée au gré des circonstances et on ne peut parler de colonisation véritablement planifiée que dans le cas de l'ordre teutonique le long de la Baltique. Le rôle éminent dans la conduite de la colonisation revient aux seigneurs fonciers laïques ou ecclésiastiques aidés par les *locatores*, sortes de recruteurs à la fois entrepreneurs et lotisseurs.

Parmi les ordres religieux fort actifs, les cisterciens et les prémontrés sont de véritables agents de la colonisation rurale. Ils ont créé au-delà de l'Elbe les uns et les autres plus de soixante-dix abbayes au milieu d'immenses terres pour la mise en valeur desquelles ils ont fait appel aux colons germaniques. L'archevêché de Magdebourg, créé en 967 dans la zone de conquête, et qui a sa juridiction ecclésiastique presqu'entièrement située à l'est de l'Elbe, jouera aussi un grand rôle dans ce processus.

Très intéressés, les princes locaux ont favorisé ou même provoqué ces migrations. En Bohême, les Premislydes ont fait venir d'abord des marchands allemands puis ont permis aux cisterciens et aux prémontrés de recruter des colons germaniques. La conquête de la Prusse par les chevaliers teutoniques aux XIIIe et XIVe siècles n'aurait peut-être pas eu lieu si le duc polonais de Mazovie ne les avait pas appelés pour convertir les païens prussiens. En Silésie, les ducs polonais Henri de Wroclaw et Wladislav d'Opole ont été les organisateurs systématiques de la colonisation. En Hongrie, c'est le roi Géza II qui le premier fait appel aux colons allemands au milieu du XIIe siècle pour défendre et développer la Transylvanie. La colonisation continue pendant tout le XIIIe siècle, surtout sous Béla IV, après l'invasion tataro-mongole de 1241 qui a laissé le pays exsangue.

Parallèlement à l'organisation de la colonisation agricole se déroule un autre type de migration, celui qui est à l'origine de la renaissance urbaine dans la moitié orientale de l'espace européen, où les Allemands sont des intervenants incontournables. Connus comme d'excellents mineurs, artisans et bâtisseurs, on fait très tôt appel à eux. Ainsi en Bohême, où, à la fin du XIIIe siècle, les mineurs venus de Freiberg (Saxe) ouvrent les mines d'or de Kuttenberg (Kutna Hora). En Silésie au même moment, le duc Boleslas favorise l'exploitation des mines d'argent de Leubus. Au XIVe siècle, les mineurs allemands sont très nombreux à Beuthen (Bytom) et Hirschberg (Jelenia Gora) dans les mines et fonderies de plomb et de fer. En Hongrie toute la mise en valeur des mines d'or (Kremnitz/Kremnica), d'argent (Schemnitz/Banska Stiavnica), de cuivre (Neusohl/Banskà Bystrica) des Carpates slovaques leur est confiée par les rois successifs, de André II à Charles Robert, au cours des XIIIe et XIVe siècles. Autour des mines, des villes naissent et se développent grâce à l'octroi de privilèges et surtout au droit urbain allemand. D'autres villes se développent autour des évêchés et des grands monastères, le long des grandes voies de commerce – surtout le littoral et les cours d'eau ; en premier lieu les villes hanséatiques fort brillantes et prospères. Si en pays slave ou magyar les villes existaient auparavant, l'apport de la créativité allemande est indiscutablement déterminant dans tout le nord-est et l'est de l'espace européen. Progressivement se met en place l'embryon du futur réseau urbain. L'octroi du droit allemand est fondamental dans la compréhension de cette dynamique par les nombreux renforcements des libertés spécifiquement urbaines. Le « droit de Lübeck » est accordé à une centaine de villes, essentiellement le long de la Baltique, de Kiel à Reval (Tallin) ; le « droit de Magdebourg » est spatialement le plus important car on le retrouve de l'Elbe à l'Ukraine et à la Moldavie (Saxe, Silésie, Brandebourg, Pologne) ; plus au sud le « droit de Nuremberg » (Bohême occidentale), de « Vienne » (sud Moravie) ou « d'Iglau » (Bohême, Moravie, Slovaquie) servent souvent de modèles d'organisation.

Les historiens hésitent lorsqu'il s'agit de quantifier ces migrations vers l'est : la plupart pensent qu'aux XIIe et XIIIe siècles il faut compter avec quelques 500 000 colons agricoles qui s'établissent à l'est de l'Elbe. Chiffre déjà considérable pour l'époque, sans même compter les migrations urbaines. Mais l'intérêt est de toute façon ailleurs. Ces grandes migrations ont permis la mise en valeur systématique des terres, le relèvement de la densité rurale, un maillage serré de l'espace par un réseau d'établissements et par un semis continu de villes. Le modèle est allemand, la migration massive aussi ; en revanche, il s'agit incontestablement de l'expansion de la culture « occidentale » européenne à l'est, dont ces Allemands sont les « colporteurs ». Ils occupent des terres, ils spolient même, pour y développer l'utilisation de la charrue, l'assolement triennal et une série de nouvelles cultures dont le vignoble. Les villages de colonisation agricoles à caractère typiquement allemand dans tout cet espace sont reconnaissables jusqu'à aujourd'hui et le vocabulaire géographique international s'en accommode : *strassendörfer* (village en rue), *angerdörfer* (village à place centrale allongée), *waldhufendörfer* (village linéaire de défrichement forestier)... Le modèle urbain allemand en pleine extension n'est pas seulement un modèle juridique, assurant privilège à ceux qui s'y établissent ; c'est aussi une ville, dont la structure et le style architecturaux s'inspirent directement des modèles de l'ouest européen. Le style surtout gothique de ces villes « saxonnes » se reconnaît aisément encore aujourd'hui, que l'on soit à Gdansk, Kaliningrad, Brno, Sibiu ou ailleurs, dans cet espace compris entre Elbe et Dniestr, Baltique et Danube. La diffusion de la culture « occidentale » se fait parallèlement à celle de la langue allemande, sans toutefois oublier le latin. Les influences se croisent, les échanges réciproques se multiplient pour donner une civilisation commune, fondement de richesse au profit de la communauté européenne.

L'arrêt ou parfois le recul des grandes migrations allemandes vers l'est au XVe siècle ne signifie pas le renversement des situations. Bien plus tard encore on retrouve ces mécanismes, mais leur effet est ponctuel dans l'espace et limité dans le temps : de façon générale, pendant les guerres de religion (Réforme, Contre-Réforme) et plus spécialement après la défaite des hussites (XVe siècle) et plus tard celle des Tchèques (XVIIe), qui est suivie par l'émigration des Tchèques et la germanisation de la Bohême. Les colonies allemandes continuent à s'implanter à l'est, de plus en plus loin. Appelés par Catherine II au XVIIIe siècle, on les retrouve encore aujourd'hui jusqu'à la Volga. Mais les Allemands ne sont pas seuls dans cette marche vers l'est.

La Pologne, réunie à la Lituanie sous les Jagellons et débarrassée des chevaliers teutoniques (bataille de Tannenberg/Grünwald, 1410), passe à une politique de conquête à l'est qui marquera les deux siècles suivants. Sous Casimir IV, les Polono-lituaniens se rendent maîtres d'un espace considérable qui va au-delà même de la vallée du Dniepr. Ces conquêtes offrent le champ libre aux migrations. Les grands seigneurs polonais se taillent d'immenses domaines à l'est, en Lituanie, en Bielorussie, en Ruthénie ou en Ukraine occidentale, qu'ils font mettre en valeur par des serfs de toute origine, souvent déplacés à cet effet. Ces migrations pourtant ne sont pas de grande envergure ; il s'agit plutôt d'îlots de peuplement regroupés autour des villes qui se « polonisent », comme Lemberg/Lvov, Vilnius/Vilno ou Kiev.

L'expansion russe est le dernier élément important de la colonisation vers l'est. Partis de la Moscovie, les Russes (ou plutôt les Kozaks) atteignent l'Oural dès la fin du XVe siècle et s'enfoncent ensuite jusqu'au Pacifique. Cette conquête militaire ne précède pas du tout une mise en valeur effective et rapide. Il faut attendre le XVIIIe siècle, les règnes de Pierre le Grand et de Catherine II, pour que l'emprise territoriale offre un semblant d'organisation et que l'influence européenne y devienne sensible. C'est alors que la Russie rejoint l'Europe.

Dans le sud-est de l'espace européen, dans la péninsule des Balkans et ses environnements méditerranéens ou danubiens existent aussi d'importants mouvements de migration, mais leur origine et leur déroulement semblent être très différents de ceux observés plus au nord.

Tous les documents disponibles concernant la fin du Moyen Âge excluent l'existence de pression démographique dans les Balkans et, sauf exception rare, on ne connaît pas de mouvement de migration de masse. La montagne, omniprésente et hostile, les plaines rares et mal drainées constituent des milieux fragiles et difficiles où le moindre incident est susceptible de provoquer déstabilisation et désertification. Abus seigneuriaux, lourdeur de la fiscalité, voire razzias et guerres civiles, créent une population flottante, déracinée, qui trouve refuge dans les montagnes, avant de descendre vers les villes du littoral pour y trouver fortune. Ces villes, surtout celles de l'Adriatique où Venise est souveraine (Raguse, Spalato, Alessio, Durazzo, etc.), décimées par la malaria et surtout par la peste, continuellement présente du milieu du XIVe à la fin du XVe siècle, accueillent volontiers grand nombre d'Albanais, de Slaves, de Grecs, qu'elles revendent parfois en tant qu'esclaves, et qui seront enrôlés souvent comme rameurs dans les flottes ou comme domestiques dans les maisons de patriciens. Ce sont de courtes migrations périphériques qui concernent aussi les rivages de la mer Égée et les îles, la Crète par exemple. Mais le mythe de *felix Italia* est tenace et attire ces nombreuses colonies grecques ou gréco-albanaises que l'on trouve en Calabre, en Marche, en Sicile et même en Sardaigne.

Si l'économie des Balkans est fragile, cela s'explique par l'insécurité latente entretenue par les guerres incessantes et par les destructions considérables qu'elles génèrent : la conquête latine (4e croisade, 1204) inaugure une période de deux siècles fort perturbés où se succèdent invasion bulgare (1205), invasion tataro-mongole (1241), guerre civile vénéto-génoise (1321-1328, 1341-1354), grande expansion serbe (1340) et surtout conquête turque. Déjà avant la prise de Constantinople (1453), la Serbie (Kossovo, 1389) et la Bulgarie (Tîrnovo, 1393) sont vaincues ; une dizaine d'années après Constantinople, tous les Balkans sont occupés.

Atrocités et terreurs sont certainement le lot des Balkans, du moins pendant la phase des grandes conquêtes. Dans certains cas, massacres et fuites ont pu transformer des zones relativement prospères en déserts, comme en Albanie pendant la campagne turque de 1384/1385 ou après la défaite de Scanderbeg en 1468. Les déportations existent, entre autres celle des Bulgares depuis les plaines côtières de la mer Noire et la vallée de la Maritza vers l'Anatolie, remplacés par des colons venus d'Asie centrale. Des Turcs d'Anatolie sont plusieurs fois déplacés pour repeupler la Thrace, la Macédoine ou la Thessalie, mais ces pratiques sont un héritage de la politique de Byzance où, en 1320 encore, Jean Cantacuzène continue à implanter des contingents ottomans dans les Balkans.

Ces migrations se tarissent dans les Balkans vers l'extrême fin du XVe siècle ; le « joug ottoman » signifie paradoxalement une certaine stabilité, voire une période de paix.

Les mouvements de population les plus importants ont eu lieu plus au nord, dans le bassin carpatique, quand aux XVIe et XVIIe siècles la Hongrie devient l'enjeu des rivalités militaires des Habsbourg et des Turcs. Après la bataille de Mohàcs (1526) tout le centre et le sud du bassin carpatique est occupé par les Turcs, qui en restent maîtres pendant plus d'un siècle. Au cours des offensives répétées, massacres et déportations se succèdent. C'en est fini du réseau d'habitat dense où ne subsistent que quelques bourgs payant aux Turcs un tribut élevé et où se réfugie la population d'alentour. Ainsi se détermine l'origine de ce réseau d'habitat si caractéristique jusqu'au XXe siècle, composé d'agrovilles et de *tanyas*. Par ailleurs, ceux qui peuvent fuir choisissent l'abri des montagnes carpatiques ou alpines. En Slovaquie, en Transylvanie, dans le Burgenland s'entasse une population d'origines diverses. Tout compte fait, les caractéristiques de ces mouvements de population sont assez semblables à ce qui est arrivé dans les Balkans, à cette différence près que des déportations de population turque vers ces contrées n'ont pas eu lieu.

C'est la reconquête à la fin du XVIIe siècle qui a une importance décisive pour la mise en place du peuplement moderne dans l'ensemble de ces régions carpatiques et danubiennes. Des familles nobles hongroises (fidèles aux Habsbourg), autrichiennes ou allemandes reçoivent des dotations foncières considérables : riches terres agricoles, mais vides d'hommes. Pour repeupler ces régions, on fait appel à des colons d'origines géographiques et ethniques très diverses en leur accordant privilèges et exemptions ; ce qui attire notamment beaucoup d'Allemands – les « Souabes » de Baranya, de Batchka, de Banat. De même la population hongroise jusque là réfugiée dans les montagnes descend en masse dans l'Alföld, mêlée à d'autres peuples, les Slovaques, les Ruthènes, les Roumains, les Croates, les Serbes… C'est dans la partie méridionale de la grande plaine surtout, dans la Batchka, le Banat, le Srem, que le mélange ethnique est le plus remarquable. De nos jours encore on reconnaît fort bien ces villages des confins, à plan en échiquier, dessinés à la règle par des ingénieurs militaires. Villages doublés ou triplés même, où chaque groupe ethnique possède son quartier à plan régulier, dont les voies ont une orientation spécifique.

La Hongrie libérée des Turcs est un exutoire pour ces populations des Balkans restant encore pour longtemps sous domination ottomane. Elles sont délibérément assignées par le pouvoir impérial à s'établir dans les zones militaires tracées le long de la frontière méridionale de la Hongrie. Ainsi, par exemple, des milliers de Serbes, conduits par le patriarche de Pec, se réfugient en Hongrie après l'échec de la révolte de 1688-1690. Peu de temps après on les retrouve en Voïvodine. D'autres réfugiés serbes sont dirigés vers la Krajina ou la Voïna.

Dans les villes de ces régions de reconquête, y compris Buda, où ce mélange de population est extrême, l'élément hongrois est rarement dominant encore au XVIIIe. À côté d'Allemands, de Serbes, de Tchèques, on compte de plus en plus de Juifs. Aux sépharades, fuyant ou périssant avec les Turcs qu'ils accompagnaient lors de leur arrivée, succèdent les ashkénazes, originaires de Vienne, de Moravie et surtout de Galicie. Ils deviennent les acteurs incontournables de la vie urbaine, gage de la dynamique économique.

L'arrivée des peuples qui vont ravager, au Ve siècle, le brillant empire romain ouvre une longue période où s'affirme progressivement un espace de culture et de civilisation européennes. Le peuplement de l'espace, ainsi que sa mise en valeur résultent de grandes migrations d'abord de l'est vers l'ouest, puis, une fois que les structures de base – sédentarité, chrétienté, féodalité – sont solides, l'économie prospère et l'expansion démographique assurée, les migrations s'inversent et l'intégration des périphéries européennes s'amorce. La reconquête de la péninsule ibérique, le peuplement de la péninsule scandinave, la mise en valeur systématique des plaines germano-polonaise et russe, la lente et tardive, mais inexorable, reconquête de la péninsule balkanique enfin, créent à la faveur du brassage des populations une symbiose des cultures, diffusant tous azimuts une civilisation spécifiquement « occidentale » qui, peu à peu élargie, enrichie, devient « européenne ».

Ces migrations sont tout autant volontaires qu'imposées. Les défrichements paisibles lors de la mise en valeur des terres vont de pair avec des transferts autoritaires et des déportations. La notion d'attachement à la terre par le mécanisme d'enracinement caractérise ces communautés européennes de façon primordiale. C'est le sens profond de la « territorialité » que recherchent et démontrent ceux qui vers la fin du XVIIIe siècle deviennent les chantres de la « nation ».

Bibliographie

Conte F., *Les Slaves*, Paris, Albin Michel, 1986.

Ducellier A. et Doumerc B et al., *Les chemins de l'exil. Bouleversements de l'Est européen et migrations vers l'ouest à la fin du Moyen Âge*, Paris, Armand Colin, 1992.

Higounet C., *Les Allemands en Europe centrale et orientale au Moyen Âge*, Paris, Aubier, 1989.

Musset L., *Les invasions : les vagues germaniques*, coll. « Nouvelle Clio », Paris, PUF, 1965.

IV

L'espace européen

Sous l'angle géographique, l'Europe n'est qu'une péninsule, la plus occidentale du continent eurasiatique. Si elle est bien délimitée des trois côtés par les mers – Atlantique, Méditerranée, Arctique –, elle se trouve en continuité avec le continent asiatique. La montagne Oural qui par commodité et convention lui sert de frontière à l'est n'a aucun caractère de barrière, de rupture : vieille montagne érodée, elle se distingue à peine des plateaux environnants et ses sommets ne dépassent guère 1 500 mètres. Son seul intérêt est sa longueur, 2 500 km du nord au sud. Elle n'a jamais été et elle est encore moins aujourd'hui une limite de peuplement ou d'économie. Les autres limites conventionnelles vers le sud-est : les rivières Oural, Emba, la mer Caspienne, sont encore plus problématiques ; entre mer Noire et Caspienne, la « frontière » hésite entre le nord (Kouma) et le sud des Caucases (Arax) ; plus loin, bizarrement, le Bosphore sépare une Istamboul européenne d'une autre, asiatique.

Tout compte fait, avons-nous besoin d'une frontière de l'Europe ? L'Europe est le plus souvent perçue comme une construction géopolitique, aux limites, en conséquence, changeantes au gré de l'histoire. Si nous mettons au centre des préoccupations non pas l'Europe mais l'espace européen, la « frontière » orientale peut rester floue et l'espace européen s'arrête là où les phénomènes dominants de civilisation, ayant une permanence historique et une densité territoriale, s'estompent ou deviennent ponctuels dans le temps et dans l'espace.

Faisons le compte d'abord de ce que nous pourrions appeler la « spécificité » de l'espace européen. Pour l'appréhender, il est nécessaire de partir d'un espace limité. Acceptons donc, pour le moment, et par commodité les limites conventionnelles. L'espace européen possède quelques spécificités par rapport au reste du monde qui peuvent parfois expliquer tel ou tel fait majeur de l'évolution historique. Une potentiel naturel favorable à l'expansion d'une civilisation existe ailleurs aussi, mais la spécificité européenne est la façon dont la société a su utiliser ce potentiel pour en faire un facteur de base de développement.

L'ouverture maritime

L'espace européen est fortement découpé, morcelé, pénétré par les océans et les mers. L'océan Atlantique, qui baigne toute la façade occidentale de l'Europe, s'articule sur deux grands ensembles de mers intérieures : mer du Nord et mer Baltique (avec leurs prolongements dans les golfes de Botnie et de Finlande) d'une part, et la Méditerranée (avec son prolongement, la mer Noire) d'autre part. De nombreuses îles parsèment l'espace maritime et accentuent sa fragmentation : Îles Britanniques, Islande, Corse, Sardaigne, Sicile, archipels de la mer Ionique et de l'Adriatique, Crète, Chypre, etc.

Cette configuration entraîne une proximité maritime partout sensible. Une bonne partie de l'espace européen est à moins de 200 km du littoral, deux tiers des capitales européennes actuelles s'y trouvent. En allant de l'ouest vers l'est la distance par rapport à la mer augmente, mais en dehors de Moscou aucune capitale n'est à plus de 400 km. Ce caractère de relative proximité maritime disparaît progressivement : le Dniepr supérieur est à plus de 600 km et la vallée moyenne de la Volga est déjà à plus de 1 000 km.

Cette présence maritime agit d'abord comme un modérateur climatique en limitant les excès de températures au fil des saisons et en apportant, sur une bonne partie de l'espace européen, des précipitations régulières.

En effet, la situation de l'Europe dans les latitudes tempérés de l'hémisphère nord, où la circulation atmosphérique est dominée par les vents de l'ouest, explique que l'influence océanique y est perceptible, quoique atténuée, jusqu'à Saint-Pétersbourg et à la vallée moyenne du Danube, par les relais des mers intérieures, même si l'orientation des reliefs l'interrompt quelques fois. De ce fait, les précipitations sont assez régulières et suffisantes du point de vue de l'économie agricole. Pratiquement tout l'espace européen se trouve compris entre les 400 et 1 500 mm de précipitations annuelles,

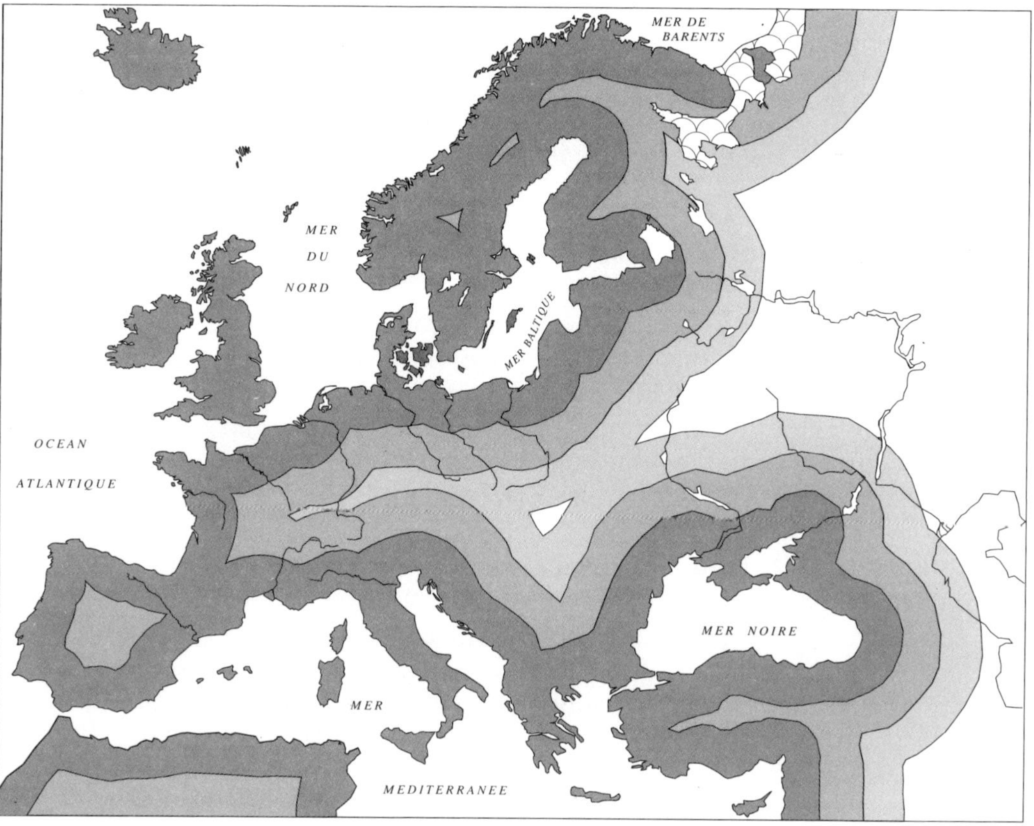

Zone à moins de 200 km de la mer
Zone à moins de 400 km de la mer
Zone à moins de 600 km de la mer
Zone à plus de 600 km de la mer
Zone prise par les glaces plus de 8 mois par an

0 600 Km

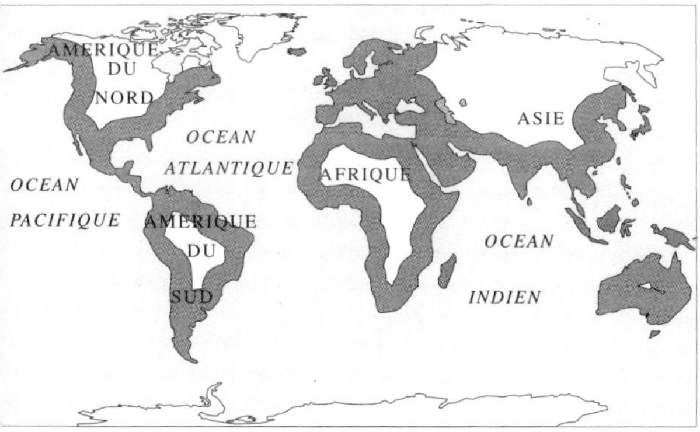

Zone à moins de 1000 Km de la mer
Zone à plus de 1000 Km de la mer

2000 Km

La proximité des mers

exceptés les reliefs abrupts du littoral (tels que la façade norvégienne ou écossaise, les Dinariques) et les hautes montagnes de l'intérieur (Alpes, Caucase) qui peuvent se trouver au dessus de l'isohyète de 2 000 mm. Quelques secteurs abrités de la péninsule ibérique et surtout de la Russie méridionale (le triangle Crimée-Oural-Caspienne) sont moins arrosés, mais à l'exception des rivages nord-Caspienne, nulle part on ne peut observer des phénomènes d'aridité, pourtant fréquents dans les autres parties du monde.

Les températures en général sont modérées, les écarts thermiques nets correspondent plus à une opposition été-hiver. Ce climat tempéré européen se distingue ainsi nettement des climats polaires à très forte amplitude thermique mais sans véritable été et des climats tropicaux à très faible amplitude mais sans hiver. Les 25° d'amplitude thermique, indiquant une continentalité nette, n'apparaissent qu'au-delà d'une ligne Saint-Pétersbourg-Minsk-Kiev à plus de 2 000 km de l'Atlantique, et on reste très loin des 90° des pourtours du lac Aral ou des 100° de Verkhoïansk. L'Europe ne connaît pas les terres éternellement gelées en profondeur et les températures glaciales de la Sibérie ou du Nord canadien, ni les chaleurs moites et étouffantes des régions équatoriales, ni les forêts impénétrables et insalubres pour l'homme, ni les savanes et ses bêtes sauvages. Les chaînes de montagne s'alignant d'ouest en est (système alpin) constituent un effet de barrière climatique empêchant les masses d'air polaires tout autant que les masses d'air tropicales de provoquer des changements de températures soudains, avec leur cortèges catastrophiques de blizzards ou de tornades comme cela arrive si fréquemment en Amérique du Nord. Point de désert, pas de typhon, de cyclone, de raz-de-marée dévastateurs qui sont le lot d'autres continents. Il n'y a pas de dépendance climatique inexorable comme pour les pays de la mousson en Asie, du Sahel en Afrique ou de la cuvette centrale australienne.

Ce climat tempéré, sans excès, doit ainsi beaucoup à l'influence maritime. Un élément supplémentaire renforce son action : la dérive nord-atlantique (*Gulf Stream*). Ce courant marin chaud baigne les rivages atlantiques du sud de l'Irlande au Cap Nord, bien au-delà du cercle polaire. Il explique qu'en hiver les températures observées en Europe sont beaucoup plus clémentes qu'ailleurs et que l'Atlantique est libre de glace jusqu'à Mourmansk, près du 70e parallèle. Un tiers des capitales européennes se localisent à des latitudes où en Asie et en Amérique on ne trouve que *toundra* et *taïga* avec une population très faible. Aucune ville importante en Amérique du Nord au delà du 54e parallèle, situation quasiment identique en Asie pour les villes du Transsibérien, or en Europe le 54e parallèle passe par Manchester, Hambourg, Gdansk et Minsk et sur le 60e parallèle se trouvent encore les grandes villes du nord de l'Europe : Oslo, Stockholm, Helsinki, Saint-Pétersbourg. De même au sud, la présence du grand plan d'eau de la Méditerranée tempère les conditions climatiques. Le long du 40e parallèle, en Europe, des conditions permettent une vie économique active (péninsule ibérique, Baléares, Sardaigne, Calabre, Grèce), plus loin, en Asie, c'est la succession des déserts de Karakoum, de Takla Makan et de Gobi aux mêmes latitudes.

Les conditions climatiques générales sont favorables à l'utilisation de la mer. Si pour quelques semaines les golfes de Botnie et de Finlande sont bloqués, toute la façade de l'Atlantique est libre de glace. C'est seulement à partir de la mer de Barents et de la Caspienne que la navigation devient problématique mais cela n'est en rien comparable à l'océan glacial Arctique qui bloque totalement le nord des continents américain et asiatique.

Le climat favorable ne suffit pas s'il n'est pas doublé d'un littoral accueillant. Fortement découpé, le littoral maritime européen est beaucoup plus long que la surface modeste du « continent » européen ne le laisserait supposer : 45 000 km, deux fois plus que l'Afrique, qui a pourtant une superficie triple de l'Europe.

Ce littoral est le plus souvent accueillant, attractif, grâce notamment aux nombreux sites portuaires naturels. Le rivage nord de l'océan Atlantique est une succession de *fjords* à l'exemple de la façade occidentale de la Norvège, de l'Écosse ou de l'Irlande (le Trondheimsfjord, Sognefjord, Firth of Clyde, Shannon). Plus au sud, de Gibraltar à Saint-Pétersbourg, les côtes de l'Atlantique, de la Manche, de la mer du Nord, de la Baltique présentent un paysage varié où se succèdent des baies abritées, des *rias* profondes et surtout les estuaires majestueux du Tage, du Duero, de la Garonne, de la Loire, de la Seine, du Rhin, de l'Elbe, de l'Oder, de la Vistule, de la Dvina, pour ne citer que les plus grands. La Méditerranée, dont le rivage est ciselé par des montagnes jeunes de type alpin, présente un chapelet de petits sites portuaires : certains sont abrités derrière des alignements d'îles (côte dalmate, littoral de la mer Ionique), d'autres sont nichés au fond des *calanques* (côte provençale), les plus grands se trouvent au débouché des fleuves côtiers (tels que l'Arno, le

Tibre, le Vardar, le Maritza, le Dniepr...) ou dans les lagunes et les bras des grands deltas (Ebre, Rhône, Pô, Danube, Volga).

La proximité de la mer, l'omniprésence des sites portuaires ajoutées à des conditions climatiques favorables ont très tôt attiré les hommes vers le littoral. La navigation crée des activités portuaires, anime le commerce maritime, produit la richesse. De véritables empires maritimes s'imposent dès l'Antiquité, bases de la diffusion de la civilisation. Depuis le Moyen Âge la fortune des ports peut changer, mais la vie portuaire est toujours déterminante. La Ligue hanséatique intègre la vie économique des pourtours de la Baltique et de la mer du Nord, de Bergen à Bruges et de Londres à Riga et Novgorod, pendant que le commerce méditerranéen est animé par Venise, Gênes, Pise, de la Castille à Istanbul et à la Crimée. Des ports de la péninsule ibérique partent les navires à la découverte du monde, à sa conquête même, qui impose bientôt d'autres ports tels qu'Amsterdam, Londres, Hambourg, Marseille... L'Europe est maritime et elle le restera bien plus que n'importe quelle autre grande civilisation du monde – chinoise, indienne, perse, égyptienne, aztèque, inca, maya... Le binôme européanité-débouché maritime reste indissociable, comme le prouve l'exemple de la Russie de Pierre le Grand, au point de devenir une source de conflits et de guerres comme ce fut le cas dans les Balkans.

Comparé aux autres grands ensembles du monde, l'Europe s'individualise par l'homogénéité de l'ensemble de ses caractères et en particulier par son aptitude fondamentale aux activités humaines.

Si l'immensité des plaines et des plateaux de la Russie impressionne, l'on est loin d'avoir cependant des paysages monotones et plats. L'Europe a une topographie vigoureuse et contrastée. De vieilles chaînes de montagne érodées, fragmentées, cassées, la parcourent du nord-est au sud-ouest (chaîne calédonienne scandinave et britannique) et d'ouest en est (chaîne hercynienne des Monts Cantabriques à l'Oural, par le Massif Central français, le massif schisteux rhénan, le Quadrilatère de Bohême, le Lysa Gora polonais...), séparées par de grandes plaines d'alluvions et d'érosion glaciaire (plaine germano-polonaise). Dans l'Europe méridionale, de l'Atlantique à la Caspienne, les montagnes jeunes dessinent des arcs successifs aux formes hardies, aux sommets déchiquetés et majestueux (Bétique, Pyrénées, Alpes, Carpates, Dinariques, Balkans, Caucase), aérées par des dépressions, de larges couloirs surplombant des bassins d'effondrement (plaine du Pô, plaine pannonienne) ou de vastes piémonts plongeant dans la Méditerranée et réduisant considérablement les plaines littorales.

Ce relief compartimenté et vigoureux ne l'est que dans le détail, car globalement la topographie ne montre nulle part de grands ensembles hostiles. Ses sommets les plus élevés (Mont-Blanc, 4 807 m, ou même l'Elbrouz, 5 633) sont relativement modestes par rapport à ceux de l'Amérique (Aconcagua 7 021, Mont Kinley 6 198) et surtout de l'Asie (Mont Everest 8 872). Ces chaînes de montagnes sont étroites, courtes et morcelées en Europe, à la différence des puissants massifs qui dominent ailleurs. Ainsi les Alpes, montagne-symbole de l'Europe, ont 1 000 km de longueur (Valence-Vienne) et moins de 300 km de largeur (Munich-Vérone). Aucune commune mesure avec les Rocheuses, les Andes, l'Himalaya ou même la Cordillère Australienne (3 à 9 fois plus longues, 2 à 5 fois plus larges).

Le relief n'a jamais été en Europe un véritable obstacle à la circulation et aux activités des hommes. Les chaînes de montagne, mêmes les plus élevées, présentent des passages faciles, connus et empruntés dès l'Antiquité. De longues vallées longitudinales les aèrent, formant des couloirs de vie intramontagnards très actifs (Sillon Alpin, Tyrol, Mur-Mürz styrien, Vah carpatique, Maritza des Balkans, etc.), d'autres vallées les tranchent, créant des axes de pénétration méridiens, qui, avec leur succession de carrefours, ont toujours été des zones privilégiées de la vie de relation (vallée du Rhin, coupant le massif schisteux rhénan et reliant les Alpes à la mer du Nord ; sillon Morava-Odra, séparant Carpates et Massif de Bohême ; vallée de l'Olt ouvrant le bassin transylvain à la Valachie ; sillon Morava-Vardar, reliant les espaces danubien et égéen, etc.). Et même si ces pénétrantes manquent, des cols pratiques existent, connus et exploités depuis toujours (Mont-Cenis, Grand-Saint-Bernard, Saint-Gotthard, Simplon, Brenner, Tarvis dans les Alpes ; Jablunkov, Dukla, Prédéal dans les Carpates...).

Combinant les caractéristiques du relief, de l'hydrographie et du climat, les conditions pédologiques qui déterminent l'utilisation agricole du sol sont très favorables à l'Europe qui, loin devant les autres grands ensembles du monde, bénéficie d'une surface cultivable presque égale à la moitié de sa superficie totale (44 %) alors qu'ailleurs elle n'est que de 10 % à 25 %. Ainsi les terres arables de l'Europe couvrent un espace bien plus grand que celui de l'Amérique du Nord ou du Sud sans parler de l'Océanie. Les cultures sont possibles jusqu'au 60e parallèle – au-delà commencent presque partout les grandes forêts boréales et la toundra. Dans le sud-est, les excellentes terres noires laissent la place aux espaces nord-caspiens de plus en plus désertiques. Les sols podzoliques des montagnes, les sols marécageux, salins ou sableux présentent certes peu d'intérêt mais peuvent très bien être transformés, comme le montrent les polders et *Marschen* de la mer du Nord, les sables et salins de la plaine hongroise, les montagnes découpées en terrasses des Balkans. En fait, aux zones boréales et désertiques il faut ajouter la haute altitude pour voir disparaître l'agriculture. Sinon c'est une simple question de capacité technique de l'organisation humaine.

L'autre potentiel naturel est la richesse en matières premières. Il est paradoxal de parler aujourd'hui de richesse européenne en un temps où la plus grande masse de l'énergie et des matières premières destinées à l'industrie est importée. Envisagée pourtant dans une perspective historique, on peut l'évoquer. En effet toutes les montagnes, et surtout les chaînes hercyniennes, sont truffées de minerais et de métaux très divers : fer, cuivre, plomb, zinc, argent, etc. Dans les bassins de piémont, le charbon, le lignite, la potasse sont abondants. Les chaînes calcaires emprisonnent de la bauxite ; sur les rivages maritimes ou dans les mers mêmes, les hydrocarbures ne sont pas rares. Les rivières de montagne à forte pente, les fleuves de plaine à fort débit permettent de compter sur l'hydroélectricité... Aujourd'hui l'Europe paraît pauvre par rapport aux autres continents car ses ressources sont en grande partie déjà exploitées.

En fait, la chance de l'Europe est d'avoir pu et su compter sur la richesse du sous-sol au moment où l'organisation sociale et l'évolution technique permettaient et nécessitaient d'en tirer partie. Les grandes révolutions industrielles du monde ont été européennes et ont réussi grâce aux ressources naturelles disponibles partout : charbon et minerais de fer de la première révolution, hydroélectricité, bauxite et autres minerais non ferreux pour l'électrométallurgie et la chimie de la deuxième révolution. Les hydrocarbures et l'uranium qui ont pris tant d'importance dans l'économie contemporaine ne manquent pas non plus ; mais au moment de la nécessité de leur utilisation optimale, l'Europe n'a plus su s'organiser pour éliminer les contraintes d'une répartition inégale doublée de frontières géopolitiques devenant quasi infranchissables.

DENSITÉ, DIVERSITÉ, COMPLÉMENTARITÉ

Contrairement à l'Afrique et à l'Asie, le peuplement de l'Europe se fait relativement tard et par vagues successives de peuples qui déferlent à travers l'Asie d'est en ouest pour se fixer définitivement avant le Xe siècle. L'espace européen largement ouvert à l'est ressemble à un entonnoir où, par vagues successives, les peuples se sont engouffrés. De plus en plus densément peuplée et socialement de mieux en mieux organisée, sa partie occidentale se retrouve dans une position d'abri face à ces invasions qui, par contre, ravagent régulièrement les marges orientales jusqu'à ce qu'une organisation politico-religieuse puisse présenter quelques remparts.

L'augmentation relativement rapide de la population explique la conquête, le défrichement des terres, puis la mise en valeur intensive et scientifique. Les révolutions agricoles et industrielles des XVIIIe et XIXe siècles, dans le contexte de fort accroissement démographique et d'émigration hors d'Europe, provoquent une redistribution interne de la population qui se termine au milieu du XXe siècle.

Cette population, aujourd'hui de quelques 750 millions de personnes – dans les limites conventionnelles de l'Europe, répétons-le –, qui correspond à 14 % de la population mondiale, est comparable à celle de l'Amérique ou de l'Afrique. Pourtant l'espace européen de peuplement est difficilement comparable à d'autres contrées du monde. Il est le plus densément et le plus uniformément peuplé du monde et le plus urbanisé aussi.

Il ne s'agit pas de records de densités que l'on peut trouver dans le sud-est asiatique, mais de densités moyennes assez harmonieusement réparties, sans interruption notable. Des rivages méditerranéens jusqu'au 56e parallèle, la densité reste supérieure partout à 25 habitants au km^2 à l'exception des pourtours de la Caspienne. Jusqu'au 60e parallèle elle dépasse encore régulièrement les 10 habitants au km^2. Observée à l'échelle mondiale, l'Europe apparaît comme un des grands foyers de peuplement du monde. Contrairement aux autres grandes concentrations démographiques, telles que l'Asie des moussons ou la vallée du Nil, la population européenne est essentiellement urbaine. Si aujourd'hui les plus grandes villes ne sont plus européennes, comme c'était le cas dans le passé, c'est par la densité des villes, par l'urbanisation généralisée, et non par des grands foyers urbains isolés, que l'Europe possède sa spécificité dans le monde.

Exigu, le territoire européen, qui n'est pas plus grand que le Canada ou la Chine, présente une diversité de paysages tout à fait unique.

L'observation des grands traits physiques ou humains peut *a priori* donner l'impression d'une homogénéité européenne ; toutefois l'analyse de détail révèle une considérable variété dans les paysages, les climats, les activités, sans pour autant aboutir à des oppositions violentes. À la monotonie des grandes unités de la grande plaine américaine, de la forêt d'Amazonie, du plateau de Dekkan en Inde, du désert central australien, du bassin du Congo en Afrique, l'Europe oppose une infinie variété sur une faible superficie.

C'est le résultat de l'évolution subie par le relief au cours des âges : mouvements tectoniques (plissements, cassures, effondrements, volcanisme…) et effets des érosions, surtout glaciaire et fluviale, ont laissé un large éventail de formes. Elle se retrouve dans les paysages naturels façonnés sous l'interaction du climat, du sol et de la couverture végétale. Les paysages sont surtout construits par l'homme pour ses besoins d'activités, d'habitat, de loisirs. Nulle part on ne trouve dans le monde, à une échelle aussi vaste, des paysages aussi maîtrisés, aussi transformés. Ainsi la diversification européenne est plus le fait de la technicité, de la densité de population et de l'histoire de la civilisation européenne.

L'impression de variété est d'autant plus évidente que les unités spatiales sont de petites tailles. Les unités physiques sont, au plus, de quelques dizaines de milliers de km^2 et ne dépassent cette échelle que lorsqu'on s'approche des limites orientales de l'Europe. L'organisation économique et sociale de base, qui ne s'inscrit pas forcément dans ce cadre physique, est de moindre extension. La très ancienne mise en valeur des terres a fini par morceler les paysages agraires et les unités de production agricole.

Les structures agraires, c'est-à-dire la façon dont les hommes ont construit la campagne cultivée (en acceptant la définition de

R. Lebeau), sont spécifiques et transparaissent d'abord dans les paysages ruraux européens : *openfield, bocage* ou forme mixte, organisation individuelle ou collective, habitat rural groupé ou dispersé ; dans tous les cas, les paysages ruraux européens associent une occupation méticuleuse de l'espace, où un parcellaire dense et une mise en valeur savante, adaptée aux types de sol, de topographie, d'altitude, permettent d'obtenir les rendements les plus élevés du monde dans une agriculture moderne, mécanisée, constamment tournée vers le marché.

Ce paysage rural est très différent de celui de l'Amérique du Nord, où à l'ouest des Appalaches règne le système de *township* donnant un damier monotone d'immenses champs carrés, parcourus par des machines perfectionnées, mais où le farmer est rarement visible : c'est avant tout un homme d'affaires, ce n'est pas la terre qui l'intéresse, mais l'*agrobusiness*.

Le système de culture d'Asie du sud-est, fondé sur le riz, donne des paysages ruraux typiques de champs horizontaux, étagés en terrasses avec une savante utilisation des eaux, qui n'ont pas d'égal dans le monde. Mais l'Asie des moussons est prisonnière de cette riziculture : seuls les deltas, les fonds de vallées et les basses terrasses sont mis en valeur ; les montagnes sont ignorées, négligées, souvent vides, même au Japon. Les paysages admirables de régularité et de beauté cachent un monde rural souvent misérable, tributaire de la mousson, victime des usuriers, travaillant sans relâche pour juste survivre.

Les structures agraires que l'on observe en Afrique sont encore plus éloignées des caractéristiques européennes. La pauvreté et la fragilité des sols, leur degré de fertilité médiocre ont donné pendant longtemps une agriculture itinérante au paysage rural « flou » et des techniques culturales « qui ne font qu'effleurer le sol » (Lebeau). Même si le cadre d'organisation spatial est le plus souvent fixe aujourd'hui, on rencontre rarement l'association de la culture et de l'élevage, ce qui est pourtant le fondement ancestral de l'agriculture sèche européenne.

Les grandes exploitations tropicales, qu'elles soient africaines, latino-américaines ou sud-asiatiques, orientées vers les plantations spéculatives, dépendant le plus souvent des multinationales étrangères et très peu insérées dans le milieu social local, sont encore très différentes de la grande exploitation européenne. Même lorsque s'impose une organisation économique centralisée et planifiée suivant un modèle idéologique unique – cas du socialisme propagé au XXe siècle par l'URSS –, on aboutit à des formes structurelles et spatiales divergentes entre l'URSS et l'Europe centre-orientale d'une part et les exemples de réalisations asiatiques (tout particulièrement chinoises), cubaines ou africaines d'autre part.

La ville et le système spatial européen

Certainement plus que les caractères physiques, ce sont les villes et le réseau urbain qui ont marqué et marquent toujours l'espace européen. La ville, parce qu'elle est l'émanation, le reflet de la société en présence, porte en elle toutes les caractéristiques sociales, économiques, culturelles, politiques. Au même moment, elle est facteur de développement, car c'est en son sein, dans ses murs, que se concentrent les forces dynamiques, les espoirs et les contradictions ; lieu de révolutions et de contre-révolutions, de remises en cause et d'innovations, elle est le lieu d'affrontement des idées, le lieu de concentration du capital et des richesses, le centre de tous les pouvoirs. « L'histoire des villes européennes et l'histoire de l'Europe sont, dans une large mesure, une seule et même aventure », constate Leonardo Benevolo dans l'ouvrage qu'il a consacré à *La ville dans l'histoire européenne*.

Les royaumes barbares qui succèdent à Rome dans l'espace européen ne sont pas les continuateurs des traditions urbaines antiques. Ces villes, si elles subsistent, ont perdu population et pouvoirs ; le réseau urbain nouveau, plutôt médiocre, ne se calque pas sur l'antique. Hors de l'espace romanisé, dans les régions où s'installent solidement les peuples germaniques, se crée une série de nouveaux centres, (résidences royales, centres religieux, villes de garnisons). Ainsi, contrairement à l'empire romain où l'urbanisation reste forte en-deçà du *limes* et inexistante au-delà, le haut Moyen Âge l'uniformise vers le bas. Au réseau appauvri, étriqué, hérité des Romains, s'ajoute un semis clair de villes dans les espaces rhénan et scandinave, qui s'étend progressivement vers l'est, accompagnant par là le renforcement du pouvoir carolingien.

Le renouveau urbain après le Xe siècle est lié à l'expansion de la chrétienté. La ville du Moyen Âge est d'abord ville épiscopale, résidence de l'évêque ou siège d'un monastère important. Mais la fin des grandes invasions, la relative stabilité politique et le fort accroissement démographique favorisent l'éclosion générale urbaine. Le défrichement systématique dans l'ouest de l'espace européen fait naître et grandir des villes à partir de simples villages ou bourgs préexistants, en tant qu'indispensables centres d'échange. Là où les vides subsistent dans le réseau ou sur les marges, les souverains créent des villes nouvelles : *new towns* britanniques, *bastides* du sud de la France, cités franques italiennes, *poblaciones* de la reconquête ibérique, villes neuves de la colonisation allemande à l'est. Progressivement se met en place un maillage territorial de plus en plus dense qui s'étend de l'Atlantique à la Volga et de la mer du Nord à la Méditerranée, marqué par de très fortes variations quant à la densité du semis urbain, à la puissance des villes et à la complexité de leur fonctions. Ce type de réseau urbain comprend des centres peu différenciés, tournés vers l'organisation de l'espace de production de l'environnement immédiat de la ville, et permet le contrôle administratif et financier que le pouvoir politique convoite constamment. Le succès de ces villes réside en grande partie dans les privilèges, dans les droits que le pouvoir leur accorde : liberté individuelle, droit d'administration autonome, etc. Les souverains, décidés à réduire à tout prix le pouvoir féodal, s'appuient systématiquement sur les villes. « Les villes introduisent un principe de division de l'espace différent de celui de la féodalité qui s'accommode de cadres territoriaux discontinus » (Paul Claval).

À ce réseau s'en superpose un autre, plus complet et mieux hiérarchisé, dont le moteur est le grand commerce international. Au sud, Gênes, Pise et Venise organisent non seulement le drainage des produits méditerranéens, mais, en contact permanent avec Constantinople, elles assurent aussi la redistribution de ceux de l'Orient.

Au nord de l'espace européen, la Ligue hanséatique associe jusqu'à quatre-vingts villes de la mer du Nord et de la Baltique et, grâce aux fleuves navigables, pénètre largement sur le continent et réussit à animer, dans la seule optique commerciale, une zone géographique très élargie.

Ces deux grands ensembles de commerce maritime communiquent par de nombreuses voies continentales, et sont autant d'axes de prospérité pour les centres urbains, grâce aux échanges d'abord, puis au négoce et à la banque : foires de Champagne et de Flandre, villes du Rhin et de la plaine du Pô, carrefours de l'Europe médiane.

La reconquête ibérique une fois terminée, l'Europe découvre le monde et bientôt l'aventure coloniale commence. Les flux d'argent et de biens avantagent d'abord les ports de l'Atlantique et les villes de la péninsule ibérique, mais progressivement l'essentiel des flux se déplacent vers la mer du Nord. Un troisième réseau urbain se dessine alors, calqué sur les liens coloniaux puissants de cette « économie-monde » en gestation dont l'Europe est le centre, Anvers, Amsterdam et Londres en sont les villes symboles.

Ces trois réseaux superposés fonctionnent en harmonie et favorisent en priorité les villes qui y occupent une place déjà privilégiée. La dynamique spatiale, très sensible à la géopolitique, avantage de plus en plus la « Dorsale européenne » (E. Juillard), où de Londres à Florence, par les villes des Provinces-Unies, de la vallée du Rhin, du plateau suisse, de la Lombardie-Piémont, se concentrent hommes, richesses, culture et savoir, facteurs de pouvoir économique et de développement prodigieux. L'autonomie urbaine depuis longtemps acquise, la multiplication, voire l'éparpillement des unités politiques, comme le caractère relâché d'une autorité lointaine sont des aspects importants pour la compréhension d'une telle emprise spatiale ; les particularités de l'espace physique, certes très avantageuses, sont loin de pouvoir tout expliquer.

Paradoxalement, au moment où l'Europe s'ouvre au monde par l'ouest, elle est bloquée à l'est : au XVe siècle, Constantinople est définitivement perdue, les Balkans sont occupés pour longtemps par les Ottomans et la Russie tourne le dos à l'Europe. Ainsi le réseau urbain européen se renforce à l'ouest et se rétrécit à l'est.

La révolution industrielle et ses conséquences universelles – révolutions techniques, transformations socio-démographiques, urbanisation généralisée – apportent de nouveaux éléments dans l'organisation et la dynamique spatiales. Dans les bassins de charbon naissent d'exceptionnelles concentrations démographiques car l'exploitation de la houille attire une série d'activités – les industries liées –, toutes exigeantes en main-d'œuvre. Ces conurbations typiques de houille-sidérurgie-textile s'alignent le long des massifs hercyniens, de l'Écosse jusqu'en Ukraine, déterminant quelques-uns des plus grands complexes urbains de l'espace européen, tels que les Midlands, la Ruhr, la Silésie ou le Donbass. Certes, des nouvelles villes industrielles sont fréquentes hors des bassins miniers, mais la plupart des activités industrielles préfèrent le milieu urbain existant.

La concentration (population, marché, coopération technique) permet l'abaissement des coûts par l'augmentation de la taille des unités de production (« l'économie d'échelle »), et par ailleurs la ville peut offrir une série d'avantages : équipements, subventions, prestige... (« externalités »). Ainsi, le réseau urbain hérité – préindustriel – n'est pas du tout caduc ; il est seulement perturbé par un processus exceptionnel de reclassement et de hiérarchisation des centres. Le réseau de transports – au départ la voie ferrée, puis la route – élargit l'horizon d'organisation des villes dont la zone d'attraction ne cesse de s'étendre. La campagne paraît répulsive et l'émigration rurale devient une réalité, même si son rythme et ses formes sont loin d'être uniformes, dépendant d'une multitude de facteurs, parmi lesquels l'attractivité des villes est déterminante. Avec l'urbanisation généralisée du XXe siècle, les activités tertiaires arrivent au premier plan, changent le classement hiérarchique, dont la base est dorénavant la spécificité des services.

En faisant le compte global, apparaissent d'abord une densité urbaine exceptionnelle et un maillage très serré de l'espace mis en place par les villes. Selon les calculs de F. Moriconi, la distance moyenne séparant les unités urbaines en Europe oscille entre 10 et 22 km pour les agglomérations de plus de 10 000 habitants, alors qu'en Amérique du Nord et du Sud elle varie entre 20 et 80, et qu'elle approche les 200 en Afrique tropicale. Ainsi c'est la proximité urbaine, alliée au réseau de communications le plus dense du monde, qui est une des plus nettes spécificités de l'espace européen. Elle permet la richesse des contacts, la rapidité d'extension des progrès et des innovations, l'interpénétration des cultures.

L'histoire montre aussi que la richesse du réseau urbain provient d'une accumulation continuelle tout au long des siècles passés. Les historiens soulignent l'étonnante pérennité des villes depuis au moins un millénaire. Par ailleurs, la multiplicité des espaces et des centres d'impulsion européens assure contradictoirement une certaine homogénéité : les réseaux urbains de Flandre au XIIIe siècle, d'Italie du nord au XIVe, de Hollande au XVIe, d'Angleterre au XVIIIe, d'Allemagne rhénane au XIXe sont tour à tour ou simultanément les plus développés. Dans les grands pays à forte centralisation politique, ce sont les capitales qui jouent un rôle fondamental d'entraînement, comme Paris, Madrid, Berlin, Vienne ou Rome. D'autres villes encore ont occupé parfois pendant une longue période ou à plusieurs reprises le devant de la scène, comme Prague, Cracovie, Séville, Saint-Pétersbourg, Budapest, Barcelone, Copenhague, Stockholm ou Varsovie. Cette pluralité de centres qui caractérise l'espace européen ne se retrouve nulle part ailleurs.

La ville européenne se distingue aussi par son organisation interne, par ses paysages urbains typés. Partout, ou presque, on retrouve le centre-ville historique, souvent médiéval, aux rues étroites, tortueuses, au style architectural roman, gothique, byzantin ou renaissance, qui s'épanouissent à l'approche de la grande place du marché. Ce centre-ville, « participant de l'identité européenne » (J. Barrot, B. Elissalde, G. Roque), est préservé et rénové ; il n'est pas détruit comme cela se fait aux États-Unis, où le neuf se substitue sans difficulté à l'ancien. Et si la ville est détruite par la guerre, on la reconstruit souvent à l'identique, comme le prouvent les exemples de Gdansk, Varsovie, Dresde ou Petrodvorets. S'il s'agit de ville ou de quartier plus récents, l'homogénéité de la décoration et du décor urbains est frappante d'un bout à l'autre de l'Europe : l'urbanisme classique, victorien, haussmanien est aisément perceptible ; on peut ainsi identifier l'extension de l'ancienne Autriche-Hongrie par la couleur ocre de la période de Marie-Thérèse, présente de Prague à Sarajevo, d'Innsbruck à Lvov et de Budapest à Cracovie.

La ville est aussi ce « lieu caractéristique de l'interaction entre individus [...] qui forge l'urbanité moderne » (J. Lévy). Dans les villes arabo-musulmanes la maison n'offre pas d'ouverture sur l'extérieur en dehors des portes ; tout s'organise autour des cours intérieures privées. Dans la ville européenne l'espace public et l'espace privé ne sont pas dissociés : la rue, la place, le jardin public sont des éléments communs à tous. « Construire une vraie conscience de l'intérêt collectif public et non strictement individuel ou communautaire, c'est le point fort de l'identité européenne ». (J. Barrot, B. Elissalde, G. Roque).

Tout compte fait, civilisation et espace européens sont inséparables. Le quadrillage de voies naturelles et la faiblesse des distances ont favorisé la circulation des hommes et des biens depuis des temps immémoriaux. Le réseau de transport, ancien ou actuel, est le plus dense et le plus moderne du monde. Il a permis de diffuser rapidement des idées, des innovations, des biens matériels ou immatériels. La densité et la proximité des villes, le réseau urbain qu'elles forment permettent l'intégration de l'espace et des sociétés européennes autour des mêmes valeurs, des mêmes idéaux, de mêmes types d'organisation économique ; en résumé, autour d'une même histoire.

Bibliographie

Barrot J., Ellisalde B. et Roques J., *Europe, Europes. Espace en recomposition,* Paris, Vuibert, 1997.
Benevolo L., *La ville dans l'histoire européenne*, Paris, Le Seuil, 1993.
Claval P., *La logique des villes*, Paris, Litec, 1981.
Lévy J., *Europe. Une géographie*, Paris, Hachette, 1997.

Troisième partie

Fondements
L'Europe de la chrétienté

Sur l'espace de ce que l'on nommera plus tard le continent européen, les temps dits de la préhistoire et de l'Antiquité semblent d'abord être ceux du morcellement des cultures et des civilisations. Certes, plusieurs moments de l'histoire européenne paraissent alors marqués par une communauté de caractères des peuples qui y vivent et qui, parfois, y partagent un destin commun. Ainsi, de l'Europe centrale à l'Atlantique, les peuples celtes possèdent entre eux une réelle parenté, le monde grec diffuse sa culture de la Crimée aux colonnes d'Hercule, et l'empire romain parvient à imposer un temps son organisation et sa langue de l'Euphrate à la Calédonie.

Mais ces histoires restent singulières et partielles. Les Celtes sont peu à peu confinés dans l'Ouest européen avant d'être réduits à ses finistères. Hors de l'Hellade, la culture grecque est surtout vivace sur des littoraux fragmentés et reste longtemps celle d'un archipel, même si ses traces suivent les voies commerciales qui pénètrent le continent. Lorsque l'aventure d'Alexandre lui donne sa plus grande extension, c'est en Asie qu'elle s'installe pour dix ou quinze siècles avant de refluer définitivement devant les vagues arabes puis turques. L'empire romain est certes un espace relativement homogène, mais il ne franchit le Rhin et le Danube qu'en de rares lieux et pour de courts moments (Champs Décumates, Frise, Dacie). La Germanie et la Scythie lui restent étrangères et souvent hostiles même s'il s'avère que la première au moins est fortement pénétrée de courants commerciaux qui relient la Scandinavie à la Méditerranée. Une ligne de fortifications, le *limes*, sépare physiquement et symboliquement le grand empire des « barbares ». Certes, bien des traits apparaissent alors qui caractériseront ou féconderont plus tard l'Europe. La pensée grecque, la conception juridique romaine, les canons de l'art antique, la transcendance hébraïque connaîtront plus tard ce développement et cet accomplissement. Mais ce sont bien là des berceaux dont on ne lit le sens qu'à la lumière de leur fortune : alors, il n'y a pas encore d'Europe, ni *a fortiori* d'histoire « européenne », tout juste celle d'un espace fragmenté.

Il appartient donc à ce que l'on nomme traditionnellement le Moyen Âge de voir s'étendre sur une plus large part du continent les traits de civilisation par lesquels l'histoire européenne va construire une identité et trouver ses fondements. L'un d'entre eux domine largement le paysage de cette identité en construction et il porte la marque que la légende inscrit dans le rêve de Constantin la nuit qui précède en 312 la bataille décisive du pont Milvius. C'est l'emblème d'une religion alors nouvelle, celle du Crucifié.

Il est vrai que, si l'on étudie l'histoire de l'Europe sur le millénaire médiéval, si l'on regarde de près, de très près, l'espace européen ; si, le menton appuyé sur les Syrtes et le front posé sur la Carélie, on le scrute à la loupe, alors se révèle la spécificité irréductible de chaque situation locale, alors éclate la diversité des aventures humaines et apparaissent les grandes coupures, d'abord nord/sud, entre Romains et Barbares, puis est/ouest, entre Grecs byzantins et Latins romains, avant que la Modernité ne vienne opposer catholiques et protestants. Mais, vus de plus loin, depuis Bagdad, Khanbaliq ou Tenochtitlàn, ces caractères particuliers et ces oppositions apparaissent comme autant de nuances d'une identité culturelle dont les caractères essentiels sont partagés de l'Algarve à la Moscovie.

Il ne s'agit pas, pour autant, d'identifier l'histoire européenne avec le christianisme, même pendant les siècles médiévaux pendant lesquels son emprise sur les sociétés paraît la plus forte. Le long processus de la christianisation de l'Europe (chapitre 1) donne certes naissance à une aire européenne dont l'homogénéité est celle d'une même religion. Mais celle-ci compose avec ce qu'elle trouve autant qu'elle s'impose. S'il se forme alors une véritable civilisation chrétienne de l'Europe (chapitre 2), elle est commune autant par des caractères propres que par les questions et les débats qu'entraînent la confrontation de sa *Weltanschaung* avec les pensées antique et musulmane et avec la réalité des sociétés. Ces questions sont notamment politiques, ce sont celles que la prégnance problématique de la religion et de son Église posent aux empires et aux sociétés européennes (chapitre 3). Tandis que les continuités et les dynamiques économiques et sociales préparent les évolutions modernes (chapitre 4), les fondements d'une histoire européenne s'édifient peu à peu.

I

La christianisation de l'Europe

Observée du point de vue d'une histoire européenne de l'Europe, l'Antiquité finissante révèle un paradoxe. Ces temps sont d'abord ceux du trouble et de la dislocation d'un ordre politique qui dura douze siècles : celui de l'empire romain. La déstabilisation du monde « barbare » sous la pression des steppes, la division de l'empire puis la disparition de sa partie occidentale dans le chaos des « Grandes invasions » font du long tourbillon des peuples un événement qui embrasse bien la plus grande partie de l'Europe, mais qui laisse place à un continent émietté. Mais dans un temps parallèle quoiqu'un peu plus long, les mœurs, l'organisation et les fondements mêmes des sociétés européennes se rapprochent.

La résistance grecque en Orient cultive, certes mieux que les autres, l'héritage de l'empire romain, et elle y parvient par l'assimilation d'envahisseurs barbares et par la séduction du modèle impérial sur ses voisins. En Occident, la fusion progressive des mondes barbare et romain dans l'espace de l'empire mort, puis l'acculturation des peuples d'au-delà le *limes* au nord sont certes des phénomènes différents, mais ils puisent à la même source : la christianisation des sociétés du continent.

Au désordre et à la dislocation politique s'oppose donc le lent triomphe d'une religion nouvelle et bientôt partagée par tous. Saisie dans cette perspective européenne, la christianisation conduit ainsi à dépasser les divisions conventionnelles de l'histoire (le Moyen Âge commençant à la fin du ve siècle) pour embrasser la période qui s'étend de l'apparition de la religion nouvelle dans l'empire romain à son adoption tardive par les peuples que les hasards de l'histoire et de la géographie tenaient les plus isolés. Entre les voyages de Paul et la conversion de Lithuaniens, ce sont quatorze siècles d'une lente diffusion du christianisme qui façonnent le premier visage de la princesse aimée de Zeus.

Régions christianisées : **vers 600** — **du 7 au 9 siècle** — **du 10 au 11 siècle** — **du 12 au 14 siècle** — **au 14 siècle**

Limite de l'Empire Romain vers 450

Poussée de l'Islam vers 800

Etablissements religieux significatifs évêchés, patriarcats, monastères...

La christianisation de l'Europe

L'ESPACE EUROPÉEN PRÉCHRÉTIEN : DIVERSITÉ ET HOMOGÉNÉITÉ

Observée au travers du prisme de ses religions, l'Antiquité gréco-romaine et « barbare » donne une image complexe sinon confuse. Les dieux sont multiples, la diversité des cultes issus des religions archaïques semble infinie. Ces religions se sont certes dégagées de leurs origines néolithiques par l'identification plus précise de divinités et par l'élaboration de mythologies. Mais ce processus est inégalement avancé et, bien que les sources elles-mêmes inégales imposent la prudence au jugement, la complexité des systèmes religieux des civilisations grecque ou romaine les distingue de celles des peuples du nord et de l'est du continent.

Un certain nombre de ces religions peuvent toutefois présenter quelque parenté. G. Dumézil a défendu la thèse que certaines mythologies pouvaient être lues au travers d'un schéma commun qu'il a voulu reconnaître comme caractéristique de la famille des peuples indo-européens. Ces peuples partagent un évidente parenté linguistique. Ce cousinage avait donné lieu au siècle dernier, nous l'avons vu, à des extrapolations historiques et « racialistes » mises au service des nationalismes et de l'impérialisme, qui sont désormais réfutées. Mais, en étudiant ces sociétés, G. Dumézil discernait dans leur conception du monde et dans son expression tantôt historique ou légendaire, tantôt religieuse et mythologique l'idée d'une répartition et d'une hiérarchisation en trois groupes sociaux définis par leur fonction. Celles-ci : religieuse, politique et militaire, économique et productive, se retrouveraient ici ou là, du Deccan à l'Irlande. Le cadre européen est, on le voit, singulièrement dépassé. Mais les mythologies qui sont héritées de ces époques anciennes tiennent une place dans la fondation d'une civilisation européenne, au moins celle de répertoires dont les histoires sont continûment reprises même si elles ont perdu leur dimension de mythes.

La tendance au syncrétisme qui anime les religions de la Méditerranée gréco-romaine est plus intéressante pour notre propos. Ces religions ont effet un double caractère. Elles sont d'abord politiques au sens où la cité politique est définie notamment par des cultes et des rituels auxquels ses membres sacrifient pour s'assurer la bienveillance de la divinité et qui sont autant d'occasions d'affirmer l'identité et les liens de solidarité de la cité. À Rome, cette religion politique est le pilier de la cité. C'est la stricte observation des rituels qui assure seule la *pax deorum*, le pacte passé avec le monde divin qui garantit la pérennité et la fortune des Romains. La foi de cette religion civique est d'une nature particulière, à la fois magique et contractuelle. La *fides* n'est pas seulement ni même souvent croyance et adhésion : elle est fidélité au pacte, c'est-à-dire à la tradition. Lorsque Rome étend son emprise sur la Méditerranée et que la cité prétend soudain s'étendre à l'univers, ce culte civique initial se double d'un culte à Rome et aux empereurs morts et divinisés par l'apothéose, puis à l'empereur vivant lui-même. Pourvu de temples, de prêtres et de rituels partout dans l'empire, ce culte plus que jamais politique unifie le monde romain.

Mais ces religions ont aussi des aspects plus individuels. Les fidèles cherchent la satisfaction de leurs interrogations personnelles dans d'autres cultes, qui sont choisis par chacun d'eux et non pas imposés par la tradition. Les mystères et les cultes dyonisiaque ou bacchique, la vague des cultes orientaux qui déferle sur Rome, prennent en charge la satisfaction des exigences spirituelles ou sensibles que la religion civique ne peut assurer. L'initié, la bacchante ou le dévot d'Isis peuvent ainsi choisir le ou les cultes dont chacun d'eux éprouve le besoin tout en accomplissant les rites traditionnels de la religion civique lorsqu'ils le doivent.

Cette vie religieuse a bien sûr été vilipendée par la tradition chrétienne et par l'historiographie qui s'en inspire. Le ritualisme de la religion civique, l'éparpillement de la religion personnelle dans des cultes aussi divers et extravagants que peuvent l'être les besoins et désirs de chacun ont subi rejets et mépris. Mais ce système religieux induit alors une certaine forme de tolérance et Rome accueille volontiers tous les cultes, pour autant que l'impiété ne se fasse pas jour, c'est-à-dire que la religion civique soit formellement respectée dans ses rituels. Il induit aussi, parallèlement à la romanisation, une homogénéisation de l'immense espace de l'empire. Le Romain peut trouver partout la nécessaire expression religieuse de l'adhésion et de la fidélité à l'empire. Presque partout le fidèle peut trouver l'un des grands cultes orientaux dominants. Mais ce système religieux dualiste n'est pas sans contradictions. À partir du IIIe siècle, la confrontation tourbillonnante de ces divinités multiples interroge certains esprits, tandis que la philosophie néoplatonicienne fournit l'armature intellectuelle de son dépassement. C'est alors l'âge des grandes tentatives syncrétistes. En 274, l'empereur Aurélien tente de renouveler le culte civique par l'adoption d'une théologie solaire (culte de *Sol invictus*) tout en étant le premier empereur à se faire appeler *deus*. Au IVe siècle, les intellectuels païens comme Macrobe cherchent à opposer au christianisme l'idée d'un divin unique adoré sous des noms multiples. Mais il est trop tard : la formidable expansion du christianisme dans le monde romain apporte alors une autre réponse, avant de l'étendre à tout l'espace européen.

Les étapes de la christianisation de l'Europe

La religion qui naît de l'expérience des compagnons de l'homme qui se faisait ou se laissait appeler le Christ, de la prédication de Paul et de ses écrits, puis du récit de cette expérience par les Évangiles (fin du premier siècle) s'étend à l'espace européen, dont elle va homogénéiser la civilisation en deux grandes phases. En moins de trois siècles, elle subjugue d'abord le monde romain, dont elle exploite l'unité politique. Il lui faut ensuite un millénaire pour faire entrer l'ensemble des peuples du continent dans une civilisation commune, désormais chrétienne. Mais ce processus n'est pas l'imposition à un monde vieux d'une doctrine nouvelle complètement et définitivement élaborée. Pour une large part, la conception chrétienne du monde se construit simultanément à sa propre diffusion. Elle est donc marquée et infléchie par les conditions mêmes dans lesquelles son succès est peu à peu assuré. L'Europe chrétienne du Moyen Âge ne sera donc pas seulement celle de la « Bonne Nouvelle », elle sera aussi une Chrétienté façonnée par les circonstances de sa propre christianisation.

La christianisation de l'empire romain

Rome, on l'a vu, accueille volontiers les religions des autres. Par des pratiques proches du comportement magique, elle ne se prive pas, si nécessaire, d'« évoquer » les divinités d'un ennemi tant pour se les concilier que pour le priver de leur protection. Par l'*interpretatio romana*, elle assimile volontiers un dieu étranger à l'un de ceux de son propre panthéon. Confrontée à l'originalité irréductible du judaïsme, elle a pu trouver un *modus vivendi* avec l'intransigeant monothéisme du peuple élu, dont elle respecte au fond le pieux attachement pour la tradition. Le culte est licite parce qu'il est perçu comme un élément des coutumes du *genos* juif. Les convertis, peu nombreux, ne sont poursuivis que dans la mesure où ils manquent aux actes civiques. Des conflits graves opposent certes Rome et les Juifs et aboutissent à la destruction du temple de Jérusalem en 70, mais ils sont surtout de nature politique : ils sont liés à la contestation de la domination romaine en Palestine. Ils renforcent peu à peu la *diaspora*, cette installation de communautés juives dans presque tout l'empire romain. Cette migration va sans doute constituer l'une des chances historiques de la civilisation européenne. Sa commune culture, ses liens de solidarité vont faciliter la circulation des hommes, mais surtout celle des idées. La diaspora parle grec et lit une bible grecque, celle des Septantes. Elle est l'occasion de la fructueuse confrontation des mondes grec et juif. Comme elle voit les premiers pas de la prédication chrétienne, dans ses communautés d'Antioche et d'Alexandrie, d'Asie Mineure, de Grèce et de Rome, elle l'inscrit dans le double cadre de l'hellénisme et du judaïsme.

Le christianisme rencontre d'abord l'indifférence du monde romain. Ceux dont Suétone racontant le principat de Claude rapporte qu'ils « s'agitent au nom de Chrestus » sont pour lui des juifs et le proconsul d'Achaïe Gallion refuse de trancher entre Paul et les représentants des communautés juives qui l'accusent devant lui de manquer à la loi de Moïse. Mais la foi nouvelle suscite vite un mouvement d'une inquiétante étrangeté pour Rome. L'agressivité révolutionnaire de son discours (l'affirmation de la détention de la vérité, la négation des divinités des autres) le différencie radicalement de tous les autres cultes, tandis que l'affirmation de l'égalité de tous les hommes – devant Dieu, il n'y a « ni juif, ni grec [...] ni esclave, ni libre » affirme Paul dans son *Épître aux Galates* – risque de contredire l'organisation même de la société. La rupture avec la loi mosaïque le sépare tout aussi nettement du judaïsme et, par là même, du compromis que celui-ci a passé avec l'empire. Dans un monde antique où la plupart des actes de la vie sociale ont une dimension religieuse et sont marqués par des cérémonies religieuses, l'intransigeance de sa conception l'isole du reste du corps social et conduit les chrétiens à développer des pratiques cultuelles sectaires au sens premier du terme : qui les rassemblent en les séparant des autres. Dès lors, la méfiance, les médisances et les mouvements de foules hostiles sont rendus possibles. Enfin, son parti-pris de prosélytisme menace de rompre l'unité politique qui s'exprime dans les formes civiques de la piété. Dans le christianisme, l'État romain perçoit ainsi moins une nouvelle doctrine religieuse qu'une secte dont il ne peut que suspecter la déloyauté. Le conflit est donc inévitable entre l'empire et la nouvelle religion qui nie de fait ses fondements, même si sa doctrine initiale ne conteste pas l'ordre politique et social dont elle reconnaît l'autonomie et si ses hiérarques veillent le plus souvent à s'abstenir de provocations.

Le christianisme rencontre un succès croissant, notamment à partir du IIIe siècle. Il s'étend d'abord en Orient et dans les villes importantes où des colonies grecques ou orientales sont bien représentées. On devine plus qu'on ne le sait que les hasards d'une prédication spontanée font apparaître çà et là des communautés qui s'organisent peu à peu en églises, essentiellement dans le cadre urbain. Ces communautés sont victimes de persécutions sporadiques, isolées dans le temps et séparées de longues périodes de tranquillité. Ces persécutions sont souvent liées aux circonstances et aux mouvements d'opinion, comme celle de Néron qui vise, en 64, non la religion chrétienne en elle-même mais le commode bouc émissaire d'un groupe désigné par une opinion publique surexcitée comme le responsable de l'incendie de Rome. Les persécutions de Dèce et de Valérien (milieu du IIIe siècle) et celle de Dioclétien (à partir de 303) sont plus politiques, et liées les unes aux circonstances dramatiques vécues par un empire dont l'existence est menacée par les invasions barbares, et l'autre à la tentative d'instauration d'un nouvel ordre politique autour duquel l'empereur veut rassembler toutes les énergies. Ces flambées de violence n'entravent que momentanément la progression de la religion nouvelle et, plus généralement, elles la renforcent. Elles sont en effet le stimulant du vaste effort d'explication et de propagande que réalisent alors les intellectuels chrétiens, les apologètes. Leurs écrits précisent la doctrine chrétienne et, en l'expliquant au travers des catégories de la rhétorique et de la philosophie, ils l'infléchissent dans le sens d'une prise en compte de la culture classique. Elles sont aussi l'occasion de l'élaboration d'une nouvelle et puissante mythologie, celle des martyrs et des saints, récits héroïques et exemplaires dont le discours va imprégner la civilisation européenne pour des siècles.

Le personnel politique de l'Empire et les empereurs eux-mêmes sont confrontés comme les autres à la doctrine chrétienne. Il y a des chrétiens dans l'entourage de Commode à la fin du IIe siècle (sans doute sa concubine Marcia) et l'*Histoire Auguste* attribue même à Sévère Alexandre un laraire des plus éclectiques, associant aux ancêtres du prince et aux meilleurs des empereurs divinisés les représentations du mage Appollonius de Tyane, d'Orphée, d'Abraham et du Christ. Baignant dans le milieu philosophique néoplatonicien qui entoure sa femme et lui, l'empereur Gallien prend le premier vrai édit de tolérance au milieu du IIIe siècle. Au plus fort des guerres civiles où chacun des candidats à l'empire risque sa vie avec sa fortune, l'empereur Constantin passe à la nouvelle religion par une conversion progressive qu'il est bien difficile d'expliquer même si l'on devine la part de la superstition et celle du sens politique, tant dans la « vision » d'Apollon protecteur à Grand en 310 que dans le rêve prémonitoire d'un symbole chrétien également protecteur, à la veille de la bataille du pont Milvius, en 312. L'essentiel se joue après, dans la succession de mesures favorables à l'Église et au parti chrétien qui sont prises par l'empereur, dont la première est l'édit de tolérance promulgué à Milan en 313.

En quelques années, la situation religieuse s'inverse et place l'Église chrétienne dans la position d'une religion dominante, liée au pouvoir et rapidement tentée de devenir opprimante, tant par la logique même de sa conception exclusive de la vérité que par les nouveaux moyens dont elle dispose. Une nouvelle et longue persécution, celle du paganisme, se met alors en place. Elle est d'une nature différente des précédentes, dirigées contre les chrétiens. Si des foules de chrétiens furieux peuvent à l'occasion montrer la même férocité que les foules païennes de jadis (massacre d'Hypathie, philosophe païenne d'Alexandrie), la persécution du paganisme est plus rampante. C'est que la vieille religion garde longtemps une grande place dans l'empire devenu chrétien. Une large fraction de l'aristocratie et des intellectuels lui reste longtemps fidèle tandis que le christianisme rencontre aussi de fortes résistances dans les campagnes attachées aux vieilles pratiques religieuses populaires. Aussi la lutte larvée contre les cultes païens prend-elle d'abord appui sur les décisions discriminatoires que les empereurs sont amenés à prendre au profit de l'Église (création d'une juridiction épiscopale dès 318, exemptions fiscales...) et surtout contre le paganisme. L'hostilité des empereurs envers les vieux cultes est affichée dans leur édits, parfois jusqu'à l'outrage. Les temples perdent leur privilèges et sont dépouillés de leurs richesses. Des mesures prises contre la « superstition » vident peu à peu les cultes païens d'une partie de leur sens. Dès le milieu du IVe siècle les sacrifices sont interdits et des temples sont fermés. Surtout, les empereurs renoncent à l'accomplissement des rites qui fondaient jadis la *pax deorum*. Constantin refuse de célébrer les rites séculaires en 315 ; dans la curie de Rome, Gratien refuse le grand pontificat en 376 et fait enlever l'autel de la Victoire en 382. À la fin du siècle enfin, Théodose s'attaque avec vigueur au culte domestique des lares et des pénates qui rattachaient chaque famille à la vieille religion. Méprisés et assimilés à la superstition, les augures, haruspices et autres oracles sont poursuivis. Les Livres sybillins, conservés au Capitole et consultés lorsqu'une menace particulièrement pressante pesait sur la ville, sont brûlés au début du ve siècle, à la veille du sac de Rome par Alaric, qu'ils n'eurent pas à prévoir.

Aussi le christianisme voit-il son emprise croître sur la société, sans que l'on puisse vraiment donner une appréciation quantitative précise de ses progrès. Une minorité importante de la population est sans doute chrétienne en Orient dès le début du IVe siècle, une majorité dans l'empire, peut-être, au début du Ve. Mais, après les villes, ce sont sans doute les élites rurales qui se convertissent d'abord, le pouvoir religieux prenant appui sur elles. Dans les campagnes, des pratiques païennes, sous des formes diverses, résistent longuement et des mesures d'interdiction contre certaines d'entre elles sont prises et répétées par des conciles jusqu'au cœur du Moyen Âge. En Orient, c'est Justinien qui est au VIe siècle l'ultime persécuteur du paganisme gréco-romain, multipliant les campagnes de conversion plus ou moins forcées dans les campagnes et fermant définitivement l'école de philosophie d'Athènes.

La christianisation des « barbares »

Les peuples « barbares » qui se pressent aux portes de l'empire romain dès la fin du IIe siècle ne sont pas complètement étrangers à sa civilisation et ont entretenu pour beaucoup de longues relations avec lui. Pour les contenir lorsqu'ils deviennent menaçants les empereurs n'hésitent pas à passer des alliances avec certains chefs, à installer certains groupes sur le territoire même de l'empire ou à les accueillir dans l'armée. Soldats et officiers d'origine « barbare » peuvent ainsi se retrouver au cœur de l'empire et y accomplir de brillantes carrières, au gré des partis qu'ils embrassent. Le chef franc Arbogast domine un moment l'Occident et, avec l'usurpateur Eugène, il soutient plutôt une réaction païenne. Le Vandale Stilicon sert le prince chrétien Théodose avant d'assurer la tutelle de ses fils et successeurs. Beaucoup sont donc au contact des débats religieux de l'empire. Ils y participent et ils y trouvent la voie de l'assimilation.

Dès le IVe siècle, certains peuples, comme les Goths, sont progressivement christianisés. Mais ils ont rencontré la nouvelle foi alors qu'un débat théologique majeur fait rage dans l'empire et oppose les partisans d'Arius (prêtre d'Alexandrie qui définissait le Christ comme une créature du Père, donc différente de lui) à la doctrine de la consubstantialité qui prévaut au concile de Nicée en 325. Leurs premiers évangélisateurs, comme l'évêque Ulfilas pour les Goths, sont ariens. La doctrine de l'Alexandrin, moins exigeante en subtilité christologique, convient mieux à ces peuples qui trouvent peut-être dans ce choix, ou du moins dans sa confirmation, l'occasion d'affirmer leur identité face aux populations romaines qu'ils subjuguent mais dans le nombre desquelles ils peuvent craindre de se dissoudre. La plupart des peuples « barbares » qui s'installent dans l'empire au Ve siècle sont donc ariens et établissent des royaumes à structure dualiste : romano-catholique d'une part et barbaro-arienne de l'autre. Deux hiérarchies, deux cultes cohabitent plus ou moins facilement, comme dans la Ravenne des Ostrogoths où chacun d'eux dispose de son baptistère. En Afrique, les Vandales se montrent particulièrement féroces dans la persécutions des catholiques. Mais à l'échelle historique, cette aventure arienne des « royaumes barbares » du Moyen Âge commençant n'est qu'une péripétie de l'histoire européenne. Au nord, les Francs deviennent immédiatement catholiques à partir de la conversion de leur roi Clovis, dont la date, discutée, doit se situer au tout début du VIe siècle. Ils subjuguent les Burgondes et les Alamans, repoussent les Wisigoths en Espagne, assurant le triomphe de l'orthodoxie catholique dans les Gaules et dans la Germanie franque. Les autres peuples ariens, minoritaires dans les royaumes qu'ils ont fondés, sont d'autant plus confrontés à la pression des réalités, que la reconquête byzantine – catholique donc – vient les menacer de l'extérieur. Tous connaissent de difficiles débats entre catholiques et ariens. Les Vandales puis les Ostrogoths sont éliminés par Justinien. Non sans heurts, les Suèves et les Wisigoths finissent par se convertir au catholicisme. Les Lombards païens qui liquident l'Italie byzantine dans la seconde moitié du VIe siècle se convertissent à l'arianisme, mais passent à l'orthodoxie dès 652. L'aventure arienne des « barbares » n'est ainsi qu'un moment de transition dans leur christianisation.

Les reflux méditerranéens du christianisme médiéval

Né dans l'est de la Méditerranée, façonné par son berceau gréco-romain, le christianisme concourt à la pérennité de l'empire en Orient et il lui survit en Occident. Il devient partout l'agent principal de l'intégration des peuples qui s'installent sur l'espace européen. Mais les mondes des steppes et du désert bougent autour de lui, modifiant parfois brutalement moins son aire de diffusion que sa capacité à façonner les civilisations des espaces concernés.

Au sud, c'est le reflux dès le VIIe siècle. La vigueur de l'hérésie monophysite (négation de la nature humaine du Christ) avait déjà témoigné à la fois de l'intransigeance du monothéisme des populations du Proche-Orient et de leur éloignement des centres de l'orthodoxie. La conquête musulmane, portée par le dynamisme d'une foi nouvelle, vient battre les murs de Constantinople, les rivages de l'Italie et les Pyrénées. Les plus anciennes régions christianisées, la Syrie, l'Égypte et l'Afrique, sont submergées sans grande résistance militaire. Sauf en de rares endroits où la vigueur du christianisme s'affirme en prenant appui sur un fondement culturel (coptes) ou proto-national (Arménie), les chrétiens dominés entament une histoire de minorité, au sud et à l'est de la Méditerranée. Non d'ailleurs que les conquérants soient à l'origine très nombreux, ni qu'ils se montrent par trop intolérants, mais leur foi est d'autant plus attirante qu'elle permet d'échapper au statut inférieur du *dhimmi* (le protégé), soumis à des impôts particuliers. De Tolède au Taurus le christianisme est alors sur la défensive. En Afrique occidentale il s'estompe. Minoritaire, privé de liens privilégiés avec le pouvoir, confronté aux apports radicalement nouveaux de l'islam, il participe toujours à la civilisation des espaces où il est présent (Liban, Égypte, Arménie), du moins là où il demeure en nombre, mais ces civilisations sont désormais définies par d'autres composantes.

Cette géographie historique est bien sûr incertaine. Elle ne permet pas de définir des limites précises de ce qui serait alors une « Europe ». En effet, celles-ci sont essentiellement liées à un caractère unique (politique, linguistique ou culturel) alors qu'une civilisation se définit plutôt par une combinaison de caractères, certains pouvant être plus ou moins partagés avec la voisine. On parvient plutôt à distinguer des marges, nécessairement mouvantes et circonstancielles, dans lesquelles les apports différents peuvent se mêler en un fructueux dialogue. Ainsi l'Espagne, où la chrétienté mozarabe vit la curieuse aventure de sa persistance et de son arabisation, connaît-elle avec la *Reconquista* (du XIe au XVe siècle) le retour à la domination politique d'États chrétiens. Depuis la péninsule où la Chrétienté découvre et traduit les auteurs arabes, les plus féconds échanges culturels et intellectuels viennent irriguer l'Occident. Ainsi les Balkans connaissent-ils à partir du XIVe siècle une histoire parallèle : une domination venue de l'Orient (les Turcs ottomans), qui les marque certes, mais sans les couper à ce point de leur racines et de l'Europe qu'ils ne puissent trouver dans leur Église et dans leur culture les moyens de rejoindre plus tard son histoire commune. Plus singulière encore est l'aventure des Arméniens. Christianisés au plus tard au IVe siècle, leur histoire est alors ballottée entre Byzance, la Perse et les Arabes. Ils trouvent dans leur christianisme particulier l'occasion de s'épanouir dans le brillant État des Bagratides (X^{e} et XIe siècles) et surtout de survivre à sa dévastation. Dans la « Petite Arménie » de Cilicie, qui prolonge jusqu'en 1375 le royaume arménien, on peut voir la toute première étape d'une diaspora qui va garantir une aussi forte identité des Arméniens, à la fois européenne et particulière, que celle que le peuple juif a pu conserver dans la sienne.

Son expansion continentale

Derrière le *limes* submergé, des peuples sont restés cantonnés ou se sont installés en lieux et place des Goths et autres Vandales, partis pour l'aventure méditerranéenne. Certains sont germaniques (les Bavarois, les Saxons), d'autres sont venus des steppes (Huns, Avars, Petchénègues, Hongrois), d'autres enfin occupent les espaces d'une Europe orientale plus ou moins vidée par les turbulences : ce sont les Slaves. Presque partout, la pression des invasions continue, par intermittence, jusqu'aux raids dévastateurs des Mongols, au XIIIe siècle. Les Îles Britanniques subissent les arrivées successives des Angles et des Saxons (Ve siècle) puis des Scandinaves (IXe et Xe siècles), qui étendent leurs raids à tout l'Occident, notamment carolingien. Les Avars (VIIe et VIIIe) puis les Hongrois (X^{e}) razzient l'Europe depuis leur bivouac pannonnien. Les Balkans byzantins sont régulièrement envahis ou occupés. Les Slaves à partir du VIe siècle, suivis par les Avars, et les Bulgares y viennent menacer la domination byzantine jusqu'au XIe. Tous ces peuples sont païens et trouvent d'abord matière à rapine dans les églises et les monastères incendiés. L'histoire européenne commune reste alors largement celle d'un maelström des peuples.

Chacun de ces peuples, d'abord prédateurs, s'installe pourtant quelque part en Europe. Il est singulier d'observer que ceux qui disparaissent sont ceux qui ne se christianisent pas, soit qu'ils n'en aient pas eu le temps, soit que le christianisme et ses valeurs leur eussent été trop étrangers. Les Huns, les Avars et autres Pétchénègues disparaissent de l'histoire, tandis que les Coumans se sauvent en se fondant parmi les Hongrois qui savent à point nommé choisir la sédentarité européenne plutôt que l'horizon des steppes. Les autres finissent par renoncer au paganisme traditionnel, parfois difficilement certes, mais au profit de la foi nouvelle qui donne aux peuples du continent le premier élément d'homogénéité.

Le récit de la christianisation des peuples dits « barbares » est le plus souvent obscurci par le manque de sources. La tradition, reconstruction postérieure et souvent hagiographique, privilégie la description laudative de l'action providentielle de grandes et saintes figures, souvent sanctifiées par le martyre. Les récits largement légendaires de ce processus dissimulent une réalité complexe derrière la personnalisation héroïque de la christianisation. Le recoupement des sources permet de deviner souvent la naissance de petites communautés, puis l'intervention de missionnaires qui diffusent les message divin et donnent les cadres d'une première organisation. Mais la christianisation est un long processus, fait d'avancées et de retours en arrière. Il s'étend sur plusieurs siècles.

Dès le Ve siècle, des communautés sont présentes en Irlande, avant même sans doute que Patrick ne vienne y accomplir son œuvre d'évangélisation que la tradition place en 432. Ce n'est qu'au VIIe siècle que l'île est profondément christianisée. Fondé sur des contacts avec la Bretagne insulaire et peut-être la Gaule et l'Espagne, le christianisme irlandais prend un tour original en privilégiant l'organisation monastique. Confrontés au besoin de déchiffrer et de comprendre les textes sacrés, les grands monastères irlandais font un immense effort d'étude qui, sans renier la culture traditionnelle irlandaise, relie leur élite intellectuelle et érudite à la culture latine du continent. En Bretagne armoricaine, le christianisme présent dès le IVe siècle subit le contrecoup des invasions anglo-saxonnes et, d'abord attaché aux seules populations celtes, se replie avec elles dans l'ouest de l'île et sur le continent. C'est au tournant des VIe et VIIe siècles que des missions sont dépêchées par le pape Grégoire auprès des Anglo-Saxons. Mais c'est l'action missionnaire des Irlandais qui implante définitivement le christianisme dans les Îles Britanniques. Saint Colomban fonde le monastère d'Iona en 585, avant de passer sur le continent, qu'il parcourt de la Gaule à l'Italie en passant par l'Alémanie, fondant de multiples monastères (Luxeuil, Bobbio). Mus par la recherche de la *peregrinatio*, cultivant l'idéal héroïque de l'évangélisateur, ne répugnant pas à la vivacité des conflits doctrinaux, Colomban et ses successeurs tissent des liens de cours royales en monastères, dans une Europe qui s'étend pour eux des confins de l'Écosse à la Campanie.

Ces insulaires sont d'ailleurs aux origines de la christianisation des Germains. Colomban s'était déjà montré sur les bords du lac de Constance et son disciple Gall fonde en 613 le monastère éponyme. Le VIIe et surtout le VIIIe siècle voient la christianisation progressive de la Germanie. L'Irlandais Kilian en Germanie centrale, Willibrord en Frise, Boniface dans la Hesse et dans la Thuringe et Pirmin en Alémanie fondent de grands monastères comme Fulda et Reichenau ainsi que les premiers évêchés germaniques. Mais à la différence de la christianisation de l'Irlande, ce processus est ici difficile. La résistance païenne est vigoureuse. Révoltes, incendies de monastères et ruine des églises naissantes alternent avec les campagnes de conversion. Les grands missionnaires fondateurs accèdent souvent à la sainteté avec le martyre (Willibrord, Boniface). La résistance au christianisme se cristallise en Saxe dans la seconde moitié du VIIIe siècle, prenant appui sur celle des Saxons confrontés à l'expansion carolingienne. C'est par une succession de guerres particulièrement brutales que Charlemagne veut imposer à la fois sa domination et la religion chrétienne à partir des années 770 à une Saxe plus que rétive. Aux révoltes et aux raids des Saxons contre les grandes abbayes et les évêchés, répondent une véritable politique de terreur et la destruction du sanctuaire païen de l'Irminsul. Ce n'est que dans le premier tiers du IXe siècle et grâce à une politique plus conciliante qui favorise le ralliement des aristocrates saxons au pouvoir carolingien et à la nouvelle religion que la situation se normalise peu à peu dans la Germanie septentrionale. La Saxe devenue chrétienne sera l'un des pivots de l'empire successeur. Avec Henri l'Oiseleur (919-936) s'ouvrent les temps d'une dynastie saxonne de rois germaniques qui, avec Othon le Grand (936-973), accède à l'empire... en le restaurant. On mesure bien à cet exemple quelles sont alors les voies de l'entrée dans une « histoire commune européenne ». Par un terrible mélange de massacres et de cantiques, de campagnes guerrières et de constructions monastiques, c'est d'une acculturation qu'il s'agit. Celle qui fait que des chefferies d'abord, leurs aristocraties et leurs guerriers ensuite finissent par trouver leur compte et leur survie dans l'adoption d'un certain nombre de comportements et de valeurs du monde romano-chrétien.

Aussi bien cette histoire se répète-t-elle sous des formes plus ou moins heureuses pour de nombreux peuples, parmi ceux qui entrent en contact avec l'Église et avec les empires d'Orient et d'Occident dont la force d'intégration repose autant sur la durable séduction du mythe (l'héritage romain et la mise en scène de la majesté) et sur la capacité de propagande (les missions) que sur une puissance réelle souvent à éclipses.

Dès le IXe siècle, les Moraves reçoivent des missionnaires francs venant de la Germanie carolingienne et les laissent organiser une Église. Dans la seconde moitié du siècle, la mission des deux moines venus de Constantinople, Cyrille et Méthode, est en fait sollicitée par le roi morave Ratislav (862). Les deux frères organisent une Église morave sur le modèle byzantin. Mais celle-ci ne parvient à se maintenir que quelques courtes décennies, non à cause d'une réaction païenne, mais parce que le clergé bavarois voisin parvient à faire chasser leurs successeurs pour instituer à sa façon la nouvelle Église. La mission de Cyrille et de Méthode est pourtant d'une importance particulière pour l'histoire de l'Europe centrale et orientale. C'est pour traduire en slavon les livres sacrés et élaborer une liturgie compréhensible dans une langue qui était jusque là simplement orale, que Cyrille met au point l'alphabet glagolithique promis à une grande fortune en Europe orientale.

Dans les Balkans, Bulgares et Serbes se convertissent successivement au christianisme, dans le cadre complexe de leurs relations souvent conflictuelles avec l'empire byzantin. Les Bulgares qui envahissent les Balkans vers 670 sont un peuple turc qui se superpose à des populations slaves et grecques. Au gré des guerres contre Byzance et des conflits internes, des groupes ou des clans païens et chrétiens se disputent le pouvoir dès la fin du VIIIe siècle. Il faut attendre 866 pour que la conversion du khan Boris fasse définitivement pencher la balance en faveur du christianisme. Chassés de Moravie par les Francs, les disciples et successeurs de Méthode se réfugient en Bulgarie et contribuent à organiser son Église sur le modèle byzantin. Dans un contexte moins bien connu les Serbes connaissent la même évolution. Populations slaves installées vers le milieu du VIIe siècle dans le bassin de la Morava, les Serbes reconnaissent longtemps la suzeraineté de leurs voisins Bulgares. Très tôt en contact avec le christianisme, ils reçoivent aussi la liturgie slave des disciples de Cyrille et organisent une Église. Leur christianisation semble à peu près complète à la fin du IXe siècle. Les Croates, arrivés avec les Serbes dans les Balkans occidentaux, restent éloignés du christianisme jusqu'à l'élimination par les Carolingiens des Avars, dont ils étaient les vassaux. Leur christianisation s'effectue alors, au début du IXe siècle, par l'Adriatique, à partir de l'évêché de Nin.

La christianisation des Scandinaves suit une histoire longue et difficile. Ce n'est pas seulement parce que l'expansion des Normands, des Vikings et autres Varègues à partir de la fin du VIIIe siècle les met souvent en conflit violent avec les sociétés christianisées du continent. C'est aussi parce que l'isolement même de la Scandinavie et la vigueur des traditions scandinaves rendent malaisée l'évangélisation. Dès le début du IXe siècle pourtant, Louis le Pieux tente d'introduire le christianisme au Danemark et en Suède en suscitant la mission du moine Anschaire. Mais les premiers évêchés créés sont rapidement balayés par de puissantes réactions païennes. Il faut attendre que les Vikings installés en Angleterre ou en Normandie soient peu à peu christianisés pour qu'une influence chrétienne plus forte se fasse jour dans la péninsule scandinave, à la fin du Xe siècle, et s'installe définitivement au XIe avec la conversion des souverains. Harald à la Dent Bleue au Danemark, Harald le Bon puis Olaf Eriksson Sköttkonung (baptisé vers 1008) en Suède ouvrent la porte au christianisme. Plusieurs décennies sont cependant nécessaires pour confirmer ce choix. L'action de Olaf Haraldson en Norvège (saint Olaf, mort en 1030), la destruction du grand sanctuaire païen d'Uppsala en Suède à la fin du XIe siècle marquent le succès du christianisme, que vient achever l'installation d'un véritable réseau de diocèses dans la péninsule aux XIe et XIIe siècles.

Les peuples qui se sont installés en Europe centrale et orientale se trouvent eux aussi confrontés au christianisme. Les Russes de Novgorod puis de Kiev entrent en contact avec Byzance lorsque s'organise, autour des marchands varègues, la grande voie de commerce qui conduit de la Baltique à Constantinople par le Dniepr et la mer Noire. La capitale des basileus attire aussi les convoitises et se retrouve menacée par des raids russes dès 860. Des relations complexes, faites de commerce, de conflits, de services et d'alliances anti-bulgares se nouent et se dénouent au gré des circonstances. Lorsque l'État kiévien s'organise au Xe siècle, ces relations deviennent plus étroites. Si la conversion d'Olga (946 ?), veuve du prince de Kiev Igor, reste assez isolée, son petit-fils Vladimir choisit l'alliance byzantine à la fin du siècle et reçoit le baptême, avec la main d'une princesse porphyrogénète, en 988.

Tchèques et Polonais passent progressivement au christianisme dans les mêmes années. Les souverains moraves sont chrétiens dès 831 mais hésitent entre Rome et Byzance. La dislocation de la Grande Moravie, soudainement confrontée aux invasions hongroises au tournant des IXe et Xe siècles, déplace le centre de gravité des pays tchèques vers la Bohême, dont le prince Borivoj est alors chrétien. Il faut attendre Venceslas (921-929) pour que le christianisme y triomphe vraiment des résistances païennes. En Pologne, le prince Mieszko se convertit vers 966 et, soutenu par le pape qui lui accorde un évêché directement dépendant de Rome (Gniezno), favorise l'évangélisation des Polonais.

Vaincus par Othon Ier au Lechfeld en 955, les Hongrois renoncent alors aux raids dévastateurs qu'ils mènent en Europe depuis un demi-siècle. En même temps qu'ils se sédentarisent et s'organisent en État, leurs princes jugent politique de recevoir le christianisme. Géza (mort en 997) est le premier d'entre eux à se faire baptiser. Son fils Étienne poursuit la christianisation du pays et l'organisation de son Église.

C'est la christianisation des rivages méridionaux de la Baltique qui s'avère la plus tardive et la plus longue. Les peuples slaves qui vivent alors entre l'Elbe et l'Oder (Abodrites, Sorabes...) sont confrontés à la pression germanique à partir du milieu du Xe siècle. Peu à peu submergés par une colonisation germanique qui associe asservissement et évangélisation, ils trouvent sans doute dans leur religion un moyen de préserver une identité et de fonder des révoltes et une résistance païenne qui durent jusqu'en plein XIIIe. Plus isolés, les peuples baltes conservent plus longuement leur paganisme. L'action de la Hanse (fondation de Riga en 1201) et l'expansion germanique accompagnent l'évangélisation et s'appuient sur l'action des ordres militaires (chevaliers Porte-Glaive et chevaliers teutoniques). Cette expansion se heurte à des résistances d'autant plus vigoureuses qu'elle menace les puissances voisines pourtant chrétiennes, la Russie et la Pologne. Les Porte-glaives sont vaincus par Alexandre Nevski en 1242 sur les bords du lac Peipous et une puissance balte parvient à se constituer peu à peu autour des Lituaniens, dont certains princes deviennent chrétiens au XIIIe siècle. En 1386, l'union personnelle de la Pologne et de la Lituanie sous Wladyslaw Jagellon et le baptême de ce dernier achèvent pour l'essentiel la christianisation de l'Europe.

Christianisation et fondation d'une identité européenne

La chronique du triomphe de la religion du Nazaréen dans l'empire romain et de son extension aux peuples qui entrent en contact avec lui lorsque disparaît le monde antique ne suffit pas à rendre compte de l'importance que cette christianisation a eue dans la formation de l'Europe. Parce qu'il s'agit d'un processus dynamique qui construit le christianisme en même temps qu'il le diffuse, l'étude des effets de cette conversion sur les sociétés qui l'ont vécue et de la place particulière que la religion et l'Église ont alors prise permettent de cerner quelques-uns des fondements d'une identité européenne.

Dans l'empire romain finissant : le succès de la religion du moment

La genèse d'un phénomène aussi important que la conversion du monde païen antique au christianisme a donné lieu à des interprétations qui n'ont jamais pu se dégager complètement des enjeux du moment où elles furent émises. Fondé sur la foi, le discours de la conversion providentielle des païens à la vérité révélée ne peut pas, par sa nature même, faire l'objet d'un débat historique. D'autres thèses prennent appui sur l'idée d'une soudaine insuffisance des religions antiques. Formelles et politiques, elles n'auraient pas pu répondre au besoin d'une religion plus personnelle, au dépassement de l'angoisse de chacun devant les grandes questions de la vie et de la mort. À l'inverse, la religion nouvelle aurait su proposer une voie pour la quête du salut, une morale exigeante et charitable, l'exemplarité héroïque de ses martyrs. Mais les vieux rites agraires et populaires des religions païennes parlaient aux hommes et aux femmes qui s'y livraient. Sinon, comment expliquer leur longue résistance et la survie de leurs lambeaux, sous le masque de la christianisation des fêtes et des rituels ? Mais de vieux cultes « à mystères » et l'extraordinaire fortune des religions orientales venaient répondre aux besoins du contact personnel avec le divin en même temps qu'ils pouvaient satisfaire les sens et l'affectivité. Et de subtiles philosophies proposaient des morales rigoureuses et pouvaient combler le besoin de spiritualité. Il faut sans doute avoir la sagesse de renoncer à donner une explication à un phénomène dont les composantes sont multiples. L'adhésion à une religion nouvelle est aussi un choix personnel dans lequel la recherche de la spiritualité, la satisfaction de l'affectivité, le calcul et la prise en compte de l'intérêt ont leur part. Si l'on se contente de trier, dans le fait social et politique de la christianisation de l'Europe antique et médiévale, ce qui va fonder l'originalité de l'histoire européenne, on peut par contre, insister sur quelques faits.

Le principal réside dans la relation qui s'établit rapidement entre la religion nouvelle et le pouvoir politique, dont on sait qu'il hésite d'abord entre indifférence et persécution, avant de trouver le chemin d'une fructueuse alliance. L'empire romain du IIIe siècle, le grand siècle des persécutions, est confronté à de multiples difficultés, dont les invasions et la menace perse sont une composante. Le pouvoir impérial restait jusque là fondé, en théorie, sur le modèle augustéen du principat. Le prince rassemblait les éléments de pouvoir jadis répartis entre plusieurs magistrats. Grand pontife, détenteur de la puissance tribunicienne et de l'imperium, il gouvernait en collaboration avec le sénat et sa divinisation *post mortem* était soumise à l'appréciation de la qualité de sa conduite par ce dernier. Cet équilibre théorique dissimulait une réalité assez largement différente dans laquelle les rapports de force, et notamment l'intervention des armées, n'étaient pas absents. Mais les formes étaient respectées par les princes que l'élite sénatoriale désignait comme de bons empereurs. Les autres risquaient le poignard et la tradition de la *res publica* semblait perdurer. Dès les Sévères pourtant, et plus encore à l'occasion des troubles qui accompagnent la puissante vague des invasions au milieu du IIIe siècle, le pouvoir glisse vers la sacralisation et la monarchisation. Les symboles (le diadème, l'adoration de la pourpre, la proscynèse), la recherche de divinités légitimatrices (*Sol invictus*), l'avilissement du sénat et le développement de l'appareil administratif donnent un nouveau visage à l'empire, celui du pouvoir d'un Maître, le *dominus*, et non plus d'un Premier, le *princeps*.

Dans ces siècles, l'empire passe donc du principat au dominat. C'est au moment où l'empire devient chrétien, avec Constantin, que se conclut cette évolution politique. Ce contexte n'est bien sûr pas indifférent au triomphe du christianisme. Car la nouvelle religion revendique, on le sait, l'exclusivité de la vérité. Elle propose donc, de fait, un cadre unificateur, une pensée – sinon une idéologie – qui peut bien mieux correspondre au nouveau visage de l'empire que les tentatives qui s'étaient fondées au IIIe siècle sur le Soleil invaincu (Aurélien) ou sur le patronage de Jupiter et d'Hercule (Dioclétien). Ainsi s'expliquent mieux le rôle que les pouvoirs civils vont être amenés à jouer dans les querelles doctrinales qui vont parcourir les premiers siècles chrétiens, car l'hérésie n'est pas seulement un problème de dogme ou d'Église, elle entame aussi l'unité de l'empire.

Qui plus est, le christianisme a la sagesse de composer le plus souvent avec les réalités politiques, sociales et culturelles du monde romain. L'Église a calqué son organisation sur les structures administratives de l'empire. Les fidèles de chaque cité forment une Église dont le chef porte le nom significatif d'évêque, *episcopus*, le surveillant. Les évêques d'une même province ecclésiastique sont sous l'autorité d'un métropolitain dont le diocèse correspond au diocèse de l'administration civile. L'Église s'appuie sur les villes qui sont les lieux du pouvoir et une hiérarchie religieuse double la hiérarchie administrative. Dans son association avec l'Église, l'empire ne trouve pas seulement une idéologie unificatrice, il trouve aussi un nouvel encadrement de la société.

Ainsi le christianisme triomphe dans l'empire romain, non seulement parce qu'il est lui-même ou parce qu'il est porté par la conviction de ses adeptes, mais aussi parce qu'il correspond mieux que les religions concurrentes aux nouvelles formes d'un empire total. Cette « origine impériale » l'éloigne évidemment de la simplicité de la « bonne nouvelle ». Elle le marque, et marque, par lui, l'histoire européenne. Car elle pose une question majeure qui va traverser tout le Moyen Âge européen : celle des relations de l'Église et du pouvoir. Qui détient la légitimité ultime ? À qui échoit la lieutenance de Dieu ?

Les formes d'expansion du christianisme, fondements de l'histoire européenne

L'étude des formes et des conditions de l'extension du christianisme à la plus grande partie du continent constituent l'un des premiers éléments de son histoire commune et marquent durablement l'identité européenne. L'abandon du paganisme et le ralliement séculaire des « barbares » à la religion nouvelle ne sont pas, loin de là, que le résultat de la séduction de son dogme. Ils sont aussi le produit d'une politique des empires d'une part, et d'une évolution des sociétés « barbares », d'autre part. Cette évolution est en retour facilitée par la christianisation elle-même.

Il est d'abord remarquable que l'action pontificale de mission reste limitée. Non que les papes ne participent pas à l'évangélisation du continent ou ne la soutiennent pas, mais ils ne sont que rarement et ponctuellement à l'initiative des missions. Quelques pontifes trouvent certes dans leur énergie particulière ou dans des circonstances favorables les moyens de provoquer une action missionnaire. Grégoire le Grand, par exemple, agit auprès des Lombards ariens, sans grand succès, et il suscite les premières missions en Angleterre (597). D'autres papes soutiennent et légitiment des missions nées d'une autre volonté, comme celle de Boniface en Germanie au VIIIe siècle. Ils répondent aux demandes des princes païens qui veulent devenir chrétiens, comme Mieszko de Pologne. Ils interviennent aussi pour que les compromis que les Églises naissantes ont passés avec les sociétés païennes ne laissent pas subsister des pratiques trop contraires au dogme, comme par exemple en Norvège, où le légat Nicolas Breakspear pourchasse les traditions païennes en 1152-1153. Mais ils ne sont pas globalement les moteurs du grand mouvement d'évangélisation, qui prend ainsi un autre sens que celui de la seule mission religieuse.

C'est que l'évangélisation des peuples est d'abord une arme pour les empires chrétiens dont la sécurité est régulièrement menacée. Ils saisissent l'occasion d'une véritable « diplomatie des Évangiles », tant pour exercer une influence sur ces peuples que pour en atténuer l'inquiétante altérité. Par la christianisation en effet, ils diffusent dans ces mondes étrangers des valeurs, des coutumes et des pratiques qui les rapprochent d'eux-mêmes.

À la poursuite de ces fins, la diplomatie byzantine est particulièrement active et l'exemple bulgare est significatif de son action. L'installation d'un État bulgare dans les Balkans est une menace mortelle pour Byzance, dont l'empereur Nicéphore Ier est tué au combat en 811. Le khagan des Bulgares Kroum fête sa victoire en buvant dans le crâne du basileus mort et assiège Constantinople. Dans les années qui suivent, la diplomatie byzantine mobilise les ressources de la religion. La mission de Cyrille et de Méthode dans la Grande Moravie prend les Bulgares à revers. Maître de territoires peuplés de Slaves et de Grecs déjà chrétiens et inquiet devant le rapprochement de Byzance et de la puissante Grande Moravie, le khan Boris (852-889) trouve opportun de devenir chrétien. Catéchumène dès 864, baptisé quelques années plus tard, il prend le nom chrétien de l'empereur – Michel III – et s'attache immédiatement à la constitution d'une Église bulgare. Il est en relation avec le patriarche Photios qui, à travers ses *Conseils à un prince chrétien*, diffuse auprès de lui les valeurs byzantines. Boris-Michel attire les disciples de Cyrille et de Méthode pour christianiser son peuple, et fait assurer l'éducation de son fils Syméon à Constantinople. Jusqu'à sa destruction par Basile II au début du XIe siècle, l'État bulgare reste certes une menace pour Byzance, mais il devient moins étranger. Les Byzantins se montrent également actifs auprès des Russes. Le même Photios met en œuvre une politique de conversion au lendemain de l'attaque russo-varègue de 860. Cette première tentative, qui échoue au plan politique, est reprise un siècle plus tard quand les empereurs négocient une alliance et la conversion du prince de Kiev Vladimir en échange de la main de la sœur de Basile II (987-988). Mais la rapidité avec laquelle le christianisme s'implante alors dans la Russie kiévienne suggère sa présence diffuse depuis de nombreuses années, au moins dans la capitale.

En Occident, les Carolingiens et leurs successeurs usent des mêmes stratégies qui associent action militaire et évangélisation. L'action de Boniface en Germanie et en Frise est fortement soutenue par les Pippinides et devient l'un des supports de l'expansion franque. Cela est particulièrement net en Germanie du nord. La volonté d'indépendance des Saxons, leur opposition aux Francs, la force de leur identité païenne entraînent une guerre de trente années dont l'enjeu principal est la christianisation. Massacres, destructions, persécution du paganisme (peine de mort pour tous les actes de la religion païenne dans la *Capitulatio de partibus saxoniae*) sont associés à une politique d'évangélisation systématique : division du pays en secteurs missionnaires, maillage par un réseau d'évêchés et de monastères, et rationalisation de la catéchèse. La destruction du royaume des Avars à la fin du VIIIe siècle et sa transformation en Marche de Pannonie est de même accompagnée d'une politique missionnaire. Lorsqu'un siècle plus tard, Danois et Norvégiens multiplient des raids auxquels on ne trouvent pas en Occident de réponse militaire efficace, les Carolingiens tentent de pacifier les rudes envahisseurs par la christianisation et Louis le Pieux envoie des missions en Suède dès 822.

Quelques indices soulignent la dimension politique de cette activité missionnaire. Chaque fois qu'ils le peuvent les empires qui la conduisent ou la favorisent veillent à conserver une maîtrise de l'organisation religieuse des nouveaux convertis. Byzance rattache les nouvelles Églises bulgare ou russe au patriarcat de Constantinople. L'empire fournit aussi le personnel des Églises naissantes et les métropolites de Kiev sont presque tous grecs jusqu'à la fin du XIe siècle. Les nouveaux évêchés saxons sont soigneusement inclus par Charlemagne dans des provinces ecclésiastiques franques et placés sous l'autorité des archevêques de Cologne et de Mayence. Les Églises naissantes de Scandinavie sont longuement retenues dans une province ecclésiastique dont le siège est à Hambourg puis à Brême. L'archevêché de Salzbourg joue le même rôle pour la Pannonie, la Moravie, puis la Bohême.

Aussi l'évangélisation des peuples païens est-elle l'occasion d'une vive concurrence entre les empires – l'oriental et l'occidental –, concurrence dans laquelle les papes jouent d'ailleurs un rôle rendu parfois ambigu par la poursuite des intérêts propres du Saint-Siège. Dans la Grande Moravie, les Francs ont facilité l'accession au pouvoir du prince chrétien Ratislav, mais celui-ci, on l'a vu, réclame des missionnaires à Byzance. Les archevêques de Salzbourg font alors tout ce qu'ils peuvent pour ruiner l'influence de Cyrille et de Méthode en Moravie. Le pape confirme le rôle des deux frères, mais, après la mort de Méthode en 885, l'activisme des Francs ramène la

Moravie dans le giron de l'Église germanique. La Hongrie hésite elle-même un demi-siècle entre Byzance et Rome. La concurrence est particulièrement vive dans l'ancien Illyricum. L'archevêque Arn de Salzbourg dirige l'évangélisation des Slovènes pour le compte de Charlemagne. Les papes veillent avec un soin jaloux à ce que les nouveaux sièges épiscopaux de Dalmatie et des Croates ne soient pas consacrés par le patriarche de Constantinople et, pour veiller au grain, ils installent l'archevêché de Split à la fin du IXe siècle. Byzance, pour sa part, lutte avec succès pour que les Bulgares ne se laissent pas tenter par les sirènes romaines. Contre les menées pontificales (Jean X, au début du Xe siècle), l'ancrage orthodoxe de l'Église serbe est assuré d'abord par la domination bulgare puis par la séduction des monastères du Mont Athos.

La recherche et l'accueil du christianisme par les peuples païens sont l'autre face de ce grand processus d'intégration dans une culture commune européenne. On ne peut qu'être frappé, dans le récit linéaire de la christianisation, par cette sorte de mouvement général qui semble mener tous ces peuples vers le christianisme. Économie faite de l'explication providentielle, on ne peut négliger les dimensions personnelles de la conviction et de la foi, qui ne sont d'ailleurs pas forcément antagonistes avec l'intérêt bien compris : Boris-Michel de Bulgarie renonce au pouvoir en 889 pour finir sa vie dans un monastère. Il témoigne ainsi de la réalité de sa conversion. Mais il y a d'autres traits communs à cet accueil du christianisme qui vont marquer durablement l'histoire européenne.

Le choix du christianisme est d'abord, pour les souverains qui le décident, un moyen de protection et d'intégration à la « famille européenne » des États déjà organisés. On a vu que les khans bulgares avaient pu se sentir pris en tenaille entre Byzantins et Moraves. La grande vague des conversions slaves et hongroises se situe aux Xe et XIe siècles, au moment où la renaissance macédonienne à Constantinople et la construction ottonienne en Occident donnent aux empires une puissance inquiétante pour leurs voisins et un plus grand prestige. C'est ainsi, sous la pression germanique, que les dynastes tchèques, héritiers d'une Grande Moravie déjà convertie au IXe siècle, se rallient assez tôt au christianisme. Les princes polonais sont confrontés à la pression naissante et inquiétante de l'*Ostsiedlung*, et à la volonté des Ottoniens de faire reconnaître leur suzeraineté. L'acceptation du christianisme est donc aussi pour eux le moyen de désarmer leurs adversaires et, en entrant dans la famille européenne des peuples chrétiens, de les priver de l'argument et du moyen missionnaire. Les Hongrois au Xe siècle, les Lituaniens au XIVe agissent de même.

On voit bien d'ailleurs, ce faisant, que chacun d'eux cherche à se soustraire à l'influence des empires. Dès l'origine, les Bulgares multiplient les efforts pour se voir reconnaître l'autocéphalie. Byzance résiste mais doit leur concéder un patriarcat à Ochrid au Xe siècle. Kiev a son métropolite dès la conversion de Vladimir. Le prince polonais Mieszko réussit l'opération la plus fructueuse. Il négocie directement sa conversion avec la papauté, et préfère recevoir le baptême à Ratisbonne, alors occupée par les Tchèques (en 966), plutôt que dans un archevêché qui serait plus ottonien. Surtout, il obtient pour sa capitale Gniezno la création d'un évêché qui, échappant à la tutelle germanique, se trouve placé directement sous l'autorité du Saint-Siège. Gniezno est d'ailleurs transformée en archevêché avant la fin du Xe siècle. Le roi de Hongrie Étienne obtient de même que sa capitale Esztergom soit érigée en archevêché en 1001. Les Scandinaves attendent par contre le XIIe siècle pour que l'évêché de Lund devienne un siège métropolitain et soit libéré de la tutelle de Hambourg. Mais, moins soumis à la pression germanique, ils en éprouvent sans doute moins la nécessité.

L'adhésion au christianisme est aussi liée à un facteur qui se révèle d'une bien plus grande importance pour l'histoire européenne : la lente émergence d'une organisation monarchique au sein des peuples qui se convertissent. Les sources présentent le plus souvent la christianisation comme l'initiative d'un prince, soudainement convaincu par l'activité missionnaire ou faisant lui-même appel à Byzance, à Rome ou à l'un des monastères ou des évêchés voisins de ses États pour recevoir le baptême. Par leur origine même, ces sources ne témoignent pas du fait que le christianisme est très vraisemblablement déjà présent dans les régions en question. On le devine dans l'évocation de conversions plus anciennes, comme en Bohême dont le premier duc premyslide, Borijov, et son épouse Ludmilla sont chrétiens dès 870, soit plus d'un demi-siècle avant que Venceslas n'installe définitivement la religion parmi les Tchèques. On s'en assure aussi à Kiev où la rapidité même de la conversion russe au christianisme après la décision de Vladimir s'est sans doute appuyée sur des communautés déjà présentes.

Pourtant, cette initiative princière presque partout décrite est pleine de sens, surtout si on la rapproche des réactions païennes qui émaillent ce cheminement et dont on voit souvent et dont on devine ailleurs qu'elles sont aussi des réactions aristocratiques. Ce sont les boyards bulgares qui mènent la résistance contre la christianisation. En Bohême, le martyre de Ludmilla et l'assassinat de Venceslas (935) semblent se placer dans le même cadre, qui associe réaction païenne et opposition de clans aristocratiques à la monarchisation du pouvoir. Inversement, on comprend que le choix des princes qui se veulent chrétiens dans ces mêmes États (comme d'ailleurs en Scandinavie, en Pologne ou en Russie) facilite l'évolution de ces sociétés qui quittent lentement une organisation tribale et aristocratique. Le christianisme convient mieux à des monarchies qu'un paganisme dont les divinités multiples et l'absence de doctrine gênent l'unification du pouvoir sous un même prince. Il fournit aussi un encadrement de la société et une élite nouvelle qui appuie les souverains qui lui sont favorables. Parce qu'il se présente sous la forme d'une Église hiérarchisée, il révèle une nouvelle fois la féconde adaptation de son organisation aux ambitions de ces pouvoirs naissants. Les choix des princes qui s'y rallient comme ceux des aristocraties qui lui résistent sont donc logiques. Mais en triomphant, l'Église guide ces sociétés vers une forme d'organisation qui les rapproche du legs politique des sociétés antiques et méditerranéennes. Il contribue donc à créer des formes qui ne sont certes pas encore des États ou des nations, mais qui pourront le devenir. Nombre de ces sociétés vont d'ailleurs sanctifier leur prince initiateur du christianisme. Saint Venceslas, saint Étienne, saint Olaf ou saint Vladimir, qui ne furent pourtant par tous des saints, deviennent des saints patrons, images religieuses certes et exploitées par l'Église, mais images identitaires pour les peuples concernés, fondements pour chacun d'eux d'une histoire qui deviendra nationale.

Ainsi la christianisation de l'Europe marque profondément son histoire politique. Elle est bien une grande aventure spirituelle et religieuse, individuelle et collective, marquée par les grandes figures des Pères, des missionnaires héroïques (Boniface, Méthode), des papes, des patriarches et des princes qui furent poussés par la foi et par la conception de leur mission (Grégoire le Grand, Photios, Charlemagne...).

Mais elle est aussi un grand événement d'une autre nature. Elle s'est fondée sur l'installation partout en Europe d'une Église hiérarchisée, habile à s'accommoder des pouvoirs et à les accommoder, héritière de l'empire romain finissant et ressentant la nécessité d'un ordre politique et social assurant autant que possible la sécurité de la mission de ses clercs. Elle accompagne ainsi naturellement et elle sert l'évolution qui conduit chacun des peuples de l'espace européen vers une organisation dont les traits les plus fondamentaux sont communs.

À ces titres, l'évangélisation des « barbares » est le principal instrument de leur acculturation et de leur intégration dans une famille européenne qui devient la *Christianitas*. Elle fait du christianisme, pour de longs siècles, l'une des composantes de l'européanité et, surtout, de sa reconnaissance par chacun. Jusque dans ses divisions, elle dessine aussi une carte de l'Europe dont bien des traits se lisent encore aujourd'hui.

II

Une civilisation chrétienne

Dans les siècles qui l'ont suivi et jusqu'à nos jours, l'approche du Moyen Âge européen a donné lieu à des interprétations diverses et contradictoires. Le Moyen Âge fut en effet utilisé comme un repoussoir par ceux qui s'opposaient à lui pour mieux se définir eux-mêmes ; aux hommes de la Renaissance qui voulaient oublier ce monde sombre et barbare pour renouer avec la brillante Antiquité, à ceux des Lumières qui y lisaient l'enfermement intellectuel dans les obscures querelles d'une religion intolérante, aux révolutionnaires des derniers siècles qui n'y trouvaient qu'une société écrasée par la violence féodale. Le nom même qui lui est alors attribué et que les hommes du temps n'emploient ni ne connaissent évidemment pas, signifiait du reste qu'il n'est, en quelque sorte, qu'une transition entre deux moments de l'histoire plus dignes de considération.

D'autres courants à l'inverse ont tenté d'en donner une vision positive et notamment ceux qui, fondés sur la foi, mettent en valeur la grande clarté du Moyen Âge, la vie sacrificielle des moines, la splendeur de la foi orthodoxe, la ferveur romane, l'élévation gothique. La rigueur d'Augustin, la conviction ardente de saint Bernard et la charité de saint François leur servent de repères. Dégagée autant que peut l'être l'historien des enjeux de son temps et ses propres convictions, l'historiographie contemporaine s'est attachée à retrouver les situations, les événements et les conceptions réellement vécues par les hommes et les femmes du Moyen Âge.

La civilisation de l'Europe médiévale y apparaît fortement construite autour de sa religion dominante, le christianisme. Certes, elle n'est pas que chrétienne et d'autres composantes contribuent à lui donner son identité. Mais elles sont soit christianisées (les héritages de l'antiquité gréco-romaine ou barbare), soit locales (les traits culturels de tel ou tel groupe), soit liées à une présence minoritaire mais active comme celle des juifs européens. Cette prégnance chrétienne façonne donc l'Europe, dans la définition que ses habitants donnent d'eux-mêmes et dans les rapports qu'ils entretiennent avec les autres, dans son organisation pour laquelle l'Église est un acteur premier, dans ses paysages, ses rites, son art, sa pensée et ses valeurs. Mais sous la solidité de la *Weltanschaunung* chrétienne, on devine les prémices d'un dépassement.

Le chrétien et l'autre

L'Europe se pense chrétienne, dès l'antiquité tardive et plus encore au fur et à mesure que le christianisme s'étend aux peuples qui sont dits « barbares » par les héritiers byzantins ou occidentaux de l'empire romain. Les chrétiens d'Europe acceptent la même Révélation et se réfèrent au même Livre. Ils en ont lentement adapté les valeurs à la vie réelle de leurs sociétés. À partir de la simplicité du message des Évangiles, ils ont peu à peu construit un système théologique et élaboré un dogme dans l'acceptation duquel ils se reconnaissent.

Une Christianitas *définie par le dogme*

Dès la prédication de Paul de Tarse, on mesure la volonté d'assurer une pratique commune aux efforts qu'il fait, dont témoignent ses *Épîtres*, pour inciter les communautés nouvelles à aller dans ce sens. D'autant plus que se multiplient alors les textes qui ont prétention à devenir sacrés et qui, tel l'évangile de Thomas, seront arbitrairement écartés comme apocryphes. Mais les Évangiles, même explicités par les pères, ne donnent pas clairement les réponses à toutes les questions que les hasards de l'histoire des persécutions ou que le simple approfondissement de la foi peuvent susciter. Le risque est grand dès lors que des voies différentes soient prises par des communautés parfois isolées et souvent guidées par de fortes personnalités. L'*hairesis*, au sens littéral *préférence*, le choix que chacun peut faire dans l'interprétation du dogme, est donc possible dès les origines. La question de l'unité de la foi se pose avec encore plus d'acuité dès lors que l'empire devient chrétien, que les chefs des communautés peuvent prendre appui sur le pouvoir pour imposer leur conception du dogme et que l'empereur chrétien peut prendre personnellement parti (ainsi Constance II, qui est arien) ou éprouver simplement le besoin d'assurer l'unité idéologique de l'empire.

Or les divergences se multiplient. En Orient, les montanistes condamnent le mariage. En Afrique, les donatistes refusent le pardon aux prêtres ayant préféré l'apostasie au martyre lors des dernières persécutions. Partout, les manichéens expliquent le monde par l'opposition des deux principes du Bien et du Mal. L'arianisme nie la divinité du Christ et connaît momentanément une brillante fortune auprès des « barbares ». Les nestoriens, monophysites, monoénergistes et monothélites s'affrontent sur la question de la nature humaine et/ou divine du Christ. Adoptianistes, iconoclastes, bogomiles et autres cathares complètent jusqu'au XIIIe siècle la longue liste de l'hérésie, c'est-à-dire en fait, celle de la foi finalement vaincue.

C'est contre toutes ces déviances désignées que se construit peu à peu l'orthodoxie, terme qu'il faut prendre ici dans son sens premier, celui de la foi droite et vraie, et non dans celui qu'il prend après la progressive rupture entre les Églises grecque et latine dont les schismes et réconciliations provisoires rythment l'histoire religieuse du Moyen Âge. Cette élaboration du dogme orthodoxe, qui est un des moments forts de l'histoire européenne, emprunte la voie des conciles œcuméniques, c'est-à-dire de ces réunions d'évêques et de métropolitains qui prétendent représenter toute la chrétienté. Près de 150 prélats sont réunis à Nicée en 325 pour le premier d'entre eux. Rejetant les thèses d'Arius, ils proclament la consubstantialité du Père et du Fils. En 381, le concile de Constantinople étend le dogme à l'Esprit. Mais en fondant la théologie trinitaire, il pose le problème du rapport entre les natures humaine et divine du Christ que le concile de Chalcédoine (451) affirme égales.

L'âge des conciles véritablement œcuméniques se prolonge jusqu'au VIIe siècle. La pratique qui consiste à fixer le dogme par le consensus des prélats perdure néanmoins, mais le concile devient de plus en plus l'enjeu de pouvoirs politiques ou ecclésiastiques rivaux. Ainsi, le concile *in Trullo*, convoqué par Justinien II en 691, n'est pas reconnu dans tous ses articles par la papauté qui y avait pourtant délégué quelques évêques. Charlemagne affirme aussi sa prétention impériale en multipliant les conciles et saisit l'occasion de la querelle des images pour faire condamner tant l'iconoclasme que l'iconodoulie au concile de Francfort en 794. Par conviction religieuse ou par politique, le basileus et le patriarche, le pape et l'empereur d'Occident se saisissent donc du dogme et de la légitimité conciliaire pour tenter d'affirmer leur prééminence. Les rivalités, les condamnations et pour finir les schismes rompent peu à peu l'unité des chrétiens. Le schisme d'Acace (484-519) oppose une première fois les deux Romes. La question du *filioque,* mot rajouté par Charlemagne au credo de Nicée en 806, qui affirme que l'Esprit procède du Père *et* du Fils, fournit une divergence dogmatique aisément identifiable. Le schisme de Photios (IXe siècle) ravive un temps la polémique. En 1054, les trop fortes personnalités du patriarche Michel Cérulaire et du légat du pape, le cardinal Humbert de Moyenmoutier, conduisent à l'excommunication réciproque.

L'opposition des deux Églises ne doit pas pour autant être surestimée. Elle est essentiellement une question de pouvoir, celle qui oppose les prétentions concurrentes du pape et du patriarche et, plus largement, les prétentions universelles des empereurs de Byzance et d'Occident. Ce sont des questions de juridictions (en Italie du sud et dans les Balkans) qui déclenchent les affrontements, bien plus que les divergences dogmatiques qui ne concernent guère que le *filioque*, le célibat des prêtres et quelques points de la liturgie. Le schisme de 1054 passe d'ailleurs à peu près inaperçu. Ce sont les circonstances politiques, et notamment la prise de Constantinople en 1204, lors du détournement de la quatrième croisade, qui avivent les haines entre Grecs et Latins. Les querelles dogmatiques et notamment celle du *filioque* sont ainsi utilisées pour poursuivre d'autres fins. Les orientaux contestent avant tout la suprématie pontificale tandis que, réforme grégorienne aidant, les papes se méfient de l'idée même d'un concile œcuménique qui pourrait apparaître comme un pouvoir rival de la papauté. Jusqu'à la fin du Moyen Âge l'union des Églises reste donc une possibilité. Une première fois affirmée au concile de Lyon en 1274, elle aboutit au concile de Florence en 1439, avant d'être finalement proclamée à Constantinople en 1452. Mais c'est l'opinion publique constantinopolitaine qui la rejette, moins pour des questions doctrinales que par un mélange d'hostilité antilatine et, devant la menace turque, par un repli identitaire sur l'Église grecque.

Églises contre Églises, des conflits et des anathèmes opposent tout au long du Moyen Âge d'abord les hérétiques de tout poil et les orthodoxes nicéens et chalcédoniens, puis les catholiques romains et les orthodoxes, au sens de l'Église byzantine. C'est pourtant la même question du pouvoir et la même volonté œcuménique qui rassemblent tous ces combattants de la foi dans une pratique commune et exclusive de leur religion. Le dogme progressivement défini (l'iconoclasme des VIIIe et IXe siècles est la dernière des grandes hérésies) est, à quelques points de détail près, reconnu dans toute la chrétienté. Les Églises orientales (arménienne, melkite, nestorienne, jacobite) cultivent de plus grandes différences, notamment celles qui sont fondées sur le monophysisme. Mais elles sont soumises à la pression musulmane et, selon les circonstances, elles ne répugnent pas au compromis.

Une Christianitas *qui définit l'autre*

Cette identité par la foi qui se construit en l'Europe au tournant de l'Antiquité et du Moyen Âge se révèle exclusive dès que les empereurs, de Théodose II à Justinien, en tirent les conclusions nécessaires : l'interdiction et la persécution du paganisme. En s'organisant en Église universelle, en prenant appui sur le pouvoir et en définissant le dogme à la diphtongue près, l'identité chrétienne fabrique l'Autre, celui que son interprétation du Livre place en dehors de l'ecclésia (l'hérétique), celui qui refuse de se laisser subjuguer par la « bonne nouvelle » (le juif et le païen récalcitrant), celui qui prétend à son tour incarner la fin de l'histoire de la Révélation (le musulman).

L'hérétique est l'Autre le plus proche et, par conséquent, le plus aisément haïssable. La chrétienté avait pris l'habitude des invectives dans les circonstances dramatiques de son difficile dialogue avec le paganisme antique. La vigueur de l'argumentaire de Tertullien comme la férocité des malédictions de Lactance en témoignent. L'âpreté de la chasse donnée aux Manichéens et aux Pélagiens par Augustin d'Hippone, la dureté des conflits doctrinaux autour de la nature du Christ annoncent les crispations et les violences que les pouvoirs médiévaux mettent au service de la foi dans la persécution des Pauliciens en Anatolie, des Bogomiles dans les Balkans, des Cathares en Languedoc et des Vaudois dans tout l'Occident. Dans les sociétés européennes, l'hérétique devient le compagnon nécessaire de la pensée dominante.

Le juif est, chronologiquement, le premier des autres et pour les chrétiens, c'est un autre bien ambigu. Les juifs restent certes nombreux en Palestine, mais leur histoire singulière est marquée par le phénomène de la *diaspora*, la dispersion par émigration d'une partie du peuple juif dans la Méditerranée orientale d'abord, puis dans tout l'empire romain. Qu'elle soit liée aux vicissitudes de l'histoire (invasions assyrienne et chaldéenne des VIIIe et VIe siècles avant J.-C., écrasement des révoltes antiromaines de 66-70 et 132-135) ou, beaucoup plus vraisemblablement, à un ensemble de causes complexes dans lesquels les facteurs socio-économiques jouent un rôle important (la facilité des échanges dans le monde unifié par Rome), cette diaspora a pour l'histoire juive une immense importance. Dans leur exil les communautés juives cherchent à s'intégrer dans les sociétés où elles prospèrent. Grâce à la réflexion de leurs rabbins, elles cultivent leur spécificité religieuse et approfondissent leur identité autour d'un livre : le Talmud. Elles contribuent ainsi fortement à l'histoire européenne en maintenant un réseau de relations qui s'étend à la plus grande partie du continent et bien au-delà, ainsi que par la réflexion religieuse et philosophique qui s'effectue en leur sein.

Face à ces communautés, l'Église adopte une attitude contradictoire. Pour le christianisme, les juifs sont d'abord les témoins de la « bonne nouvelle » et ils ont vocation à être sauvés. Comme tels, ils doivent être protégés, la liberté de religion doit leur être garantie et l'on ne doit pas chercher à les convertir contre leur gré. Nombreux sont les papes, au premier rang desquels Grégoire le Grand, ou les prélats qui exercent cette protection. Mais en même temps, les juifs sont ceux qui ont refusé la Grâce, qui en sont restés à la loi de Moïse et à l'Ancien Testament. Dieu est d'ailleurs censé les avoir châtiés par la destruction du Temple et la perte de la Palestine. Enfin, ils sont toujours suspects de vouloir séduire les chrétiens et de contaminer la foi orthodoxe par leurs pratiques. Aussi leur condition doit-elle être inférieure et diverses mesures discriminatoires sont prises à leur égard dans toute la chrétienté – comme l'interdiction d'exercer des magistratures ou des charges publiques. Plus graves encore sont les dispositions qui visent à les isoler du reste de la société : interdiction pour un chrétien de manger chez un juif, port de vêtements ou de signes distinctifs et bientôt, quartiers réservés qui commencent à se clore en Allemagne, au XIVe siècle. Bref, « la tolérance » que l'Église a pour les juifs est bien celle du Moyen Âge : c'est celle du *dhimmi*, de l'inférieur et du soumis, qui est aussi la pratique du monde musulman envers ses propres minorités religieuses. Elle n'exclut pas, loin de là, les nombreuses manifestations d'un antijudaisme parfois virulent, tel celui d'Isidore de Séville, de l'évêque Agobard de Lyon ou de nombreuses Vies de Saints en Occident comme à Byzance.

Mais les relations de la chrétienté et des juifs ne sont pas seulement déterminées par l'Église et, somme toute, par son sens de la mesure dans la discrimination. Pendant les premiers siècles du Moyen Âge, les communautés juives paraissent assez bien intégrées dans les sociétés parmi lesquelles elles se sont installées. Contrairement à une opinion largement répandue, les métiers qui sont exercés par les juifs sont alors variés. Dans l'empire byzantin comme en France, en Espagne ou en Italie, on les voit artisans, commerçants, médecins ou agriculteurs. Leur statut légal, hérité du droit romain, leur reconnaît la qualité d'hommes libres. Il perdure à Byzance et reste attesté en Occident sous les Carolingiens.

Pour autant, l'Europe médiévale connaît une lente mais réelle dégradation de la conditions des juifs sur son sol. La tentation de la conversion forcée suscite les vocations des pouvoirs qui cherchent dans la propagation de la foi le renforcement d'une légitimité chancelante ou trop récente. Lorsque les rois wisigoths d'Espagne passent au catholicisme (fin du VIe siècle), ils entament une politique antijuive avec la candide fureur des nouveaux convertis et l'archevêque Isidore de Séville ne craint pas d'en alimenter l'argumentaire par une brutale polémique. À Byzance, Héraclius, Léon III l'Isaurien et Basile I mènent une politique de conversion que l'Église même réprouve et que les circonstances (menaces perse et arabe, besoin de légitimité) peuvent expliquer. En Occident surtout, les menaces se précisent à partir du XIe siècle. La première croisade est l'occasion de violences soudaines de la part de bandes surexcitées, en France et surtout en Allemagne. Malgré les critiques de la papauté, les fausses accusations de meurtres rituels se multiplient aux XIIe et XIIIe siècles. Les pouvoirs en mal de financement saisissent l'occasion pour dissimuler la spoliation des communautés par des mesures d'expulsion (en France, en 1182 puis en 1306, en

Angleterre en 1290). L'Église concourt à la dégradation de ce climat par les mesures antijuives prises au concile du Latran en 1215 et Louis IX (Saint Louis) impose le port de la rouelle aux juifs de son royaume. L'Espagne est provisoirement épargnée, où Ferdinand III se proclame « roi des trois religions » (chrétienne, juive et musulmane) en 1238, de même que l'Italie. Mais partout où elles subsistent, les communautés juives ont perdu une large part de leur tranquillité et de leur statut et si elles demeurent çà et là protégées par les pouvoirs, c'est bien souvent dans un état de sujétion. Dans les deux derniers siècles du Moyen Âge, les malheurs des temps et notamment la peste noire de 1348 exacerbent les manifestations de l'antijudaïsme des foules. L'Espagne à son tour persécute ses communautés à la fin du XVe siècle, avant de les expulser en 1492.

Une Christianitas *qui s'affirme contre l'autre*

Cette intolérance croissante est en fait parallèle à l'affirmation militaire de l'identité chrétienne de l'Europe dont les croisades sont la manifestation la plus claire, mais non la seule. Religion de la vérité révélée, prétendant depuis Paul de Tarse à l'universalité de sa foi et appuyée sur les pouvoirs depuis Constantin, le christianisme médiéval est questionné par la résistance opiniâtre de certains peuples païens et par la concurrence radicale de la révélation mahométane. En prétendant le dépasser par un nouvel, ultime et définitif message de Dieu, l'islam le réduit en effet à un moment de l'histoire fondé sur une erreur : Jésus n'est qu'un prophète parmi tous les autres et l'interprétation chrétienne une succession de confusions impies qui conduisent au crime majeur d'associer à l'unique d'autres divinités. Porté par la prodigieuse expansion militaire des tribus arabes, l'affrontement des deux vérités est un fait patent, quelques tentatives que fasse l'historien pour projeter dans le passé l'idéal contemporain de la tolérance.

La Croisade pose un redoutable problème de définition. En fait, elle n'existe pas au Moyen Âge : le mot n'apparaît qu'au XVe siècle et les pèlerins armés qui se rendent en Orient entre la fin du XIe et la fin du XIIIe siècle se désignent seulement par le nom de « croisés ». À Clermont en Auvergne, le 27 novembre 1095 – selon des témoignages, il est vrai postérieurs –, le pape Urbain II appelle les chevaliers présents à délivrer Jérusalem et les chrétiens d'Orient de la domination turque. L'appel de Clermont fut peut-être encouragé par un appel à l'aide du basileus Alexis I Comnène. Il fut sans doute aussi suscité par les récits de pèlerins plus ou moins malmenés en Palestine et par le souvenir des exactions du calife fatimide Al Hakim qui avait détruit le Saint Sépulcre au début du siècle. Mais il fut aussi conçu en fonction de facteurs internes à la chrétienté. L'Église bataille alors pour discipliner les *milites* et leur imposer la Paix de Dieu. La papauté affronte aussi l'Empereur et veut prendre la direction effective de la chrétienté. Quoi de plus efficace dans ces deux perspectives que de désigner un ennemi et de proposer un projet mobilisateur ?

Cette définition initiale de la croisade comme pèlerinage armé à vocation pénitentielle dont l'objectif militaire est la libération des lieux saints connaît une singulière extension dans les siècles qui suivent. La quatrième croisade est détournée sur Constantinople par les Vénitiens. La Ville, pourtant chrétienne, est prise en 1204. L'idée même de croisade devient une arme contre les hérétiques quand Innocent IV la fait prêcher contre les cathares, quatre ans plus tard. Tout à son affrontement avec les Hohenstaufen, la papauté se sert aussi de la croisade contre Henri VI, Frédéric II et Manfred, avant de l'opposer aux Aragonais qui menacent son champion du moment, le français Charles d'Anjou. Enfin, des mouvements spontanés entraînent des foules occidentales dans de vaines tentatives pour gagner les lieux saints. La « Croisade des enfants » en 1212, la « Croisade des pastoureaux » en 1251, le mouvement des flagellants italiens en 1260, et d'autres tentatives populaires tentent jusqu'au début du XIVe siècle de renouer avec le mythe de la croisade.

Si l'on choisit de s'intéresser non à la croisade *stricto sensu*, mais à l'ensemble des opérations militaires à dimension religieuse, qui sont dirigées contre des non-chrétiens, alors le phénomène de l'affirmation armée d'une identité chrétienne intéresse l'histoire européenne médiévale, qu'il soit partagé par des sociétés chrétiennes ou qu'il prenne place dans leur histoire commune.

C'est à Byzance que cette affirmation est la moins nette. Dans l'empire héritier de Rome, la guerre est affaire de l'État et l'idée de guerre sainte particulièrement étrangère à des clercs qui réprouvent par avance la violence et le meurtre. À plusieurs occasions toutefois, celles de guerres dans lesquelles l'empire et son Église semblent jouer leur survie, on pressent la dimension religieuse de l'engagement militaire. Au VIIe siècle, l'empire byzantin engage une lutte à mort avec la Perse sassanide. Maîtres de Jérusalem en 614 où ils se saisissent de la relique de la Vraie Croix, les Perses sont finalement vaincus par Héraclius en 629, à l'issue d'une guerre acharnée et le basileus ramène lui-même la relique à Jérusalem. Au début du Xe siècle, le stratège byzantin Jean Courcouas mène en Orient de multiples campagnes contre les émirs Hamdanides de Mossoul. Lorsqu'il s'empare de villes musulmanes, il transforme les mosquées en églises. À Edesse, il contraint l'émir à lui livrer le *mandylion*, le portrait miraculeux du Christ qui faisait la gloire de la ville. La Sainte Face – icône *acheiropoiètes* faite non par les hommes mais par les anges et dont le Christ lui-même aurait fait cadeau à Abgar –, est triomphalement ramenée à Constantinople. En 960-961 l'expédition de Nicéphore Phocas reconquiert la Crète qui est depuis cent trente-sept ans aux mains des Arabes. L'action se place dans le même cadre de reconquête militaire et religieuse. De nombreux membres du clergé participent à la campagne qui semble revêtir les caractères d'une guerre sainte par la fermeture des mosquées, la conversion des infidèles et l'utilisation d'une partie du butin pour fonder la Grande Laure de l'Athos. Certes la personnalité de Nicéphore Phocas est exceptionnelle. Soldat mystique et ascétique, séduit par la vie monastique, il tente même de faire honorer comme martyrs les soldats morts au combat lors de ses dernières campagnes ciliciennes. Le Xe siècle byzantin est celui d'une reconquête qui introduit la renaissance macédonienne et qui n'est pas sans dimension religieuse.

En Occident on l'a vu, les campagnes saxonnes de Charlemagne mêlent inextricablement enjeux politiques, militaires et religieux. Presque chaque année, entre 772 et 799, les armées franques interviennent en Saxe, à la fois pour soumettre le pays et pour en extirper le paganisme. C'est que celui-ci forme l'ossature de la résistance saxonne. Il faut la destruction du sanctuaire païen de l'*Irminsul*, la mobilisation de la terreur (la *capitulatio de partibus saxoniae* punit de mort les actes de la religion païenne), et celle de miracles divins (anges et boucliers de feu protègent les abbayes franques lors des attaques saxonnes), pour que la Saxe soit finalement baptisée et soumise.

Mais c'est bien sûr à ses marges mêmes que s'affirme militairement la chrétienté. En Espagne d'abord, où la conquête arabe du

VIIIe siècle a repoussé les États chrétiens dans l'extrême nord du pays. Jusqu'au Xe siècle, ils font pâle figure face à l'opulence et à la civilisation d'Al-Andalus dont ils subissent régulièrement les razzias : Pampelune est encore brûlée en 924, Barcelone et Saint-Jacques de Compostelle à la fin du siècle. Mais ces petits États, dont la genèse s'étend sur plusieurs siècles, forment ainsi une « frontière » dont la lutte contre l'infidèle est l'un des caractères dominants. Certes les relations qu'ils entretiennent avec le califat de Cordoue et avec ses États successeurs sont loin d'être uniquement conflictuelles. Les échanges de biens et de personnes, les services réciproques sont nombreux. Mais, dès les origines, se construit le mythe de la résistance à l'envahisseur infidèle repoussé par le premier « roi » des Asturies à la « bataille » de Covadongo en 722.

Le long processus de la *reconquista* est fait d'avancées et de reculs. Entamée au IXe siècle par l'occupation du versant sud de la Sierra cantabrique, elle reflue à la fin du Xe devant les razzias d'Al Mansur. Il faut attendre la dislocation du califat de Cordoue en 1031 pour que puisse reprendre la marche vers le sud des chrétiens d'Espagne. En 1085, Alphonse VI s'empare de Tolède, victoire symbolique qui rend aux chrétiens la vieille capitale des rois wisigoths. La reconquête est alors appuyée par des chevaliers du nord des Pyrénées et elle est activement soutenue par les moines de Cluny qui fournissent le personnel ecclésiastique des territoires reconquis. Les contre-offensives successives de deux mouvements religieux rigoristes nés en Afrique, celle des almoravides (jusqu'en 1147) puis celle des almohades, sont la réponse musulmane à la pression chrétienne, dont elle retarde l'accomplissement pendant un siècle et demi. En 1212, une armée coalisée des souverains chrétiens, assistée de contingents venus du nord, écrase l'armée almohade à Las Navas de Tolosa. Cordoue, Séville et Murcie sont reconquises dans la foulée, tandis qu'un royaume musulman se maintient à Grenade jusqu'en 1492. Cette *reconquista* se déroule dans une atmosphère de croisade. L'intervention des moines de Cluny est décisive, ils fondent le monastère de Sahagùn, appuient les rois de Castille et donnent le premier archevêque de Tolède reconquise. Dès 1063 le pape distribue des indulgences à qui vient combattre l'infidèle en Espagne ; ensuite il délivre des bulles de croisades pour les campagnes de la *reconquista*. Des chevaliers français, notamment bourguignons, participent aux expéditions. Comme dans l'Orient latin des croisades, des ordres militaires enfin sont installés aux frontières

(Calatrava, Alcantara, Aviz). Un mythe de la reconquête comme accomplissement chrétien forge l'Espagne pour le meilleur et pour le pire. Il se prolonge en 1492 avec la prise de Grenade par les rois catholiques avant de déborder dans la *Conquista* des nouveaux mondes. Il ruine la tradition de tolérance de la péninsule lorsqu'il désigne comme insupportable la présence de minorités religieuses sur le sol espagnol et conduit à la persécution et à l'expulsion des juifs et des morisques.

En Italie du sud et en Sicile, les Normands sont vassaux du pape depuis 1059 et se présentent comme les défenseurs de la foi. Roger Guiscard chasse les Arabes de la Sicile entre 1061 et 1091. Certes les Normands qui font la conquête de l'Italie du sud et de la Sicile apparaissent plus comme des soudards que comme des chevaliers illuminés par la foi. Ils sont encore plus hostiles à l'empire byzantin, qu'ils rêvent longtemps de conquérir et contre qui, ils multiplient les agressions. Ils édifient enfin un État original dont le syncrétisme culturel puise aux sources de la latinité, de Byzance et du monde musulman. Mais ils savent exploiter le thème de la lutte contre l'infidèle, et la tolérance qu'ils montrent envers les hommes et les cultures est celle de la condescendance victorieuse. Au travers de personnages comme Bohémond de Tarente et Tancrède, ils alimentent en guerriers la croisade de Jérusalem.

Celle-ci est la forme la plus spectaculaire de cette affirmation militaire et religieuse de la Chrétienté. La croisade prêchée à Clermont par Urbain II soulève un enthousiasme immense qui pousse d'abord une armée populaire et désordonnée vers l'Orient. Guidée par des chefs de fortune, religieux comme Pierre l'ermite ou petits chevaliers comme Gauthier sans-avoir, elle traverse l'Allemagne où elle massacre d'abord les juifs. Elle descend le Danube et passe les détroits avant de se faire exterminer par les Turcs seldjoukides de l'Anatolie. La croisade des princes et des chevaliers réussit par contre dans son entreprise. Elle prend Antioche et Edesse avant d'emporter Jérusalem dont la population est férocement massacrée (1099). Elle fonde pour presque deux siècles les États latins d'Orient et inaugure l'incompréhension et la méfiance entre les Occidentaux et les Byzantins. Le reflux suit bientôt et sept autres croisades sont nécessaires pour aider à maintenir les États latins d'Orient. La quatrième, détournée vers Constantinople aboutit à la désastreuse prise de la ville (1204) et rompt durablement les liens de Byzance avec

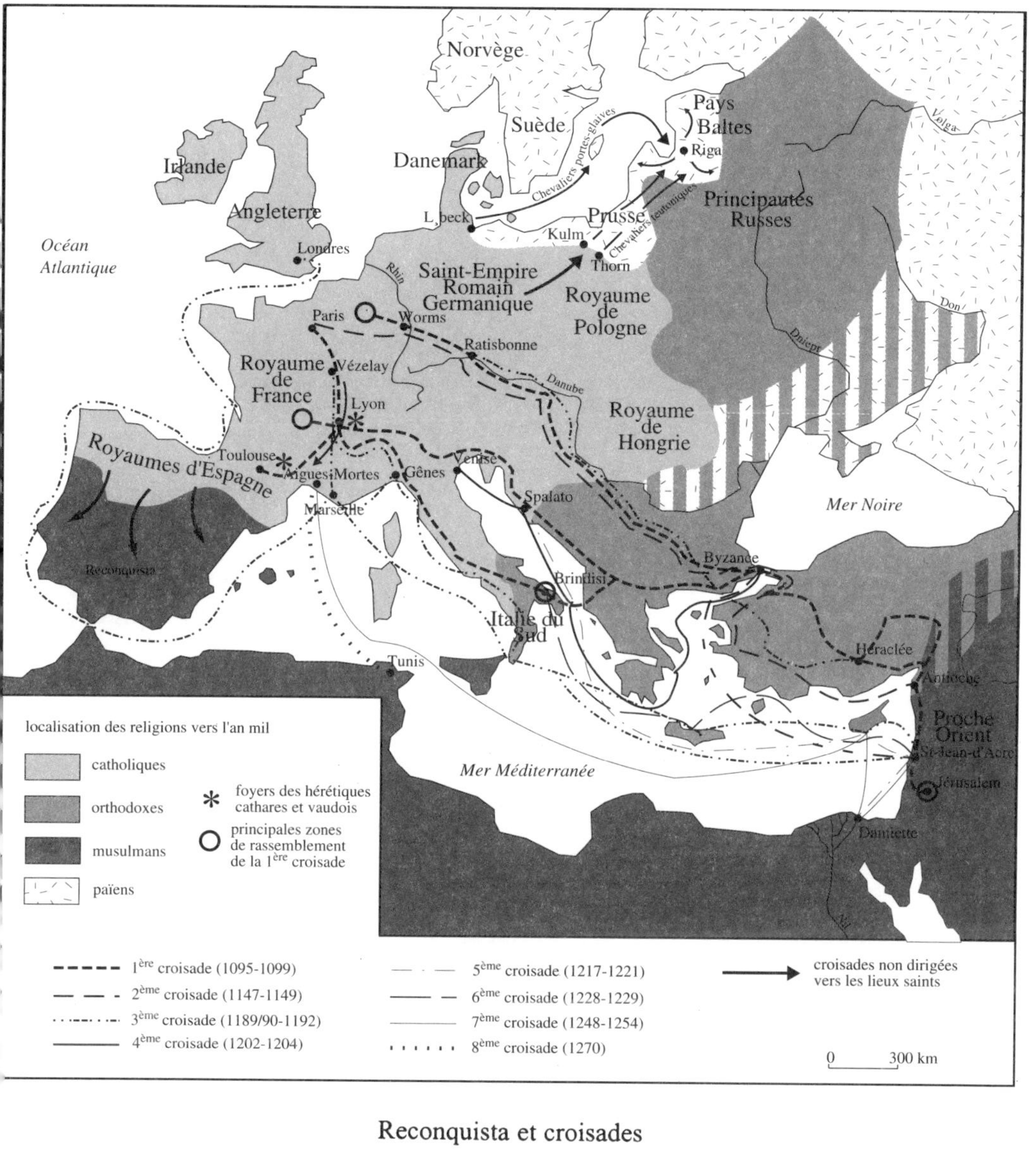

Reconquista et croisades

l'Occident. Restauré dans sa capitale en 1261, l'empire byzantin est pourtant toujours menacé par les Turcs et notamment par les Ottomans, à partir du XIVe siècle. Byzantins et Occidentaux s'efforcent alors à deux reprises de relancer la croisade, non pour libérer les Lieux Saints mais pour aider la chrétienté orthodoxe à résister à la pression turque. Nombre de chevaliers occidentaux (dont le duc de Bourgogne Jean sans peur) prennent part à la première, qui traverse les Balkans et qui est écrasée à Nicopolis (1396). Hongrois, Serbes et Polonais tentent un dernier effort en 1444, mais le désastre de Varna scelle le sort des Balkans.

Traversées d'intérêts divers, notamment de ceux des villes commerciales italiennes, au premier rang desquelles Venise assoit sa fortune sur les liens établis avec l'Orient et sur la destruction provisoire de l'empire byzantin, les croisades témoignent de la vitalité de l'Occident féodal et de son sentiment religieux. Les ordres religieux-militaires sont un des avatars de cette identité. Templiers, hospitaliers et teutoniques prétendent former une élite du service de Dieu par les armes. Ils participent à la défense des États latins jusqu'à la chute de Saint-Jean-d'Acre en 1291. En voulant drainer les ressources de l'Europe à cette fin, les premiers connaissent un grand développement qui cause leur chute en 1314 quand le roi Philippe le Bel liquide l'ordre et s'empare de ses biens. Les seconds prolongent leur action à Chypre et à Rhodes en luttant, en retraite, contre les Turcs Ottomans. Les derniers saisissent une nouvelle aventure en voulant prendre en charge la conversion des Prussiens et des Baltes. Sur les rives de la Baltique, ils édifient un État militaire et religieux dont le prestige séduit nombre de chevaliers européens qui viennent y vivre l'aventure de la croisade. Mais leur brutalité et leurs liens avec l'empire menacent la Pologne qui parvient à les contenir et à les vaincre lorsque les Lithuaniens, qui se convertissent, privent l'ordre de sa légitimité religieuse.

Ainsi, entre le XIe et le XVe siècle, l'affirmation militaire de la chrétienté balaie l'espace européen. De l'Espagne à la Baltique, de l'Occident à Jérusalem en passant par les Balkans et par Constantinople, des guerriers justifient leur violence par leur foi. La postérité de cette aventure est douteuse sinon dans les mythes antagonistes qu'elle contribue à construire entre chrétienté et islam. Elle marque l'histoire européenne par la blessure portée à Byzance qui, à terme, se révèle mortelle.

Une armature ecclésiastique

Du prêtre au pape, l'organisation de l'Église médiévale maille l'Europe et encadre ses sociétés, mieux que ne le font les autres organisations, proto-étatique ou étatiques ; l'emprise tout à fait réelle de l'administration byzantine se limite à un espace qui, sur le long terme, est en rétraction. Cette armature donne à la chrétienté son unité. Non parce qu'elle est unique, car les schismes la rompent plusieurs fois et définitivement à partir de 1054, mais parce qu'elle repose sur les mêmes principes fondamentaux quels que soient ses avatars.

Un maillage religieux

Dès les origines, l'Église a calqué son organisation sur celle de l'empire romain. Le personnage essentiel est l'évêque, en principe désigné par les fidèles. Il régit le territoire d'une cité. Les cités épiscopales sont réunies en provinces ecclésiastiques, selon le schéma de l'organisation administrative de l'empire. À la tête de la province, l'évêque de la ville la plus importante, la métropole, prend le titre d'évêque métropolitain. On commence à l'appeler archevêque à partir de l'époque carolingienne. Certains de ces évêques jouissent d'une prééminence liée à la qualité de leur siège épiscopal. Rome et Constantinople sont les deux capitales de l'empire. Le siège de la première est celui de saint Pierre, le premier des apôtres, à qui le Christ à confié la mission de fonder son Église. Antioche et Alexandrie sont les grandes villes prestigieuses de l'Orient. Jérusalem est la cité sainte de la passion. À la faveur des circonstances, toute une géographie de préséances religieuses se met ainsi en place dans les premiers siècles du triomphe de l'Église. Elle interfère avec les intérêts et les ambitions des hommes qui occupent ces charges, et de l'empereur qui subsiste seul à Constantinople. Peu à peu ces six sièges sont reconnus supérieurs aux autres ; ils sont alors dits patriarcaux. Depuis le concile de Chalcédoine (451), le titulaire de Constantinople plus patriarche que les autres, se trouve à la tête de l'Église orientale, ce qui signifie qu'il y assure la discipline, le respect du dogme, dont la définition lui échappe par contre, car elle revient au concile œcuménique. Mais il doit reconnaître la première place au pape, l'héritier de saint Pierre. Une prééminence que le patriarche cherche constamment à réduire à une simple dimension morale et que les papes veulent inversement considérer comme disciplinaire. Dans les Balkans, les Bulgares et les Serbes, qui sont rivaux de l'empire byzantin, font pression pour faire reconnaître le patriarcat à leurs métropolitains de Preslaw (927-980), Ochrida (980-1078), Tirnovo (1235-1393) et Pec (1346-1459). Mais l'attribution momentanée de ces titres, liée aux rapports des forces politiques, reste temporaire. Les métropolites de Novgorod se déclarent autocéphales dès le XIe siècle, celui de Moscou en 1326 et il devient patriarche au XVIe siècle. L'archevêque de Venise prend le titre purement honorifique de patriarche en 1451.

L'évêque est à l'origine le chef direct d'une communauté restreinte qu'il guide et surveille comme son nom grec (*épiscopos*) le suggère. Il administre les sacrements, du moins ceux qui existent à l'époque où il officie, car le système des sept canoniques n'est mis au point qu'au XIIe siècle. Seuls le baptême, l'eucharistie, la pénitence et le sacerdoce existent dans les tous premiers siècles. La croissance numérique des communautés contraint vite cette première Église (au sens de communauté des fidèles) de lui trouver des assistants : ce sont les prêtres – les « anciens » – dont les fonctions sont lentement reconnues comme sacerdotales. Parallèlement, la paroisse qui était à l'origine le ressort de l'évêque devient celui du prêtre, responsable d'une église.

Au bout de cette évolution qui occupe les derniers siècles de l'Antiquité et, en Occident, les tous premiers du Moyen Âge, une hiérarchie ecclésiastique doublée d'une hiérarchie spatiale s'est mise en place. Elle se complète au fur et à mesure que le christianisme s'étend par la création de nouveaux évêchés d'abord rattachés, on l'a vu, à des archevêchés anciens, puis à de nouveaux sièges métropolitains. Mise à part cette dilatation, cette géographie ecclésiastique connaît peu de changements au Moyen Âge, sauf lorsqu'une menace conduit à déplacer un siège trop exposé, comme celui de Hambourg transféré à Brême en 847 sous la pression des raids normands.

Généralisation et emprise du monachisme

Aux origines du christianisme, cette organisation est marquée par les traditions urbaines de l'Antiquité gréco-romaine ; elle a donc tendance à négliger les campagnes dans lesquelles la résistance du paganisme sera plus longue, comme en témoigne d'ailleurs le mot de païen lui-même (de *pagani*, les paysans). Parallèlement, elle assure la fusion de la vieille civilisation romaine, dont elle sauve l'héritage, et de la nouvelle religion dont elle gauchit par nécessité les aspects initiaux, imprimant au christianisme la marque durable du pouvoir et de l'arrangement avec la société. En Orient, elle provoque les critiques de fidèles dont l'engagement est plus intransigeant. Le désert réel, toujours proche en Orient et dans lequel le futur saint Antoine se réfugie, permet de réaliser physiquement le désert symbolique du retrait du monde dont le Christ avait donné l'exemple. L'érémitisme naît ainsi du refus du compromis avec la société civile et il se développe dans les campagnes orientales. Individuel, il installe dans les campagnes la figure héroïque du saint homme que l'on vénère de son vivant et à qui l'on demande ses conseils. Il débouche sur le monachisme au IVe siècle quand plusieurs ermites prennent l'habitude de vivre en commun leur expérience. C'est vrai en Égypte où Pacôme crée les premières communautés, en Gaule où Martin s'installe en ermite à Marmoutier, bientôt entouré de disciples.

Tel quel, le monachisme pose à l'Église et aux pouvoirs le problème redoutable de son contrôle. Si des individus peuvent par leur seule vie ascétique accéder à la reconnaissance de leur sainteté par les fidèles, si des communautés peuvent plus ou moins spontanément s'installer au désert et vivre leur foi comme bon leur semble, le risque est grand que l'ordre chrétien ou même le dogme échappe à la définition commune. Même en Orient où ils sont plus égalitaires et où les moines gyrovagues (qui errent d'un lieu à l'autre) sont nombreux, on ressent le besoin d'un minimum de mise en ordre dans le cénobitisme. Aussi les monastères se dotent-ils d'un higoumène qui les dirige spirituellement. Aussi un certain nombre de règles de fonctionnement sont-elles établies, comme celle de Théodore Stoudite (759-826), qui fut moine de l'Olympe de Bythinie avant de reprendre en main le couvent constantinopolitain de Stoudios. Le Stoudite définit en détail les fonctions et les offices des monastères dont il a la charge, et il promeut le travail manuel aux côtés de la vie intellectuelle. En Italie, c'est deux siècles auparavant que Benoît de Nursie élaborait dans son abbaye du mont Cassin la règle bénédictine qui, avec l'appui des pouvoirs laïques et religieux, allait dominer le monachisme occidental.

Les monastères, qui connaissent, dès lors, un développement considérable deviennent de fait le second pilier de l'encadrement des fidèles par l'Église. Images de la vie idéale, intermédiaires privilégiés des sociétés avec Dieu, ils reçoivent les dons des fidèles, fournissent un partie importante de la hiérarchie séculière et sont les refuges des puissants vieillissants ou renversés par la fortune. Ils sont aussi des centres de culture produisant les grands savants du Moyen Âge. Égalitaires et assez anarchiques à Byzance, plus rigoureusement hiérarchisés en Occident, les monastères participent du maillage religieux des territoires et jouent un grand rôle dans la diffusion du christianisme, tant par les missionnaires qu'ils fournissent (Boniface, Cyrille et Méthode) que par leur multiplication parmi les peuples nouvellement convertis.

Dans l'empire byzantin, de très grands centres monastiques apparaissent dans l'Olympe de Bythinie, à Constantinople même et, à partir du XIe siècle dans la péninsule de l'Athos. Dès le IXe siècle des ermites et des moines s'installent nombreux sur le Mont Sacré et ils obtiennent en 883 une reconnaissance officielle qui n'en fait pas un ordre mais une collectivité. Les grands monastères, notamment la Grande Laure, sont fondés à partir du Xe siècle. Rendus libres et exempts de toute contribution par Alexis I, ils connaissent un prestige immense, d'autant plus que des monastères bulgares, russes ou serbes viennent de se fonder dans la péninsule. Ils jouent un rôle considérable en accueillant des moines venus de toute la sphère byzantine. À partir du XIIe siècle, ils fournissent ainsi à toute l'orthodoxie, des évêques, des métropolites et des fondateurs de monastères. Certes, l'emprise que l'Athos exerce sur la sphère orthodoxe n'emprunte pas les mêmes voies que celles des grands ordres occidentaux, mais elle est aussi réelle.

L'Occident connaît un développement parallèle du monachisme. Cette forme de vie chrétienne rencontre en Irlande un succès considérable, au point que l'institution épiscopale séculière y paraît bien plus tardive. Les Irlandais, notamment Colomban, jouent un grand rôle dans la diffusion du monachisme en Grande Bretagne et en Gaule, jusqu'au VIIe siècle. Après eux, la règle bénédictine qui est appuyée par les carolingiens s'impose partout. Au Xe siècle, alors que l'emprise des laïcs trouble fortement l'Église d'Occident, un puissant mouvement réformateur trouve dans la fondation de l'abbaye de Cluny l'occasion d'un développement exceptionnel. Le duc d'Aquitaine, Guillaume le pieux y fonde en 910 une abbaye entièrement indépendante puisque ne relevant que de la lointaine tutelle pontificale. Guidée par une succession d'abbés de grande personnalité, comblée de privilèges et de donations, l'abbaye crée un ordre de qui dépendent près de 2 000 établissements, de l'Italie centrale à l'Angleterre et de l'Allemagne à l'Espagne. Ses abbés mènent une grande politique en Europe. Ils développent une liturgie qui vise à la glorification de Dieu par la richesse des abbayes et la somptuosité de la liturgie. D'autres abbayes réformées, comme celle de Gorze, exercent l'influence de leur ordre jusqu'en Moravie et en Hongrie, enserrant cet immense espace dans un réseau d'établissements religieux qui partagent les mêmes valeurs et échangent les hommes, les artistes et les idées. Au XIe siècle, une réaction rigoriste conteste le luxe et la richesse de Cluny. L'abbaye de Citeaux promeut un exercice monastique de la foi qui revient à la simplicité et au dépouillement de l'idéal érémitique. Mais avec d'autres exigences spirituelles, l'ordre cistercien reprend les formules de Cluny et trouve un développement encore plus formidable, étendant son influence jusqu'à la Scandinavie, la Livonie, la Pologne et la Hongrie.

Dans les années qui suivent la quatrième croisade, on le retrouve même à proximité de Thessalonique. À partir du XIIIe siècle, en liaison avec le développement urbain de l'Occident, les ordres mendiants (dominicains et franciscains) prennent le relais des bénédictins et complètent l'encadrement monastique de la chrétienté en installant leurs maisons et leurs grandes églises à la périphérie des villes.

Quel que soit leur idéal de sainteté et de pauvreté, et malgré l'insistance de leurs références au désert et à l'érémitisme ascétique des origines, toutes ces organisations monastiques sont insérées dans le siècle parce qu'elles reçoivent de multiples donations des fidèles, notamment des plus riches et des plus puissants. La fortune des grands monastères byzantins est considérable et leur pose de délicats problèmes d'exploitation. Sur leurs immenses propriétés, les monastères occidentaux organisent très tôt des exploitations modèles. À intervalles réguliers la fortune des moines attire les convoitises et engendre les critiques, dès lors qu'elle paraît masquer l'idéal religieux qui les fonde. Mais dans des sociétés où la pauvreté est commune et où l'insécurité de la vie est générale, les monastères remplissent aussi des fonctions sociales en assurant une large part de

L'expansion cistercienne

la charité publique. Les fondations monastiques comme l'hôpital des Manganes à Constantinople et celles des ordres occidentaux concourent à l'expression de cette valeur commune de la chrétienté.

Une vie chrétienne

Le triomphe du christianisme dans l'empire romain n'a pas anéanti brutalement les vieilles croyances, même parmi les convertis et même lorsque l'Église put s'appuyer sur les pouvoirs pour tenter de les éradiquer.

Un cadre de vie christianisé

La persistance des vieux rites, sous des formes dégradées ou sous le vernis de la christianisation, est un des traits de l'histoire européenne, au moins lors des premiers siècles du Moyen Âge. L'Église hésite longtemps devant une résistance qu'il ne lui est guère aisé d'affronter directement. Ainsi les évêques des IVe et Ve siècles parfois autorisent, parfois condamnent les danses auxquelles se livrent spontanément les populations lors des mariages ou des cérémonies, dans les églises mêmes et dans les cimetières. De même, la musique qui était rituellement associée aux vieux cultes s'introduit-elle progressivement dans celui des chrétiens. Dans les pratiques funéraires, la confusion des coutumes païennes et des devoirs chrétiens reste longtemps la règle. Partout, le culte des martyrs se répand pour combler opportunément le vide laissé par les anciens dieux morts. Les foules attribuent rapidement miracles et compétences à nombre de saints, comme saint Félix en Italie, saint Martin et sainte Foy en France, sainte Thècle et saint Hypatios en Orient qui guérissent le bétail malade ou retrouvent les bêtes égarées. À lire les saintes admonestations de nombre d'évêques, il semble bien que l'on fasse souvent l'économie de l'intercession dans l'attribution de ces pouvoirs magiques et que, d'une certaine manière, ces saints soient assimilés à la divinité. D'ailleurs, nombre de vieux sanctuaires sont christianisés et pas seulement par l'installation d'une église en lieu et place d'un temple païen. Côme et Damien peuvent se retrouver succéder à Asclépios et saint Michel à Apollon. Le panthéon des saints chrétiens finit ainsi par prendre en charge tous les pouvoirs magiques dont les populations ont besoin pour se rassurer. Incendies, grêles, tempêtes, épidémies, maladies du bétail et des plantes peuvent être prévenus ou combattus par l'intervention de tel ou tel saint. Lorsque le christianisme s'étend au-delà des limites de l'ancien empire romain et lorsque sa diffusion ne prend pas la forme brutale que Charlemagne lui donne en Saxe, on observe bien souvent la même tendance à la composition avec le passé païen. Ainsi en Suède – où après plusieurs tentatives infructueuses au IXe siècle, la nouvelle religion s'installe dans le sud au Xe siècle, avant que le roi Olof Skötkonung n'y rallie définitivement la couronne en 1008 –, la majorité païenne de la population installe le nouveau dieu dans le panthéon de ses anciennes divinités. L'Église, pour s'implanter, transige avec certaines coutumes comme l'exposition des nouveaux nés en Islande et en Norvège, ou les libations cultuelles lors des grandes fêtes chrétiennes, les baptêmes et les mariages. Lieux de culte et rites se maintiennent ainsi longuement sous les formes plus ou moins nouvelles avant que le christianisme ne triomphe vraiment au XIIe siècle.

Mais si l'Église compose avec les réalités et notamment avec celles des campagnes, elle reste vigilante sur les éléments fondamentaux du credo et sur la conviction chrétienne dans le salut de l'âme immortelle qui relève de Dieu seul. Peu à peu, d'accommodements en admonestations, et de tolérances gênées en condamnations explicites des pratiques par trop empreintes de paganisme, les sites, les rites et les coutumes des religions populaires sont christianisés et les populations de l'aire chrétienne se retrouvent vivre une commune vie chrétienne.

On la connaît mal car les sources écrites sont lacunaires, concernent principalement les pouvoirs et les clercs, et traduisent plus les discours qui sont tenus sur la société que la réalité de celle-ci.

Le monde dans lequel vivent, en Europe, les hommes et les femmes des siècles médiévaux est d'abord christianisé par son paysage. Dès lors qu'il était au pouvoir, le christianisme a cessé d'être discret dans les cités du monde antique. Aux oratoires privés des premiers siècles succèdent des églises dont les plus grandes et les plus belles scandent le paysage des capitales, dévorant les sanctuaires païens dont elles récupèrent les colonnes et les éléments décoratifs quand elles ne les investissent pas directement, comme à Rome où le vieux Panthéon devient l'église de la sainte Vierge et des Martyrs, tandis que santa Maria Antiqua occupe les murs du temple d'Antonnin et

Faustine. Dans les périphéries urbaines de l'aire qui fut romaine, les *martyria* et mausolées se multiplient. Suivant des calendriers bien sûr différents, les grands édifices du culte s'édifient dans toutes les régions christianisées. Dans la capitale impériale que fut Trêves, mais aussi dans la Gaule – où les grandes basiliques s'élèvent à partir du Ve siècle –, si bien qu'au moment de la chute de l'empire, les « barbares » y furent accueillis par la majesté des églises urbaines. En Occident, c'est l'évêque et son église cathédrale, son pouvoir et le marché nécessaire à leur entretien, qui sauvent bien souvent la ville tandis que disparaissent celles qui n'ont plus cette raison de vivre. Les rois ostrogoths à Ravenne comme les rois francs en Gaule multiplient les constructions d'églises. Le réseau d'églises épiscopales et de monastères dont les pippinides puis Charlemagne enserrent la Germanie septentrionale, les édifices que les souverains bulgares, tchèques, scandinaves, polonais, hongrois ou russes bâtissent au lendemain de leur conversion contribuent à répandre loin dans l'espace le nouveau paysage, dorénavant européen, d'une ville où les édifices religieux sont les plus remarquables.

La christianisation du paysage rural de l'Europe est plus lente et plus difficile à suivre, parce que le christianisme fut d'abord une religion urbaine. Les campagnes, où la densité de la population était plus lâche et où les vieux rites païens étaient plus solidement assis sur les nécessités de la vie agraire, subissent partout et à des époques différentes, une influence de la religion nouvelle plus tardive, plus incomplète et plus limitée que les villes. Le christianisme s'inscrit semble-t-il dans le paysage rural, celui du village, lorsqu'un propriétaire chrétien bâtit un oratoire, lors de la consécration d'un autel et de l'installation d'un prêtre desservant ou lorsque la présence d'un ermite, d'un saint homme ou d'une communauté entraîne la construction d'un monastère. Selon les régions d'Europe et les étapes de la christianisation du continent, c'est bien évidemment à des époques très différentes que ce phénomène se réalise. Dès les IVe et Ve siècles en Orient, des églises témoignent presque partout de la foi des habitants. En Occident, leur présence dans les campagnes est plus tardive. Les édifices de bois les plus anciens n'ont guère laissé de trace et ce matériau reste longtemps dominant dans les constructions rurales notamment en Scandinavie, en Norvège, et en Europe centrale.

Mais les grands monastères sont largement présents dans le monde rural où, de l'Italie à l'Irlande, ils forment dès le VIe un archipel de solides constructions complexes. Dans les siècles suivants, ils connaissent une prodigieuse fortune et sont, notamment en Europe centrale, le fer de lance de la christianisation des campagnes. En Bohême, le premyslide Borijov Ier édifie les premières églises urbaines dans la première moitié du Xe siècle à Levy Hradec puis à Prague. Ses successeurs favorisent l'implantation des monastères bénédictins puis prémontrés et cisterciens (XIe-XIIe siècles). Il faut attendre le témoignage du moine Raoul le Glabre au XIe pour lire que l'Occident se couvre « *d'un blanc manteau d'églises* ». C'est qu'un mouvement de reprise économique marqué par la croissance démographique et les défrichements, associé à l'efficacité croissante de la capture, par le système seigneurial, d'une partie des richesses produites vient désormais donner les moyens de ces constructions qui fixent, pour des siècles, l'élément caractéristique du village européen. En Pologne, c'est au XIIe siècle que des églises en dur se multiplient dans les *grody*, les bourgs ruraux où s'échangent les produits. En Hongrie, il faut attendre la reconstruction qui suit la dévastation du pays par les Mongols (1241-1242) pour que des constructions en pierre deviennent nombreuses.

Ainsi l'église, paroissiale ou monastique, devient un centre de la vie des communautés rurales ou urbaines. Cérémonies, fêtes ou marchés sur son parvis sont l'occasion de rassemblements et d'échanges. Surtout, elle installe en Europe la référence sonore qui rythme et structure le temps de toute vie : les cloches qui sonnent les heures, qui appellent aux offices et qui célèbrent les morts. Le temps naturel suit la course du soleil, le jour commence à son lever, midi correspond à son apogée et la nuit débute à son coucher. Les cloches des églises humanisent ce temps naturel quotidien en signalant les grandes divisions de la journée. Les heures partagent la journée depuis l'Antiquité, douze pour le jour comme pour la nuit, ce qui les rend inégales selon les saisons. Les cloches rythment aussi le temps chrétien, celui des offices et des prières dont on entend l'appel auprès des monastères, par exemple à la troisième heure de la nuit (complies), à la sixième (matines) ou à la neuvième (laudes). Elles appellent les fidèles à l'office dominical. Elles deviennent si importantes dans la vie des hommes que lorsque les nouveaux pouvoirs s'établissent dans les villes d'Occident à partir du XIIe siècle, les communes qui naissent se dotent de campaniles et de beffrois laïques pour assurer leur emprise sur le temps des hommes.

Des rites chrétiens

Ces cloches signalent aussi les grandes fêtes liturgiques qui scandent le temps de l'année et qui en organisent chrétiennement le temps. Nativité (25 décembre), Circoncision (1er janvier), Épiphanie (6 janvier), fêtes du Carême, Annonciation (25 mars), Pâques, Rogations, Ascension, Pentecôte rythment la première partie de l'année, avant l'été des moissons qui exige le labeur paysan et qui n'est interrompu que par la fête de la Vierge (15 août). À l'automne, la bénédiction des Saints (1er novembre) et l'Avent renouent avec le cycle annuel. Partout l'Église s'est appuyée sur ces liturgies pour récupérer les fêtes et les vieux cultes païens. La Saint Jean (24 juin) christianise le solstice d'été, la Nativité celui de l'hiver et la Toussaint la vieille fête des morts.

Certes selon les groupes sociaux et les régions, les rites peuvent connaître certaines différences. Tel qu'on le devine au travers des admonestations et plaintes des clercs, les fidèles, et notamment ceux du monde rural, ne se pressent pas toujours à leur accomplissement. Il subsiste, en effet, de grandes différences selon les époques et les régions, ne serait-ce que dans le maillage des paroisses. Le quatrième concile du Latran (1215) prend acte de ces limites en ne demandant aux fidèles que le minimum. Au-delà de la participation à l'office dominical, une confession annuelle et une communion pascale sont seules exigées (canon *Utriusque sexus*). Mais, dans toute l'Europe et dès lors que le christianisme est vraiment installé, la vie sociale est enserrée dans ce cadre chrétien dont la dévolution des sacrements est le témoin.

Certes, pour ce que l'on parvient à discerner, les prêtres paroissiaux ne brillent pas par des qualités particulièrement éminentes. Dans l'Orient byzantin – où les églises paroissiales ne disposant pas de ressources propres, ils sont souvent mariés et cultivent la terre en vivant la vie des paysans –, leur niveau intellectuel et moral ne brille pas par son élévation et c'est plutôt auprès des moines que les fidèles trouvent une religion plus exigeante. La qualité du bas clergé, notamment rural, n'est pas meilleure dans l'Église d'Occident si l'on en juge par les propos des réformateurs qui le stigmatisent régulièrement. Malgré les efforts constants du clergé acquis à la réforme grégorienne, les églises et leurs desservants restent largement dépendants des laïcs collateurs de bénéfices. Surtout, l'ignorance et l'inconduite restent fréquentes. Jusqu'à la fin du Moyen Âge, les visites pastorales témoignent de la faiblesse de la formation des clercs ruraux, de leur absentéisme. Le clergé paroissial reste souvent nicolaïte. Mais en assurant les rites et en dispensant tous les sacrements, ces clercs, mêmes jugés indignes par leur hiérarchie, assument une autorité sur leurs ouailles et maintiennent, d'un bout à l'autre de l'Europe chrétienne, une communauté des pratiques religieuses.

Pour autant, ces rites, dont le sens profond échappe sans doute à la majorité de ceux qui les suivent et peut-être même de ceux qui les administrent, ne sauraient alors satisfaire l'aspiration humaine au sacré, au réconfort des peurs et au merveilleux. Aussi et dès les premiers siècles de la chrétienté, se développe et s'étend en Europe le culte des saints, des reliques ou des images.

Par leur vie authentiquement chrétienne et édifiante les saints sont certes des modèles héroïques, mais ce n'est pas seulement l'exemple que cherche l'homme médiéval dans leur culte. C'est bien plutôt le réconfort, l'aide et la guérison. Distingués par Dieu, les saints ou les saintes sont d'abord des faiseurs de miracles. Ils châtient les méchants, subjuguent les incroyants et surtout, ils soulagent les fidèles de tous les maux. Aussi, en Orient comme en Occident, leurs vies font l'objet de récits qui constituent une abondante littérature hagiographique dont le double propos est d'édifier par le spectacle d'une existence exemplaire et surtout de convaincre de la puissance de Dieu et du saint, de sa *virtus* qui attire le culte des fidèles. Cette puissance ne meurt pas avec lui : elle subsiste avec ses reliques dont le culte prend un essor prodigieux à partir du IVe siècle.

À l'origine, ce sont les victimes chrétiennes des siècles de la persécution romaine qui ont été sanctifiées par le martyre. Dans toute la Chrétienté on s'attache à en recueillir les pieuses reliques qui font rapidement l'objet d'un intense trafic, notamment depuis les cimetières romains. Un diacre gardien des catacombes connu sous le nom de Deusdonna se fait ainsi une spécialité de leur commerce. Cadeaux (les papes du haut Moyen Âge sont de grands dispensateurs de reliques), ventes, échanges et rapt dispersent d'abord les restes des saints dans les églises cathédrales et les monastères. Rapidement toutefois le stock de reliques disponibles ne suffit pas à la demande, en Occident du moins où les sépultures des martyrs sont concentrées dans Rome. Aussi voit-on se multiplier les occasions de sainteté. Dans l'empire byzantin, on a vu que les formes que prend le développement précoce du christianisme favorisent l'apparition d'un personnage particulier, le saint homme, souvent un ermite, que son ascétisme héroïque propose à la vénération des foules. Tel est ce Syméon le Stylite qui, au Ve siècle, passe sa vie d'ermite en mortifications au sommet d'une colonne toujours plus élevée, la dernière version faisant dix huit mètres de haut. Les foules se pressent à ses pieds et vénèrent le saint de son vivant recevant conseils et admonestations. Après sa mort un immense complexe de basiliques est édifié pour prolonger son culte. Dans l'Occident barbare puis carolingien et dans ses régions proches, la multiplication des paroisses et les constructions d'églises qui lui sont liées ravivent le besoin de reliques, chacun des autels consacrés devant en contenir quelques morceaux. On pallie la demande en vénérant de nouveaux saints, les confesseurs, responsables de l'évangélisation des provinces ou ceux dont la vie édifiante a été particulièrement mise en valeur par l'hagiographie. À saint Martin, vénéré dès le Ve siècle, s'ajoute donc une multitude de saints locaux qui n'exclut pas les grands évêques « politiques » comme saint Éloi et saint Léger. Dans le reste de l'Europe qui se christianise dans les siècles suivants, de nouveaux clercs trouvent la sainteté dans le martyre comme Boniface, enseveli dans l'abbaye de Fulda ou le tchèque Vojtech (Adalbert), évêque de Prague puis missionnaire martyrisé par les Prussiens païens en 997, dont les Polonais recueillent la dépouille pour fonder sur ses saintes reliques la métropole de Gniezno. Mais d'autres saints, plus politiques apparaissent. Les grands souverains à l'origine de la christianisation de leur peuple comme Wenceslas en Bohême, Étienne en Hongrie ou Vladimir à Kiev deviennent des saints sur la légende desquels se fonde une identité appelée à devenir plus tard nationale. Le panthéon des saints se complète aussi de cultes économes en reliques comme celui de l'archange saint Michel.

Les reliques sont l'élément essentiel d'un culte qui rassemble dans une même dévotion les élites et le peuple de toute la Chrétienté. Les plus prestigieuses sont liées à l'histoire sainte. La Vraie Croix, supposée retrouvée par Hélène à Jérusalem, est la plus fameuse et ses morceaux se multiplient au Moyen Âge, comme d'ailleurs les épines de la couronne du Christ. Pour l'une d'elles, Louis IX construit la Sainte Chapelle dans son palais royal de l'Île de la Cité. Un voile ou manteau de la Vierge est particulièrement vénéré à

Constantinople. Mais les reliques des saints sont bien plus nombreuses que ces pièces exceptionnelles. Pour les chrétiens du Moyen Âge, leur valeur religieuse tient d'abord à ce qu'elles conservent la *virtus* du saint et qu'elles peuvent la transmettre par simple contact physique. On cherche alors à les obtenir par tous les moyens. Les moines de Conques, désespérant de fonder leur église sur de bonnes reliques, volent le corps de sainte Foy à Agen en 866. Des marins de Bari s'emparent de celui de saint Nicolas à Myre. Dans de rares et miraculeuses circonstances un pieux personnage fait l'invention d'une relique jusque-là dissimulée à la vénération des fidèles. L'ermite Pélage découvre ainsi le corps de l'apôtre Jacques le Majeur à Compostelle et fonde durablement la fortune du lieu. Dans Antioche, prise par les croisés en juin 1098 puis assiégée par l'atabeg de Mossoul Kerbhoga, les pouvoirs concurrents dans la direction de la croisade sont tour à tour favorisés par la Providence. Raymond de Saint Gilles retrouve la Sainte Lance mais le légat du pape Adhémard du Monteil y fait l'invention du Saint Suaire. Devant cette avalanche, on s'inquiète quelquefois de la réalité des saints restes. On les conserve dans un coffret scellé à Constantinople. On se moque comme Christophore de Mytilène des trop nombreuses mains de saint Procope. Mais le fidèle qui vénère alors le Saint Suaire ignore sans doute le plus souvent qu'il pourrait le faire dans une quarantaine de sanctuaires européens.

Les reliques sont le support d'une religiosité intense et humaine qui mêle foi chrétienne et magie. Pour le fidèle, leur culte vise d'abord à s'assurer la protection ou le secours de Dieu, de la Vierge ou des saints. Le basileus Léon III disperse la flotte arabe qui assiège Constantinople en 718 en frappant l'eau du Bosphore avec le reliquaire de la Vraie Croix. À plusieurs reprises, l'insigne relique qu'est le voile de la Vierge protège la ville des assauts ennemis, comme lorsqu'on la promène sur la muraille théodosienne pour repousser les Russes. Alexis Ier l'emmène avec lui dans toutes ses campagnes. Les reliques de sainte Geneviève portées sur les remparts de Paris protègent la cité de l'assaut des Normands en 885. Les particuliers recherchent auprès des reliques la guérison de leurs maux physiques ou moraux. Dans l'Orient byzantin une huile miraculeuse sourd du tombeau des saints « myrhoblites » comme saint Démétrios de Thessalonique. On recueille la cire des cierges ou la poussière des sanctuaires. Lorsque les malheurs des temps (la peste et la guerre) assaillent l'Occident dans les derniers siècles du Moyen

Âge, le culte des saints vient réconforter devant la perspective si présente de la mort. On se presse sur tel tombeau miraculeux censé réanimer quelques instants les enfants qui sont morts en naissant pour saisir l'occasion d'un baptême furtif et salvateur. Dans ce cadre complexe qui associe pratique magique et réflexion théologique, Byzance semble s'être fait une spécialité du culte des images. Les stylites syriens dont les colonnes poussent tout autour de celle de saint Syméon au Ve siècle, avaient déjà pour coutume, semble-t-il, de distribuer aux fidèles des représentations d'eux-mêmes réalisées avec la poussière du sanctuaire mêlée à leur propre sueur. Les icônes, comme les reliques sont en fait habitées de la *virtus* des saints et leur culte en est le prolongement. Il connaît à Byzance un extraordinaire développement, au point qu'une réaction se fait jour à partir du VIIIe siècle parmi des clercs à la pensée exigeante, qui l'assimilent à l'idolâtrie. Même appuyés par les empereurs des dynasties isaurienne et amorienne, les iconoclastes – les briseurs d'images – ne parviennent pas à emporter l'adhésion durable de la population. Puissamment relayée par les moines, l'opinion des iconodules – ceux qui adorent les images –, impose le retour à l'orthodoxie au milieu du IXe siècle.

Cette expression religieuse intéresse aussi l'histoire européenne en ce qu'elle est à l'origine d'un autre trait commun à la chrétienté : le pèlerinage. Dans l'Orient byzantin, l'extraordinaire foisonnement des lieux où le fidèle peut venir vénérer des reliques ou des images, rend commune la pratique de ce l'on nomme en Occident : pèlerinage. Très tôt les lieux saints de Palestine attirent les pieux voyageurs. Constantinople elle-même, riche en reliques, en églises et en icônes prestigieuses, draine la ferveur des foules. En Occident les grands monastères sont de précoces lieux de pèlerinage, comme Saint-Martin de Tours. Rome avec son prestige de ville pontificale, ses églises somptueuses et ses reliques multiples est une valeur sûre pour le pèlerin. Des églises portées par la réputation de leurs reliques, comme Conques, sont aussi des destinations fréquentes. De même certains sanctuaires que la renommée rend plus ou moins temporairement prestigieux : Saint-Michel-de-Gargan et Bobbio en Italie, Vezelay, Le Puy et l'abbaye du Mont-Saint-Michel en France. Dès le IXe et surtout à partir du XIe siècle, le pèlerinage de Saint-Jacques-de-Compostelle connaît en Occident une immense fortune. Nourri par la participation des chevaliers et des clercs occidentaux qui faisaient le détour en venant participer aux guerres de *reconquista* contre les infidèles, facilité par l'organisation de « chemins » au long desquels les hôtelleries monastiques et les hôpitaux accueillent, guident et encadrent les pieux voyageurs, le pèlerinage de Saint-Jacques devient pour deux siècles le premier de la chrétienté occidentale. Sans doute sa fortune joue-t-elle un rôle d'entraînement pour le plus prestigieux et le plus grand de tous, le pèlerinage de Jérusalem, qui reprend vie au Xe siècle, qui, conduisant le pèlerin sur les pas du Christ, anticipe les croisades. Ces pèlerinages donnent au culte des reliques et des lieux saints une dimension particulière. En les effectuant au prix de grandes difficultés, risques et misères, le pèlerin n'est pas mû par l'espoir d'une guérison miraculeuse des maux du corps : c'est la pénitence, salvatrice de l'âme, qui en est la récompense.

Ainsi, d'un bout à l'autre de la chrétienté, la foi la plus commune n'est pas celle des brillants débats théologiques, des passions puissantes des saints François, Bernard et Grégoire Palamas. C'est celle d'hommes et de femmes dont la vieille religiosité christianisée cherche à apaiser les angoisses du présent et de l'avenir. Mêlant inextricablement recherche spirituelle et superstition, elle donne au christianisme médiéval sa dimension humaine à laquelle les plus savants ne sauraient échapper, à l'image de ce basileus qui entend l'icône du Christ de la Chalcé, lui parler, de ce Bernard d'Angers qui est d'abord scandalisé par l'idole païenne que lui semble être la statue reliquaire de la Sainte de Conques et qui, séduit par la simplicité de la foi des fidèles, finit par rédiger ce « *Livre des miracles de Sainte-Foy* » (XIe siècle) qui contribue au succès immense de ce pèlerinage.

Un art d'abord chrétien

Le Moyen Âge, saisi dans son ensemble, se caractérise par le faible développement de l'art profane. Il est certes vrai que bijoux, vaisselle et coffres décorés n'ont pas pu laisser autant de traces que les édifices et leur décoration. Mais dans un monde fortement marqué par l'importance de la religion, l'art lui-même sert d'abord à exalter la foi. Pour autant, il n'est pas simple d'embrasser d'un seul regard un art qui serait européen et médiéval pour une durée de près d'un millénaire. Les grandes dénominations conventionnelles opposent selon les lieux et les époques les arts paléochrétien, byzantin, carolingien, roman ou gothique. Les plus connus ou les plus étendus d'entre eux se subdivisent d'ailleurs en multiples variantes qui sont géographiques – le roman, par exemple – et/ou successives, comme c'est le cas du gothique. Les étiquettes apposées sur les œuvres, toujours postérieures aux sociétés qui les ont produites traduisent d'ailleurs souvent plus un regard porté sur le passé qu'une réalité. Elles répartissent les édifices et leurs éléments décoratifs en fonction de critères qui mêlent les espaces (art roman auvergnat), les périodes (art ottonien), le style (gothique « flamboyant » ou « international ») ou l'analogie de certaines formes (l'influence byzantine). Dans quelle mesure définir une histoire européenne de l'art médiéval, qui soit autre chose qu'une mosaïque d'*exempla* reliés par filiations anarchiques ?

Plusieurs repères permettent d'aller dans cette direction et, en premier lieu, la persistance du legs de l'antiquité gréco-romaine et la permanence du répertoire des formes qu'elle propose aux artistes médiévaux. Certes, ces formes ne subsistent vraiment à l'état de vestiges observables que dans une partie de l'ancien territoire romain, assez rapidement réduite à la zone méditerranéenne. Certes, les peuples dits barbares amènent avec eux d'autres traditions stylistiques, caractérisées notamment par le goût de l'abstraction des formes, les motifs animaliers et géométriques. Certes enfin, les échanges avec l'Orient n'excluent pas l'ensemble de l'Europe des influences lointaines comme celle des Sassanides ou de la civilisation musulmane. Mais le prestige des vieux empires, mort (romain d'Occident) ou survivant (byzantin), le fait que le christianisme conçoive son répertoire initial de représentations et d'édifices sur les rives de la Méditerranée avant de conduire l'acculturation des peuples païens septentrionaux, tout cela concourt à donner au legs de l'Antiquité une pérennité longtemps masquée par le mythe de « la » Renaissance, supposée succéder aux siècles sombres du Moyen Âge.

En témoignent justement les multiples « renaissances » que les historiens de l'art s'attachent à reconnaître dans l'évolution de l'art médiéval, qui signifient qu'en certains moments de leur histoire artistique, telle ou telle région de l'Europe connaît un épanouissement marqué par le retour à des caractères qui sont reconnus à l'art gréco-romain, du moins dans ses périodes de plénitudes telles que les a définies un certain mythe de l'Antiquité. Ces caractères sont à la fois ceux de la simplicité et de la pureté des formes, « attiques » (référence au Ve siècle athénien) ou « augustéennes » (référence, par exemple, à l'*ara pacis*). Ils sont aussi ceux d'un art qui, cherchant à représenter l'homme dans ce qu'il est, privilégie l'humanité des formes, l'humanisme d'une conception du monde plutôt que l'idéalisation et la symbolique.

L'art byzantin est ainsi marqué dès ses origines par les héritages opposés de l'Antiquité hellénistique et romaine, surtout tardive (hiératisme et schématisation des formes) et de l'Orient, notamment syrien et sassanide. Il est souvent perçu comme privilégiant à la fois la rigidité et le hiératisme des figures, le symbolisme et le dogmatisme des représentations chrétiennes, le faste et la somptuosité de l'apparat, des ors et des couleurs. Mais sous la pérennité des traditions d'un art dont les fondements narratifs sont assez tôt fixés, on relève la fidélité à l'idéal antique des mosaïques thessaloniciennes du VIe siècle, le retour aux modèles antiques et hellénistiques qui marquent le IXe siècle au lendemain de la victoire de l'iconodoulie, la sensibilité au pathétique des artistes de l'époque des Comnènes, le retour de l'inspiration antique, et notamment hellénistique, lors de la brillante renaissance artistique de la dynastie des Paléologues. On suit la trace de cette dernière tendance jusqu'à Moscou, dans l'œuvre du grand peintre Andréi Roublev (1360-1430).

En Occident, l'art chrétien qui s'accommode d'abord de l'esthétique germanique, géométrique et zoomorphe, ne rompt pas avec ses racines de l'Antiquité dont les artistes retrouvent le chemin dès la fin du VIIe siècle. La renaissance carolingienne est marquée par la volonté de Charlemagne de légitimer son nouvel empire à la fois en magnifiant sa dimension chrétienne et en le rattachant à l'Antiquité. Cette idéologie se traduit d'abord dans l'art aulique (Aix-la-Chapelle), mais aussi dans l'humanisation des figures des livres enluminés. Si l'art roman est d'abord marqué par une mystique centrée sur Dieu, stylisant les figures humaines et divines en même temps qu'il développe amplement un bestiaire de monstres et un répertoire de formes fantastiques issus de l'imaginaire, il conserve tout un courant antiquisant, diffus un peu partout, plus net dans les régions méditerranéenne et mosane. L'art gothique enfin accentue dans la statuaire le retour à l'humanité des représentations et au réel des formes. Pour les arts figurés, il puise son inspiration dans le classicisme antique, notamment à partir des années 1200. On sait enfin que la peinture italienne du *trecento*, encore marquée par l'influence byzantine, laisse de plus en plus de place avec Giotto à l'humanité des représentations. Si l'on considère qu'il n'est pas exclu que l'on puisse en trouver quelques racines dans la sensibilité qui s'exprime à Byzance dans certaines œuvres de l'époque des Comnènes ou de leur successeurs, alors peut apparaître la solidarité du propos de l'art chrétien médiéval, qui hésite dans son message entre la contemplation fascinée de la transcendance et l'humanité de sa réception par le fidèle.

L'un des principaux legs que l'antiquité chrétienne fait à l'art médiéval concerne l'élément principal de l'exercice de la foi, l'édifice même du culte : l'église. Parmi les innombrables variantes des églises médiévales quelques formes simples dominent, certes inégalement, telle ou telle aire ou telle ou telle époque, mais elles sont présentes un peu partout dans la chrétienté.

La basilique constantinienne est la forme christianisée d'un vieil édifice laïque de l'empire romain dont la vocation était celle d'une salle de réunion, et surtout d'un tribunal. Elle est généralement rectangulaire, le plus souvent précédée d'un portique permettant à l'origine de séparer les catéchumènes des fidèles (le narthex), et prolongée par une abside devant laquelle se déroule le culte. Avec de nombreuses variantes – nombre de nefs et d'absides, présence plus ou moins marquée d'un ou plusieurs transepts symbolisant la croix, éventuels porches et tours-clochers –, la basilique est l'une des formes élémentaires de l'église médiévale.

D'autres édifices privilégient dès les origines un plan centré promis à une plus grande fortune en Orient qu'en Occident d'où il n'est pourtant pas absent. Présent dans la Rome païenne (le Panthéon), on le trouve d'abord dans les baptistères ronds ou polygonaux, et dans nombre de *martyria*. Sainte-Sophie reconstruite par Justinien au milieu du VIe siècle reprend ce plan à une nuance près (71 m sur 77), comme la chapelle Palatine que Charlemagne fait édifier à Aix deux siècles et demi plus tard. Rien n'illustre mieux les deux solutions héritées de l'Antiquité que le somptueux ensemble d'édifices divers qui subsiste à Ravenne : grandes basiliques à nefs allongées comme Saint-Apollinaire in Classe et Saint-Apollinaire le Neuf, baptistères polygonaux (celui des Ariens et celui des Orthodoxes), enfin, la grande église à plan centré qu'est Saint Vital.

Avec de multiples variations illustrant dans leur architecture et leur décoration les nuances du programme théologique et de la sensibilité religieuse de la société du lieu et du moment, ces édifices appartiennent à une même civilisation. Ils visent d'abord aux rassemblements des fidèles autour des desservants pour les offices dominicaux et les grandes fêtes liturgiques, rassemblements dont le point d'orgue, partout accessible aux yeux de tous, est la communion. Ils tiennent tous un discours théologique dont les éléments fondamentaux sont communs, qui exalte la gloire de Dieu. Les voûtes des absides presque partout présentes, et plus encore celle des coupoles, sont les images complètes ou partielles de la sphère céleste. Les mosaïques et les peintures offrent aux regards des fidèles les épisodes des Écritures, les vies des saints, les images du Christ et de la Vierge. La Croix, symbole essentiel de la foi chrétienne est généralement lisible dans le plan même de l'édifice.

Cet art est donc mis au service de la foi et de ses manifestations. Le culte des reliques fait naître celui des reliquaires, objets de toutes formes – celle des fragments de corps qu'ils conservent, en particulier. La richesse en dorures et gemmes et la somptuosité de la décoration doivent dire la sainteté de l'objet. En développant des édifices de grandes tailles, l'architecture s'adapte à la nécessité de recevoir les foules nombreuses des capitales, des pèlerinages ; des fidèles prêchent dans leurs églises urbaines les ordres mendiants. Elle dit aussi la relation que les pouvoirs veulent entretenir avec l'Église. La liturgie servie par l'architecture de Sainte-Sophie de Constantinople, le programme iconographique de Sainte-Sophie de Kiev, la chapelle d'Aix ou l'abbaye de Saint-Denis légitiment une hiérarchie terrestre parfois explicitement rattachée à la hiérarchie céleste. Derrière la diversité des formes on découvre ainsi une véritable communauté des fonctions de l'art médiéval.

D'ailleurs, cette diversité n'exclut pas l'identification de vastes aires où se diffusent des formes « cousines ». L'image d'un Moyen Âge fait de communautés autarciques et entre lesquels les échanges sont rares n'est, en fait, vraie qu'à certaines époques et ne concerne que les volumes des biens échangés. Des hommes circulent, nombreux, au Moyen Âge, marchands, mais aussi clercs, guerriers et même ces artisans spécialisés que sont les artistes. Bien plus facilement que des marchandises, ils emportent avec eux des idées, des désirs, des images et des talents. Ainsi de vastes espaces subissent, parfois longuement, l'influence d'un centre artistique ou d'un courant particulièrement actif.

La première aire dans laquelle se déploie une forte influence artistique est celle de Byzance. Elle couvre certes d'abord tout l'empire byzantin. Elle s'étend ensuite aux peuples gagnés au christianisme par la diplomatie ou les missionnaires de Constantinople et aux vastes espaces qu'ils contrôlent. Les Balkans, grecs, bulgares et serbes sont ainsi sa terre d'élection. Plus au nord, l'art de la Grande Moravie subit son influence initiale dans sa joaillerie et ses croix pectorales, du moins jusqu'à la destruction du royaume morave par les Hongrois. L'art de la Russie kiévienne, celui des principautés russes de Vladimir et Souzdal, des cités de Novgorod et de Pskov, de la Grande Moscovie enfin, en sont issus directement, même s'ils présentent des variantes régionales et s'ils s'écartent peu à peu des canons byzantins en développant par exemple des styles particulièrement expressifs. Mais l'influence byzantine est également durable en Occident. Associée à l'idéologie théocratique dont l'empire byzantin est l'expression la plus forte, elle marque les constructions de l'Espagne des rois wisigoths, et porte les prétentions impériales de Charlemagne, qui s'inspire de Saint-Vital à Aix, ou celles des Ottoniens. On repère sa trace dans l'enluminure des Îles Britanniques (Livre de Lindisfarne, fin du VIIe siècle) ou dans la peinture romane (Sant'Angelo in Formis, en Campanie ; Berzé-la-Ville, peut-être, en Bourgogne). À la fin du XIIe siècle, les enluminures de Winchester trahissent aussi cette influence et la relayent peut-être vers l'Aragon (monastère de Sigena). C'est qu'avec les premières croisades, l'Occident est de nouveau en contact direct avec l'immense richesse artistique de Constantinople. Les rois normands de Sicile attirent les artistes byzantins au XIIe siècle. En 1204, la quatrième croisade dévaste la ville et ramène un immense un butin et, avec lui, bien des modèles. Victorieux, l'Occident reste parcouru par l'influence de sa proie. Cela est particulièrement vrai de l'Italie où l'empreinte de Byzance est marquée dans ses anciennes possessions : Ravenne et Rome, Pouilles, Calabre et Sicile, Venise enfin. L'influence de l'art byzantin sur la mosaïque et la peinture s'y fait sentir jusqu'au trecento.

L'art roman désigne en Occident un style qui apparaît au XIe siècle dans ses régions méridionales. Ses racines sont complexes, associant l'héritage antique, les expériences précédentes (carolingiennes et ottoniennes) et les innovations locales. Il est certes d'une extrême variété. Mais, porté par les grands monastères qui multiplient les constructions, l'art roman s'étend sur une aire considérable. Le noyau dense des constructions romanes intéresse l'Italie, la France, l'Allemagne et les Îles Britanniques, toute l'Espagne alors chrétienne. Mais le style roman se retrouve aussi en Scandinavie (Lund, Visby, Bergen et Stavanger), en Pologne (Gniezno, Poznan, Cracovie), en Bohême (Prague), en Dalmatie (Zadar, Trogir), en Hongrie (Esztergom) et jusqu'en Transylvanie (Alba Julia). L'espace des constructions gothiques lui succède dans le temps, à partir du XIIe siècle et, pour partie, se substitue à lui. Nombre de cathédrales romanes de la Suède ont été ainsi remplacées par des constructions gothiques. La diffusion du gothique, portée par la l'extraordinaire fortune des Cisterciens et par la dilatation de la chrétienté (croisades, *reconquista*) s'étend jusqu'à des marges encore plus éloignées de ses origines, jusqu'en en Livonie, par exemple. Elle culmine dans un style « international » dont la préciosité illumine le dernier art médiéval d'Occident.

Il existe enfin des zones de contact où les influences culturelles se mêlent plus que partout ailleurs, se fécondent souvent et s'affrontent parfois. C'est le cas des péninsules méditerranéennes, confrontées aux séductions simultanées de Byzance, de l'Islam et de l'Occident. À certaines époques fortunées, on peut y voir s'établir un art syncrétique comme dans la Sicile normande. Au sein d'un même espace politique, on peut y voir hésiter les limites culturelles, comme dans les différents États serbes qui se succèdent dans les Balkans. Si l'essentiel de l'art religieux doit y être rattaché aux modèles byzantins, l'art du littoral (Podgorica, Kotor) est d'abord pré-roman, du IXe au XIe siècle, puis romano-gothique aux XIIIe et XIVe siècles. Celui de la Rascie d'Étienne Nemanja (XIIe) mêle dans ses constructions des plans byzantins et des façades romanes et la miniature des mêmes siècles hésite entre toutes les influences. Dans la Corfou des XIVe et XVe siècles enfin, les icônes de tradition byzantine subissent l'influence manifeste des courants qui renouvellent la peinture italienne.

Dans les derniers siècles du Moyen Âge, c'est dans une de ces zones de contact, l'Italie, que se produit le plus nettement un dépassement des traditions religieuses de l'art médiéval, qui conduit à sa progressive laïcisation. Tandis que des artistes comme Giotto donnent à l'humanité une place de plus en plus forte dans leurs œuvres, les commanditaires du travail de l'artiste se diversifient et celui-ci échappe au monopole de l'Église ou des pouvoirs qui lui sont directement liés. Le paysage, d'abord décor, devient sujet de la peinture de Pierre et d'Ambrogio Lorenzetti. En Flandres le maître de Flemalle accentue le réalisme dans la peinture gothique. Tandis que sur les tombeaux le visage des gisants perd ses traits conventionnels, le portrait ne se limite bientôt plus à celui des saints ou des souverains ; il glisse vers la recherche d'une « vérité » de la représentation, notamment psychologique. L'homme réel ou supposé tel devient peu à peu le sujet de l'art.

Des valeurs et une pensée, entre legs antique et christianisme

L'Antiquité gréco-romaine avait développé une riche réflexion philosophique qui se concrétisait dans l'expression d'une éthique dont l'empereur Marc-Aurèle par exemple fut l'un des représentants. Ce monde s'accommodait par ailleurs, non du seul fait de l'esclavage mais d'une hiérarchie des statuts qui pouvait attacher à la personne la réduction drastique des droits et l'indignité de la servilité. Le christianisme initial, qui apportait une idée révolutionnaire, celle de l'affirmation de l'égalité de l'homme devant Dieu, ouvrait ainsi la voie à un humanisme.

Les fondements d'une reconnaissance de la personne

Cette conception d'une égalité entre les hommes concernait, il est vrai, Dieu et le salut. Dans sa stratégie d'accommodement avec les sociétés antiques, le christianisme triomphant rendait soigneusement à César ce qui lui était dû et s'accommodait à son tour de l'esclavage puis des différents statuts serviles médiévaux dans lesquels les monastères, par exemple, allaient trouver l'un des moyens, communs à tous les propriétaires, d'exploitation de leurs biens fonciers. Mais la contribution essentielle, qui ne se satisfaisait pas de l'ordre naturel des choses et des pratiques sociales, était l'affirmation de l'égalité. Elle contredisait celle d'une hiérarchie entre les peuples, dès lors qu'ils devenaient chrétiens : dans le principe, il n'y a plus de barbares dans la chrétienté.

L'exemple du mariage montre l'importance et les limites de cette définition chrétienne de la civilisation européenne. Le mariage, notamment celui des puissants, est d'abord un enjeu social et politique au Moyen Âge. C'est lui qui fonde les stratégies des clans, assure les alliances et prépare les héritages. Aussi devrait-il être naturellement contingent. L'Église médiévale en fait progressivement un sacrement et le déclare volontaire et indissoluble. Ainsi, dans le principe retenu, elle affronte brutalement les pratiques sociales, même si dans les faits elle compose souvent avec elles. Les causes en sont certes complexes. Religieuses, elles visent à enrégimenter la sexualité qui n'est reconnue licite que pour la procréation. Politiques, elles sont aussi un enjeu de pouvoir car un moyen de pression sur les clans familiaux. Mais la mise en œuvre de ce principe revient à protéger les personnes, et notamment les femmes, de la brutalité des logiques lignagères.

Les contradictions du recueil de la philosophie antique

En 529, Justinien décide de fermer l'école philosophique d'Athènes, dernier centre intellectuel païen, et donc dernier obstacle à l'unité idéologique, chrétienne, de l'empire. La décision de Justinien est à la fois politique et religieuse, comme il se doit dans un empire théocratique. Elle illustre l'un des problèmes que rencontre la pensée chrétienne : que faire du legs antique, essentiellement grec, en matière de philosophie et de science ? Tout le Moyen Âge hésite entre deux attitudes, celle qui consiste à rejeter comme erreur ou impiété les réflexions qui ne sont pas tirées des Écritures et celle qui consiste à rechercher dans la philosophie l'anticipation providentielle du message et les outils intellectuels de son commentaire. En fait, parce qu'il a choisi très tôt de s'accommoder de la culture antique, le christianisme privilégie plutôt la seconde option et c'est en cela qu'il va largement participer à son sauvetage. À Byzance, où la philosophie est considérée comme « hellénique » – ce qui signifie « science menteuse », en opposition à la vraie philosophie, c'est-à-dire à la théologie –, ce statut ne la ruine pas : il lui confère une véritable autonomie.

Les moyens de la réflexion philosophique sont divers ; comme les lieux où elle s'exerce. Au VIe siècle, Boece écrit à la cour de Théodoric et rédige ses *Consolations*... en prison. En Occident, les monastères accumulent, recopient et échangent les manuscrits. En Orient, ils assurent seuls l'élaboration de la pensée théologique. Mais ce sont des institutions de ce que l'on pourrait appeler l'enseignement supérieur qui jouent un rôle moteur. En Occident, les premières universités voient le jour à la fin du XIe siècle (Bologne, 1088) et dans la seconde moitié du XIIe (Paris, Oxford, Reggio, Salerne ainsi que Cambridge et Arezzo, où apparaissent les premiers collèges). Suit une véritable floraison : quatorze universités naissent en Europe au XIIIe siècle ; vingt-cinq au XIVe siècle ; trente-quatre, au XVe siècle.

La naissance et le développement des universités conduit à la formation de groupes de professionnels de la réflexion et de l'enseignement, des intellectuels soumis certes à la censure de l'Église mais jouissant de réelles franchises.

À Byzance, l'Université n'existe pas au même titre, mais plusieurs institutions successives prennent en charge la formation supérieure, notamment celle des fonctionnaires. Elles prolongent d'abord l'*auditorium* romain, jusque sous Héraclius. Au IXe siècle, le basileus Théophile et le César Bardas créent la Magnaure, véritable école supérieure de l'État dont Léon le mathématicien est le premier animateur. Au XIe, un ensemble d'institutions privées – dont celle de Jean Mauroupos – dotent Byzance de l'équivalent d'une grande université. Ces enseignements sont fortement encouragés par le pouvoir et des hommes proches du basileus comme Michel Psellos ou Michel d'Anchialos assurent successivement la charge de « consul des philosophes », dans le cadre brillant d'une renaissance intellectuelle. La réflexion fondée sur cette organisation est brisée par la dévastation de Constantinople en 1204, mais elle reprend lorsque les Byzantins chassent les Latins et restaurent l'empire. La renaissance des Paléologues est aussi d'ordre intellectuel. Le « Musée » d'Andronic II et le « musée Universel » d'Andronic III, qui sont alors créés, reçoivent même des Occidentaux ; ils alimentent une réflexion platonisante qui va fortement inspirer l'humanisme de la Renaissance italienne.

La philosophie antique est saisie par la pensée médiévale au travers d'itinéraires divers. La brillante philosophie juive médiévale engage de son propre chef un dialogue avec celles de l'Antiquité, des Arabes et des Latins. Mais ce dialogue reste à sens unique. Si elle s'intéresse passionnément à la réflexion des autres, elle est très peu lue et très peu connue par eux. Au reste, les grands textes

L'apparition des universités

antiques n'ont que très rarement été conservés en Occident et, dans les premiers siècles du Moyen Âge, la pensée antique n'y est connue que par de rares commentateurs comme Boece. C'est par les traductions d'œuvres antiques conservées à Byzance d'une part et surtout par celles de leur commentateurs arabes que l'Occident entre vraiment en contact, à partir du XIIe siècle avec les pensées de Platon et d'Aristote. Arrivée à Bagdad, notamment par l'intermédiaire des philosophes de l'École d'Athènes qui se sont réfugiés à Harran en Syrie, traduits en syriaque puis en arabe, les grands textes de la philosophie hellénique sont en effet abondamment commentés par les penseurs de l'époque abbasside. Par un extraordinairc voyage, la *translatio studiorum*, cette pensée passe de Bagdad à Alexandrie, gagne l'Afrique du nord, la Sicile et Cordoue. Traduite à Palerme et à Tolède, elle alimente toute la pensée médiévale. Son grand homme est Ibn Rushd (1126-1198), le Qâdi de Cordoue, l'Averroès des Latins, admirateur et commentateur d'Aristote. Son œuvre connaît une extraordinaire fortune en Occident et il est, comme tel, un philosophe européen. Il répond aux critiques de la philosophie exprimées dans le *Tahafût-al-falâsifa* (*L'incohérence des philosophes*) par son prédécesseur Al-Ghazali dans une vigoureuse *Incohérence de l'incohérence*, qui est un plaidoyer pour l'exercice de la raison.

Les penseurs européens du Moyen Âge abordent les mêmes problèmes. Ceux qui sont le plus marqués par Aristote tentent d'accorder raison et foi en mettant la première au service de l'explicitation de la seconde. Ils rencontrent la méfiance de l'Église qui craint à la fois l'hérésie et la concurrence dans la définition de la vérité. Lorsque leurs thèses s'éloignent trop du dogme, ils sont régulièrement condamnés comme le sont Jean Italos et Eustrate de Nicée à Constantinople au tournant du XIe et XIIe siècles. En Occident aussi, les thèses aristotéliciennes sont condamnées. À Paris en 1277, l'évêque Étienne Tempier interdit ainsi l'enseignement de 219 thèses qui englobent certaines propositions de Thomas d'Aquin. L'aristotélisme poursuit néanmoins sa tentative tout au long du Moyen Âge. En Occident il prolonge sa carrière à Padoue où l'averroisme règne en maître au-delà de la période. À Byzance la controverse entre thomistes et antithomistes occupe les XIVe et XVe siècles. Platon et ses successeurs sont un autre grand réservoir d'idées de la philosophie médiévale. Apparemment propre à justifier le christianisme par la transposition de son idéalisme, le platonisme pose en apparence moins de problèmes aux théologiens depuis que les pères de l'Église et notamment Augustin ont en quelque sorte christianisé son argumentaire. Il se révèle pourtant destructeur lorsqu'un penseur puissant comme le byzantin Gémisthe Pléthon qui s'est réfugié à Mistra en Morée au milieu du XVe siècle, l'utilise pour défendre les valeurs du polythéisme grec. Dépouillé de cet aspect sulfureux, le platonisme de Gémisthe Pléthon accompagne ses élèves, dont le futur cardinal Bessarion, qui se réfugient en Occident. Par eux, il contribua largement à l'humanisme renaissant.

Le Moyen Âge occidental est enfin occupé par une gigantesque et fructueuse querelle philosophique : les universaux (les hommes, les abeilles...) sont-ils réels – c'est la thèse *réaliste* – ou ne sont-ils que des noms, des mots, voire des éclats de voix – c'est la thèse *nominaliste* –, tandis que seuls existent les individus ? En fait la réponse importe peu pour l'histoire européenne. Mais la querelle alimente un immense effort de réflexion, de définition de concepts et l'élaboration d'outils intellectuels qui vont faire la richesse de la pensée européenne. Elle mobilise et fonde l'œuvre de grands penseurs comme Pierre Abélard (XIe siècle) ou Guillaume d'Ockam (début du XIVe siècle). Elle construit les outils, la pratique et l'idée même du débat.

L'immense effort intellectuel des Psellos, Italos, Thomas d'Aquin, Abélard, Ockam et de tous les autres, se place, à de très rares exceptions près, dans un cadre résolument chrétien, tout comme celui de Ibn Rushd reste fondamentalement musulman en dépit des mythes postérieurs. Pourtant, ils n'ont pas la même suite. Si Averroès ne trouve quasiment plus de continuateurs, la philosophie européenne médiévale a posé les fondements d'une interrogation fondamentale de sa propre religion. Étienne Tempier, qui interdit les thèses averroistes, ne s'y trompe pas lorsqu'il condamne ceux qui pensent « *comme s'il y avait deux vérités contraires* », celle des Écritures et celle de la philosophie rationnelle. Qu'importe alors qu'aucun des averroistes n'ait vraiment soutenu cette thèse, l'évêque de Paris sentait bien qu'elle était la suite logique de leur maniement de la raison. Un demi-siècle plus tard, Guillaume d'Ockam, rejetait à la fois le réalisme platonisant et la prétention aristotélicienne de raisonner sur la foi. Mais en distinguant résolument le domaine du divin de celui qui est accessible à l'entendement de l'homme, il fondait l'autonomie du second et, conformant son engagement politique à ses idées, il mettait son talent au service de l'empereur qui contestait une dernière fois la théocratie pontificale. Les prémices d'une laïcisation de la pensée existent dans ce legs médiéval.

III

Empire en Orient et en Occident

Le 4 septembre 476, l'empereur romain d'Occident Romulus Augustule est déposé par le chef skire Odoacre, élu roi le 23 août 476 par l'armée « romaine » cantonnée à Pavie. L'événement n'est que le dernier d'une longue série de coups d'État qui agitent la partie occidentale de l'empire romain, divisé en deux depuis la mort de l'empereur Théodose en 395. Mais il est le plus significatif. À la différence des chefs barbares romanisés auxquels il succède, le nouveau maître de l'Italie ne prend pas soin de désigner un empereur fantoche, pas plus d'ailleurs qu'il ne juge utile de faire disparaître le dernier empereur, si négligeable qu'il peut garder la vie et, qu'il peut poursuivre l'existence oisive d'un grand propriétaire retiré des affaires, relégué dans une *villa* de Campanie. Le nouveau roi renvoie en effet les insignes impériaux à Zénon, l'autre empereur romain qui gouverne à Constantinople la part orientale de l'empire, et dont il reconnaît ainsi la prééminence toute théorique et la légitimité tout en revendiquant pour lui-même un vague titre de « roi des nations » qui traduit sans doute le caractère composite de son armée.

On sait aujourd'hui que l'Europe n'entre pas dans « le Moyen Âge » ce 4 septembre là, et que l'événement n'a pas pour les contemporains la portée symbolique, que la postérité lui accorde en datant de ce jour « la chute de l'empire romain ».

Car pour chacun des contemporains, l'empire romain continue à Constantinople où Zénon tarde d'ailleurs à reconnaître Odoacre (il a son propre candidat pour l'Occident, Julius Népos réfugié en Dalmatie) avant de lancer contre lui un autre barbare, le roi des Ostrogoths Théodoric, qui conquiert l'Italie et élimine Odoacre en 493. Pour les hommes de ce temps, qui ne vivent là que des péripéties politiques communes, la civilisation matérielle et morale de « l'Antiquité tardive » se prolonge et se prolongera.

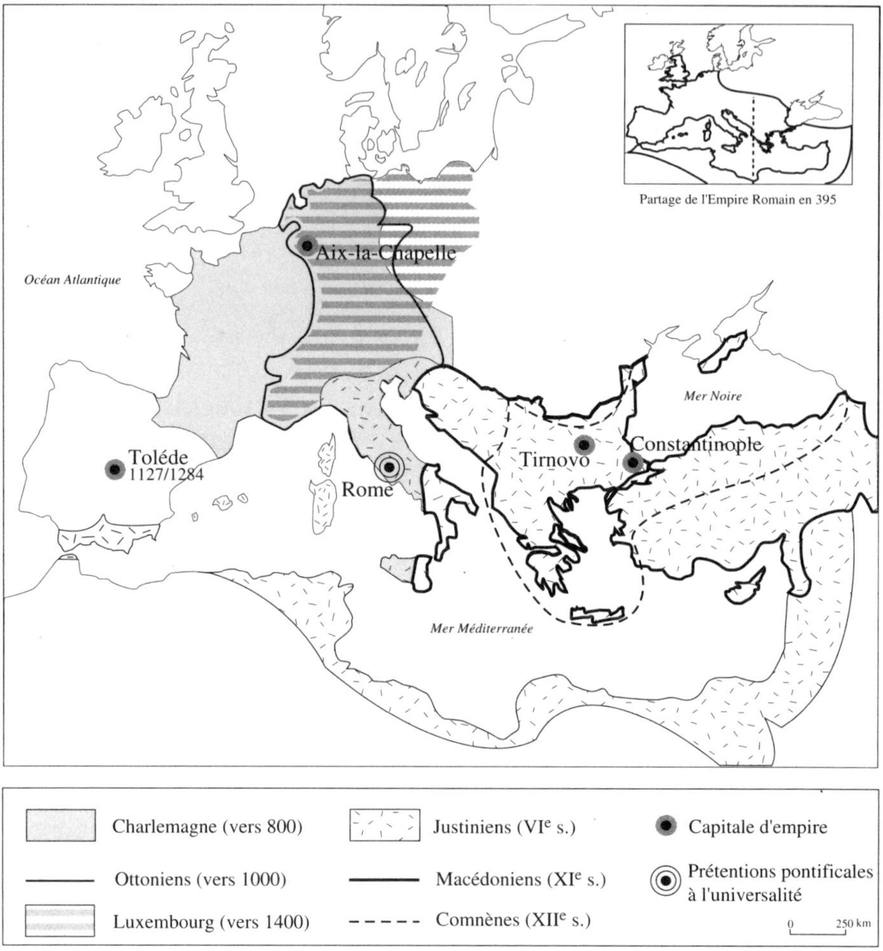

Empires chrétiens en Orient et en Occident

Mais dans les faits, le sort de l'Europe paraît désormais diverger. Le nord du Danube reste pour plusieurs siècles le domaine de peuples mouvants et le réservoir des dernières vagues d'invasion (Lombards, Avars, Slaves, Hongrois...). À l'ouest de l'Illyricum des « royaumes barbares », inégalement durables, s'organisent autour de peuples fortunés (Vandales, Wisigoths, Suèves, Burgondes, Francs, Anglo-Saxons, Ostrogoths, Alamans, Bavarois...), et dans cet ancien empire romain d'Occident, les populations romanisées fusionnent lentement avec les nouveaux arrivants. En Orient enfin, l'empire surmonte l'épreuve des invasions et semble poursuivre l'aventure romaine, même si son évolution particulière en fait peu à peu l'empire byzantin.

Or, si l'on regarde au-delà de cette fracture réelle de l'ancien monde romain, on distingue sur l'espace européen et dans le temps médiéval, une tradition, une évolution et un problème communs.

La tradition qui survit de Rome, c'est d'abord l'idée, le mythe, voire l'idéologie d'un empire universel, un empire chrétien à la tête duquel un empereur associe en une triple légitimité : une origine laïque, une désignation divine, une fonction de lieutenant de Dieu. Cette idée qui structure avec force l'idéologie politique de l'empire byzantin ne disparaît pas en Occident. Elle y renaît lorsque l'aventure carolingienne rencontre le besoin de sécurité de la papauté et donne naissance à un empire restauré.

Le problème naît de ce que la tradition romaine et constantinienne de primauté du pouvoir impérial dans presque tous les domaines (hormis celui de la définition du dogme de la foi) impose de définir la place et le rôle de l'Église dans la hiérarchie des pouvoirs qui structure ces empires chrétiens. Cette primauté n'est pas constamment ou unanimement acceptée par les hiérarques de l'Église. En Orient, l'empire byzantin trouve, dans les tensions entre basileus et patriarche, un équilibre délicat qui perpétue certains aspects du modèle constantinien. En Occident, les papes luttent pied à pied, s'opposent à la société comme aux empereurs, pour assurer leur indépendance d'abord, leur prééminence ensuite. Ils reprennent ainsi, mais à leur compte et en transformant le sens du message, la vieille revendication de l'universalité. Nul vrai vainqueur dans cette lutte séculaire dont émergent des pouvoirs politiques nouveaux, lentement laïcisés.

Enfin, l'idée ou le rêve d'un empire romain universel à légitimité divine rencontre en Orient comme en Occident, la réalité de l'évolution sociale et politique de l'Europe médiévale. L'emprise des empires est en fait limitée par des facteurs communs. La nature essentiellement rurale d'une économie assise sur la production agricole renforce la puissance des aristocraties terriennes et, avec elles, celle des pouvoirs locaux. Certes, la périphérie du continent subit l'influence des empires, mais échappe complètement à leur domination directe. Hispaniques, Anglo-Saxons, Hongrois, Slaves de l'Europe centrale, orientale ou balkanique, et Scandinaves s'organisent plus ou moins rapidement en entités politiques distinctes qui, sans que l'on puisse déjà parler de nations, reposent sur des groupes humains dont les élites partagent des caractères culturels particuliers et donc, sur une base pré-nationale. À l'intérieur même de leur espace premier, ces empires sont animés de forces centrifuges. En Occident, la Francie puis l'Italie échappent à un Saint-Empire qui se germanise tandis qu'en Orient, Bulgares, Serbes et Croates se détachent d'un empire byzantin qui s'hellénise. Une grande mutation dissout progressivement l'idée d'empire universel dans l'apparition d'entités politiques nouvelles qui mêlent bases nationales et formes proto-modernes de l'État.

Les trois sources de l'organisation politique de l'Europe médiévale

Vu de près, de trop près, le Moyen Âge européen semble se caractériser par le désordre de pouvoirs rivaux et concurrents. Peuples barbares tumultueux, chefferies devenues royaumes, empires affrontés, tantôt conquérants, tantôt en repli, ensembles politiques difficilement édifiés et rapidement soumis aux forces centrifuges de puissances régionales ou locales qui tendent à les fragmenter paraissent bien caractériser une période confuse de l'histoire européenne. On voit bien pourtant, en parcourant les siècles que cette situation de fait ne satisfait pas une aspiration assez largement partagée à la réunion de la chrétienté dans un ensemble qui prétend à l'universel. Aux origines de cette idée partagée par l'Orient et l'Occident médiéval se trouve un legs romain, celui d'un modèle de pouvoir progressivement élaboré et devenu, au IVe siècle après J.-C., le modèle constantinien. Mais il n'est pas le seul héritage des siècles agités de l'Antiquité tardive, ni le seul à jouer son rôle dans l'élaboration des constructions politiques de l'Europe médiévale. Avec lui se combinent le modèle que fournit l'organisation même de l'Église et les traditions des « barbares ». Au long du Moyen Âge européen, ces traditions se contredisent, se superposent et s'influencent.

Le legs romain : un modèle idéologique romano-chrétien ?

L'empire romain, dans sa définition du monde (« nous » et « les barbares »), dans sa vocation à assimiler les peuples dominés (extension du droit romain, jusqu'à la décision de Caracalla attribuant la citoyenneté romaine à tous les hommes libres de l'empire en 212), dans certains traits de l'organisation du pouvoir enfin, avait déjà posé les principes simultanés de la hiérarchie des pouvoirs princiers et d'un universalisme politique. Dès l'époque de la république, et tout au long de l'empire, un cérémonial consistait à remettre aux princes-clients les insignes de leur pouvoir en échange de la reconnaissance de leur dépendance. Ainsi, les dynastes d'Arménie avaient reçu couronne et insignes royaux de Tibère, de Néron, d'Antonin le Pieux, de Macrin et, semble-t-il, de Constance. Ensuite, l'empire était un, ses divisions du IVe siècle n'entamant pas la perception de son unité fondamentale. Enfin, pour conforter la légitimité impériale, le caractère sacré de l'empereur s'était peu à peu renforcé, ajoutant au titre d'Auguste la divinisation *post mortem*, puis le culte impérial, et enfin l'assimilation à des divinités viriles, victorieuses et solaires : Jupiter, Hercule, *Sol invictus*. Ces pratiques, les rituels de l'étiquette (adoration de la pourpre, nimbe), les exigences du culte impérial ne comptèrent pas pour rien dans le conflit fondamental qui opposa le monde romain à la nouvelle foi, hostile à la divinisation impériale.

Pourtant, le christianisme triomphant du IVe siècle sut se saisir de ce legs et le dépasser pour poser les bases d'un modèle politique promis à une grande fortune : le modèle constantinien. Prétendant au trône dès 306, Constantin le Grand avait construit sa fortune sur les armes et sur son ralliement progressif à la nouvelle religion. Chrétien dès 312, peut-être, seul empereur en 324, Constantin poursuit certes la tradition romaine (il est toujours *Pontifex maximus*, comme d'ailleurs ses successeurs, jusqu'à Théodose). Mais dans son entourage se développe une conception renforcée et christianisée de la légitimation religieuse du pouvoir impérial. Elle est surtout l'œuvre de son conseiller et biographe, Eusèbe de Césarée qui met au point une véritable idéologie de l'empire comme théocratie. Véritable lieutenant de Dieu sur terre, le prince est comparable aux apôtres (*isapostolos*), il est même un « *évêque pour le dehors* », c'est-à-dire pour les affaires profanes. Ainsi, le pouvoir, jusque-là sacré bien que laïque, devient issu du Dieu unique. L'empereur « imite, pour s'affermir, la souveraineté du divin monarque. En effet, voici qu'il a été accordé à un seul homme sur terre, par le Dieu maître de l'univers, cette règle du pouvoir royal, qui donne une autorité unique sur tous. » (Eusèbe de Césarée).

L'Église : un modèle pratique ?

L'Église et son organisation, jouent un grand rôle dans l'élaboration des formes politiques qui vont organiser l'Europe médiévale, en offrant d'abord à chacun des pouvoirs un modèle d'encadrement d'une redoutable efficacité. Lorsque l'Église primitive se dégage des formes initiales d'organisation que les premiers chrétiens souhaitaient lui donner et lorsqu'elle commence à investir l'empire romain, elle le fait selon un « principe d'accommodement » qui va jouer un grand rôle dans le succès définitif du christianisme. Calquant son organisation sur celle de l'empire, attribuant peu ou prou le ressort de la cité à ses évêques, construisant une hiérarchie parallèle à celle de l'empire, elle devient un moyen essentiel pour l'encadrement des populations. Elle est aussi détentrice privilégiée sinon unique (en Occident) de l'écriture, de l'histoire, du savoir et de sa transmission. Elle est ainsi l'un des principaux centres de recrutement de l'élite qui peut conseiller et aider les pouvoirs ; elle en est l'unique parfois (toujours en Occident). Aussi peut-elle constituer à la fois un relais ou un instrument de pouvoir et, dans la simplicité hiérarchique de sa structure, un modèle pratique d'organisation pour les organisations politiques en gestation, modèle que les grands ordres monastiques médiévaux concrétisent et résument aux yeux de tous.

Les traditions des « barbares » : un modèle tribal ?

Les peuples « barbares » qui s'installent à la place de l'empire romain d'Occident ou en périphérie de l'empire romain d'Orient ne sont pas des nations. Les limites de nos connaissances sur leur culture (longue absence de l'écrit), la faiblesse de leur organisation et la fluidité de leur existence (divisions et fusions, périodes de stabilité et périodes d'errance) en font autre chose, qui n'est plus tout à fait la tribu mais qui semble déjà être un groupe que réunissent à la fois le besoin de sécurité et une certaine conscience de partager des caractères communs dont les racines sont sans doute dans le mythe. Pour autant qu'elles soient comparables, leurs organisations originelles semblent être fondées sur une classe d'hommes libres (guerriers), au sein de laquelle se distingue plus ou moins un groupe aristocratique et que coiffe une chefferie, tantôt héréditaire, tantôt élective, comprenant un ou plusieurs « rois », aux fonctions religieuses et/ou militaires.

SURVIE ET MUTATIONS DU MODÈLE IMPÉRIAL ROMANO-CHRÉTIEN

Tout au long du millénaire médiéval de l'histoire européenne la conviction ou le projet de légitimer une autorité suprême par l'affirmation de sa filiation avec l'empire romain anime les plus vastes constructions politiques de l'Europe : l'empire byzantin, d'une part, l'empire carolingien et son successeur le Saint-Empire, d'autre part.

Des empires entre mythe, volontés et circonstances

C'est sans solution de continuité apparente que l'empire romain perdure d'abord en Orient où les circonstances le font lentement évoluer en empire byzantin. En Occident, d'autres circonstances permettent aux carolingiens, aux ottoniens et à leurs successeurs de rattacher leurs constructions politiques à la même source de légitimité historique. Aussi ces empires se retrouvent-ils rivaux parce que leurs prétentions à incarner la continuité romano-chrétienne est similaire.

La survie du mythe impérial romain

En Orient et pour les Byzantins, l'empire romain a survécu aux vicissitudes des derniers siècles de son existence, telle que les historiens postérieurs l'ont racontée. Ni la fondation de Constantinople sur le site de la vieille cité grecque de Byzance par Constantin le Grand en 324, ni la division de l'empire par Théodose entre ses deux fils Arcadius et Honorius, ne sont des décisions impériales destinées à casser l'unité fondamentale du monde romain. Ces événements n'ont pas non plus été perçus par les contemporains comme une rupture radicale avec le passé romain. Au contraire, Constantinople est symboliquement organisée sur le modèle de Rome, dans son administration (régions urbaines), ses lieux (Capitole, forum) et son Sénat. Le latin reste la langue administrative officielle de l'empire jusqu'au Code de Justinien (534). En fait, l'empire que l'on nomme byzantin n'a jamais été fondé. Il a la claire conscience de perpétuer l'*imperium romanum* et, jusqu'à sa fin, la titulature officielle de ses empereurs (« roi et empereur des Romains ») comme de multiples autres indices (le nom populaire de *Romania*, à partir du XIIIe siècle) portent cette revendication identitaire.

Le souvenir, la séduction et quelques fondements de l'idée impériale survivent aussi en Occident. La fin de l'empire romain d'Occident n'est pas l'écrasement absolu d'une civilisation par une autre. Depuis longtemps les « barbares » sont présents dans l'empire où ils ont été installés par l'État romain lui-même à titre de fédérés. Les dernières « armées romaines », foyers autour desquels résistent les derniers morceaux d'empire sont d'ailleurs largement barbarisées. C'est que Rome fascine le monde barbare dont les chefs s'empressent d'accepter les honneurs prestigieux que leur attribue l'empire finissant. Les grandes titulatures de *Magister militum,* patrice des Romains, consul, flattent désormais la vanité des rois goths, burgondes ou francs. Sans que la réalité de son témoignage soit totalement assurée, Grégoire de Tours raconte l'entrée de Clovis dans sa ville. Le roi des Francs aurait été salué du titre de consul par une ambassade de l'empereur Anastase et autorisé à porter la pourpre, le diadème et le titre d'Auguste. Au-delà du symbole, l'Ostrogoth Théodoric qui s'installe à Ravenne à la fin du ve siècle, met en place un véritable État dualiste, romano-gothique. Il s'entoure de conseillers romains (Boèce, Cassiodore) et s'attache à laisser en place la bureaucratie romaine, à se présenter à la fois comme roi (pour les Goths) et comme lieutenant de l'empereur Zénon (pour les Romains).

La pérennité des volontés impériales.

Dès les origines, les empereurs de Constantinople ne se désintéressent pas du sort du reste de l'empire romain et ils cherchent à plusieurs reprises à imposer leur candidat en Occident. Ces entreprises sont vaines au ve siècle, tant que Constantinople elle-même est aux prises avec la menace barbare et qu'elle ne peut soutenir un effort militaire en Occident. Les empereurs Majorien (456-461) et Anthémius (467-472) paient de leur vie la faiblesse du soutien que leur prodiguent leurs collègues d'Orient, et Julius Nepos (474-480) ne peut même pas pénétrer en Italie. Mais dans la seconde moitié du siècle, les menaces successives des Huns, des Wisigoths puis des Ostrogoths sont détournées vers l'Occident. Dès lors, l'empire byzantin qui regroupe des provinces toujours prospères et dont les finances sont restaurées par l'empereur Anastase (491-518) peut manifester à nouveau la prétention romaine, au moins symboliquement. L'Ostrogoth Théodoric fait légitimer son pouvoir à Constantinople ; le Franc Clovis, ayant peut-être reçu les insignes consulaires, bénéficie sans doute de l'appui de la diplomatie byzantine dans la lutte qu'il entreprend contre les Wisigoths.

Il appartient à Justinien (527-565) de mener la dernière tentative de reconstitution de l'empire romain universel. D'une famille illyrienne et latinophone, Justinien assume pleinement cet héritage et, plus qu'une reconquête, son entreprise vise le rétablissement d'un ordre du monde qui assure l'unité de l'œkoumène chrétien dans un empire catholique, orthodoxe et romain. Aussi, son œuvre est-elle cohérente, associant la reconquête des territoires qui sont aux mains des souverains ariens, les tentatives de conciliation entre orthodoxie et monophysisme, la clarification du droit et l'affirmation de l'État contre une aristocratie qui assoit alors son pouvoir sur le patronage. La reconquête qu'il entreprend vers l'Occident vise l'ensemble du bassin méditerranéen. En 530, l'Afrique vandale disparaît sous les coups de Bélisaire et redevient romaine pour un siècle et demi. Cinq ans plus tard, Justinien entreprend la conquête de l'Italie où la résistance acharnée des Goths entretient une guerre de trente années qui dévaste la péninsule. En 554 enfin, le sud de l'Espagne wisigothique est reconquis. Même s'il n'a pas retrouvé la frontière des différents *limes*, l'empire romano-byzantin est à nouveau présent d'un bout à l'autre du *mare nostrum,* la Méditerranée romaine.

Des forces contradictoires agitent alors l'espace européen occidental. La tendance à l'émiettement est une des permanences. Les peuples barbares semblent avoir une assez forte conscience de leur identité que renforcent la personnalité du droit et l'adoption de l'arianisme par le plus grand nombre d'entre eux. Les sociétés barbares et leurs pratiques politiques peuvent accentuer ce trait. Les aristocraties et les guerriers libres sont souvent ombrageux. La solidité des royaumes reste fortement liée au prestige et à la force du souverain du moment (Théodoric, Clovis). Si certains d'entre eux sont encore moins homogènes que les autres (Lombards), tous sont périodiquement agités de conflits internes que viennent renforcer les controverses religieuses sur la conversion ou non au catholicisme (Ostrogoths, Wisigoths, Vandales) et, pour les Francs, la tradition du partage du royaume entre les héritiers du souverain défunt.

Mais une tendance au regroupement se fait jour et constitue la base politique d'une idée impériale ravivée. Ce regroupement se fait autour du royaume des Francs qui s'étend largement sous Clovis, subjuguant les Burgondes et l'Aquitaine, et mordant sur les espaces germaniques. Même divisé entre les héritiers du fondateur, le *regnum francorum* reste autre chose que le patrimoine d'une famille. Son partage momentané n'exclut pas le sentiment de son unité, plusieurs fois reconstituée au long d'une histoire confuse. Au tournant des VIIe et VIIIe siècles, l'ascension de la famille austrasienne des Pippinides, ses immenses biens terriens, et le prestige qu'elle acquiert peu à peu grâce à la victoire de Charles Martel sur les Arabes à Poitiers en 732, viennent couronner ce processus de regroupement. Les interventions de Pépin I en Germanie et en Italie, les conquêtes de Charlemagne enfin, conduisent à l'édification d'un grand ensemble politique qui va servir de support à la rénovation de l'idée impériale romaine.

C'est qu'une situation nouvelle ouvre la voie à la restauration de la titulature impériale. Depuis l'invasion lombarde en Italie (VIe siècle) les liens se distendent entre le pape et l'empereur byzantin. Au fur et à mesure que ses positions s'affaiblissent en Italie, le maître de Constantinople est de moins en moins en mesure d'assurer la protection du pontife et de Rome. Au VIIIe siècle, le ralliement des empereurs isauriens à l'iconoclasme achève de séparer les deux têtes de la chrétienté. Plus que jamais menacés par les trop proches Lombards, les souverains pontifes successifs cherchent un protecteur et pensent le trouver en la personne du roi des Francs. Pour acheter sa protection, le pape Zacharie légitime le coup d'État par lequel Pépin Ier substitue sa dynastie à celle des Mérovingiens (751). Son successeur Étienne II vient jusqu'à Saint-Denis pour sacrer le nouveau roi des Francs et obtenir la promesse de la restitution des biens usurpés par le roi des Lombards. Deux interventions militaires franques (755 et 756) conduisent à la création de fait d'un État pontifical composé de vingt-deux cités dans une région qui va de Rome à l'Émilie, malgré les protestations de l'empereur byzantin dont les prétentions historiques sur l'Italie sont ainsi lésées.

Vingt ans plus tard, le nouveau roi Charles fait la conquête définitive du royaume lombard (774). Devenu roi d'Italie, ayant par ailleurs assuré sa domination sur la Bavière et la Saxe, rendu plus prestigieux par ses combats contre les musulmans d'Espagne et ayant, pour finir, détruit la puissance des Avars qui occupaient la Pannonie, le carolingien peut assumer le rôle de prince chrétien protecteur de l'Église et de la foi. Lorsque le pape Léon III, accusé de crimes et menacé dans Rome même, par une faction aristocratique se réfugie auprès de lui, Charles vient dans la ville le juger, l'absoudre et le réinstaller sur le trône de Saint-Pierre. C'est assez dire que le rôle dans lequel il s'installe va bien au-delà de celui de son père Pépin. Depuis quelques années en effet, l'entourage du roi des Francs et Charles lui-même développent une construction idéologique nouvelle certes, mais qui prend appui sur le vieux souvenir de l'empire romain universel. Les notions d'empire comme vaste ensemble de territoires, d'empereur comme dignité supérieure à celle des rois, et de royauté religieuse comparable à celle des souverains bibliques (Josias, David), sont évoquées par Alcuin et par Charles lui-même. Bien qu'encore roi, Charles agit de fait en empereur lorsqu'il réunit un concile (Francfort, 794), combat l'hérésie adoptianiste et fait condamner l'iconoclasme. Enfin, dès cette même année 794, il construit à Aix-la-Chapelle un ensemble palatin dont le modèle idéologique est le palais sacré de Constantinople.

En 797 la mère du basileus Constantin VI, Irène, aveugle son fils adolescent, s'empare en titre du pouvoir qu'elle détenait de fait et devient la première femme exerçant la fonction impériale. Mais une femme peut-elle remplir sans scandale une fonction quasi sacerdotale ? La question se pose au bon moment pour le roi Charles et la réponse de ses conseillers, facilement négative, fait que la dernière barrière tombe devant l'ambition du roi des Francs, celle de l'antériorité et du prestige de la titulature byzantine. La restauration impériale a lieu le 25 décembre 800, quand le roi des Francs Charles est couronné empereur par le pape Léon III dans la basilique du Latran.

Après la mort de Charlemagne, l'idée impériale survit en Occident en dépit de vicissitudes qui la transforment. Rien n'indique que Charles ait pensé fonder un empire durable. Dès 806, bien au contraire, il prévoit le partage de ses domaines entre ses trois fils, et sans doute a-t-il conçu la dignité impériale comme attachée au destin exceptionnel de sa personne. Deux facteurs contribuent pourtant à la perpétuer. Le hasard d'abord, qui fait périr ses fils aînés avant lui et ne lui en laisse qu'un seul, le cadet Louis, pour successeur. L'action d'une faction cléricale surtout, qui se saisit de l'idée impériale pour tenter de rendre plus ordonnée et cohérente une société chrétienne pensée sur le modèle de la Cité de Dieu. Autour de Louis le Pieux, acquis à cette thèse, des moines et des prélats (Benoit d'Aniane ; Agobard, archevêque de Lyon ; Ebbon, celui de Reims) élaborent la théorie d'une fonction impériale garante de l'unité, de l'ordre et de la pérennité de l'empire. Après avoir fait couronner Louis par le Pape (sa désignation par Charlemagne en 813 ne paraissant pas suffisante), ils inspirent le règlement de sa succession future par l'*ordinatio imperii* de 817 qui rompt la tradition du partage domanial égal entre les fils survivants du roi des Francs et fait de l'aîné Lothaire le seul héritier de l'empire. Les deux cadets sont pourvus de domaines limités et subordonnés. Bernard d'Italie, un neveu lésé qui se révolte, est vaincu et meurt aveuglé.

Aux VIIe et VIIIe siècles, l'échec final de la tentative de Justinien, les menaces mortelles que font peser les nouvelles vagues d'invasions, arabes et bulgares notamment, contraignent l'empire byzantin à se replier autour d'un noyau gréco-anatolien qui se dilate ou se contracte au gré des vicissitudes de l'histoire sans plus jamais retrouver l'ambition de Justinien. Cet empire trouve dans cet espace une homogénéité de plus en plus grecque, mais Byzance ne renonce pas facilement pour autant au souvenir de l'empire romain universel. Les basileus s'accrochent durablement à la conservation de lambeaux d'Italie (Ravenne, jusqu'en 751, la Sicile jusqu'en 1042, Bari jusqu'en 1071) et, au XIIe siècle encore, Manuel Comnène multiplie les tentatives pour reprendre pied dans la péninsule. Le dernier grand basileus de la dynastie des Comnènes est celui qui se montre le plus fasciné par l'Occident et par ses coutumes. Il épouse successivement deux princesses latines, une belle-sœur de Conrad III de Hohenstaufen, puis Marie d'Antioche, sœur du prince Bohémond III. Il réserve l'essentiel de ses efforts diplomatiques et militaires à la poursuite d'un mirage occidental de reconquête et, saisissant l'occasion du conflit qui oppose le sacerdoce (la papauté) et l'empire occidental (le Saint Empire), il tente même semble-t-il, de convaincre le pape de rétablir l'unité du monde romain en réunissant sur sa tête les deux couronnes impériales. Il se montre ainsi l'un des derniers souverains byzantins dont la politique porte vraiment la marque de l'idée de l'empire universel. Le naufrage de ses rêves au soir de sa vie, sa mort en 1180, les maladresses du parti latin qui entoure Marie d'Antioche et son fils Alexis II (marié à la fille du roi de France Louis VII), préparent l'usurpation d'Andronic II (1182) et la réaction populaire antilatine qui appuie le nouveau basileus.

Malgré ces événements, et en dépit des malentendus, des ambitions concurrentes et des conflits qui creusent peu à peu un fossé d'incompréhension et d'hostilité entre Byzance et l'Occident, une partie de la pensée byzantine reste ainsi longtemps attachée à l'idée de l'unicité du monde chrétien. Nombreux sont les empereurs byzantins dont les actes et les écrits témoignent de la différence qu'ils font entre leurs voisins asiatiques, proches mais étrangers, et les peuples et puissances du continent, souvent ennemis mais parents. Le mariage d'Irène et de Charlemagne semble un moment concevable. Michel II envoie volontiers à Louis le pieux des manuscrits grecs en 827 alors que, quelques années plus tard, Théophile refuse au Calife abbasside Al-Mamoun (qui lui demande l'envoi à Bagdad du savant Léon le philosophe) de « donner son bien... et livrer aux étrangers le savoir des êtres ». Constantin Porphyrogénète souligne « l'étroite communication et parenté entre Francs et Romains » (*De administrando imperio*). Menacé par les ambitions de Robert Guiscard qui vient de chasser les Byzantins de l'Italie du sud, Michel VII Doukas tente un accommodement en invoquant « les Saintes Écritures et les vraies histoires qui nous enseignent que l'origine et la racine de notre pouvoir... est la même ». Il invite le Normand à considérer que « étant donc unis par la foi et la communauté de la race, il est absurde d'être séparés par la différence d'opinion... ». En 1257 encore, bien après le drame de 1204 qui a vu la prise de Constantinople par les Latins de la quatrième croisade et à la veille de la reconquête de la ville par les Grecs, Georges Acropolite stigmatise certes l'envahisseur dans son *Discours contre les Latins*, mais ses reproches véhéments sont argumentés par le rappel des liens de parenté entre Grecs et Latins, entre l'ancienne et la nouvelle Rome, et par celui de la communauté de foi, de droit, des institutions politiques et de la culture qui rend plus scandaleux encore – la prise et le sac de la ville par une croisade dévoyée.

En Occident aussi, l'idée impériale romano-chrétienne s'installe durablement malgré la dislocation de l'empire carolingien au VIIe siècle. La dignité impériale n'a connu que trente-huit ans de vacance lorsqu'elle est rétablie par le souverain de Germanie Otton I, couronné empereur par le pape Jean XII le 2 février 962. Second de la nouvelle dynastie saxonne, le souverain a d'abord longuement bataillé pour faire reconnaître son autorité en Germanie, avant de tourner ses regards vers l'Italie. L'anarchie qui règne dans la péninsule et les menaces constantes qui pèsent sur une papauté en butte aux ambitions de l'aristocratie romaine, renouvellent l'occasion offerte jadis au roi des Francs. Si le nouvel empire fait bien figure d'héritier de celui de Charlemagne, sa dimension est moindre car il se limite grossièrement à deux des parts de 843 : la Germanie et la Lotharingie (Italie, Provence, Bourgogne, Lorraine et actuels Pays-Bas). Son centre de gravité est la Germanie, d'où l'empereur tire ses forces principales, sa légitimité et son prestige acquis par sa victoire décisive sur les Hongrois à la bataille du Lechfeld en 955.

Les Ottoniens (Otton I le Grand, Otton II – 973-983 – et Otton III – 983-1002 –), puis les dynasties suivantes (Saliens, 1024-1125 et Staufen, 1138-1250) exercent leur autorité sur un empire d'abord nommé *romain* (Otton II) puis *saint* (XIIe siècle). L'expression de *Saint-Empire romain* apparaît en 1254, au moment même où la mort du Hohenstaufen Frédéric II ouvre le *Grand Interrègne* : il n'y a plus de roi unanimement reconnu en Allemagne entre 1250 et 1272, et ce n'est qu'en 1308 que la maison de Luxembourg peut rétablir le titre impérial. Mais l'idée impériale est désormais ancrée dans l'histoire européenne et l'empire perdure même sans empereur. Avec des fortunes et des réalités diverses, il ne prend fin, juridiquement, qu'en 1806...

Le poids des réalités

L'empire byzantin est écartelé entre les prétentions de son idéologie impériale universaliste qui le conduisent à tourner ses regards et ses forces vers l'Occident chrétien et la réalité de ses intérêts d'État qui le contraignent à assurer la sécurité de ses provinces orientales et balkaniques régulièrement en butte à des invasions qui font peser sur lui une menace mortelle. Ainsi, et pour significative qu'elle soit de la permanence de l'idée romaine, la tentative de Justinien excède les forces de l'empire. Son coût considérable n'est pas compensé par la conquête de territoires qui sont dévastés par les longues guerres de reconquête. Après sa mort, l'empire est à nouveau obligé de se garder sur le Danube, face aux Slaves, aux Avars et aux Bulgares qui s'installent dans les Balkans (VIIe siècle) et sur ses frontières orientales, face aux Perses Sassanides d'abord, puis face aux Arabes dont la vague déferlante au VIIe siècle emporte définitivement tout le vieil Orient romain, à l'exception de l'Anatolie. Byzance n'a pas les moyens de résister sur tous ces fronts et, dès 568, l'invasion des Lombards ruine sa domination sur l'Italie. Le danger surmonté, Byzance renoue avec l'expansion sous les empereurs macédoniens qui rétablissent les positions de l'empire dans les Balkans et en Italie du sud. Mais l'arrivée soudaine des

Turcs Seldjoukides ruine ces efforts au XIe siècle. Les Comnènes sauvent alors la situation au prix de l'abandon d'une large partie de l'Anatolie, mais, malgré ses velléités, Manuel II ne trouve pas les moyens de réaliser ses rêves romains.

En Occident, les vicissitudes impériales tiennent à d'autres contradictions, celles qui opposent le beau rêve impérial et les réalités humaine, sociale et politique du temps. Ainsi, le second mariage de Louis le pieux, la naissance d'un nouvel héritier (Charles le chauve) et les intrigues de sa nouvelle épouse Judith conduisent l'empereur à renier l'idée impériale en prévoyant un partage de l'empire entre ses succcsseurs. Mais ces événements familiaux ne sont que l'indice du jeu des forces réelles : celles que représentent les grands clans familiaux de l'aristocratie. Les atermoiements de l'empereur, la révolte de son fils aîné Lothaire qui tente de rassembler autour de lui les débris du parti clérical/impérial, les manœuvres de chacun contre tous, ramènent l'empire à la réalité des fidélités vendues et achetées et à celle des partages établis selon les rapports de force momentanés. Le partage de Verdun (843) fixe pour des siècles la géographie politique fondamentale de l'Europe occidentale. Après la mort de Louis le pieux (840), celle de Lothaire (855) et de son fils Louis II (875), la couronne impériale devient un enjeu de légitimation. Elle erre de tête en tête avant de tomber dans le champ clos des rivalités de principicules italiens, pour finalement disparaître en 924. Tandis que de nouvelles invasions, normandes, sarrasines et hongroises ajoutent à la confusion des temps, les carolingiens s'effacent, cédant la place à des dynasties nouvelles : Saxons-Ottoniens en Germanie (919) et Capétiens en France (987).

Les souverains du Saint-Empire voient leur prétention rencontrer les limites que pose une double réalité. À l'intérieur même de l'empire, ils doivent compter avec le jeux de forces concurrentes, celles des grands aristocrates, maîtres de vastes territoires quelquefois prêts à se poser en prétendants, toujours attentifs à ne rien perdre de leurs domaines et de leurs positions. À l'extérieur de l'empire, ils prétendent exercer peu ou prou un magistère universel qui dépasse les limites restreintes de leur empire direct. Ce magistère prend appui sur les principes qui organisent les relations féodo-vassaliques. Ainsi, entre le Xe et le XIIe siècle et pour un temps plus ou moins long, des souverains de Pologne, de Hongrie, du Danemark et même d'Angleterre peuvent se reconnaître vassal de l'empereur.

Mais il s'agit surtout de la reconnaissance par tous d'une prééminence morale, en relation avec le sentiment d'une unité fondamentale de la chrétienté, et produite par des circonstances momentanées.

La commune mesure des idéologies romano-chrétiennes

L'idéologie qui fonde les expériences et légitime les revendications universalistes des constructions impériales byzantines et occidentales connaît certes des nuances et des différences. Héritière directe de celle du vieil empire romain, assise sur une culture homogène et sur de véritables institutions, l'idéologie de l'empire byzantin apparaît comme bien plus élaborée que sa rivale occidentale. Mais, issues des mêmes origines, les deux partagent pourtant les mêmes caractères fondamentaux.

Byzance : l'idéologie impériale universelle dans sa plénitude

Tout au long de l'histoire de Byzance, l'idéologie impériale byzantine reprend et développe les thèmes du modèle de pouvoir constantinien dont l'État byzantin est l'héritier. Jusqu'à l'extrême fin de l'empire et en dépit de la déchéance politique qui le frappe, elle est répétée par tous et à chaque occasion, théologiens comme Grégoire de Nazianze, penseurs comme Jean Damascène, historiens comme Anne Comnène et par les empereurs eux-mêmes. Il s'agit d'abord d'une conception théocratique. L'empire est l'empire de Dieu sur terre : il est universel. Son représentant est le basileus : il est unique.

Empire universel d'abord, dont la vocation est de rassembler tous les chrétiens. Non pas directement, dès lors que s'écroule le rêve de Justinien, mais par l'affirmation de la subordination de tous les princes étrangers à l'empereur qui est dit « souverain de toute l'œkoumène ». Cette conception fonde la diplomatie byzantine qui s'efforce toujours de placer les partenaires de l'empire dans des liens d'une dépendance au moins symbolique. Par de vastes entreprises de conversion au christianisme, par des réceptions solennelles et magnifiques des ambassadeurs et princes étrangers, par l'octroi généreux de titres et de dignités auliques, l'activité diplomatique tend littéralement à mettre en scène le principe fondamental de « la charge universelle » (Léon VI) dont est investi le basileus. Monarque supérieur en dignité à tous les autres, l'empereur byzantin est en effet devenu le *basileus* depuis qu'Héraclius a vaincu les Sassanides et leur a pris la vieille titulature perse de « roi des rois ». Il est le chef de la famille symbolique des rois et des princes, et nombre de ces derniers vont chercher à Constantinople d'abord des titres (*magister militum*, patrice, consul) puis une couronne royale, aussi bien d'ailleurs en Orient (Bagratides, Lazes) que dans les Balkans (princes croates et hongrois).

C'est que l'empereur est d'abord l'élu de Dieu et qu'il tire toute sa légitimité de cette désignation divine. Il est à la fois *theios* (divin), *hagios* (saint) et *doulos* (serviteur [du Christ]). Comme tel il prétend gouverner l'Église terrestre et Léon III se prétend même « empereur et prêtre ». En fait, si le basileus ne peut pas administrer les sacrements, il peut entrer dans le sanctuaire, il peut prêcher et il revendique, comme *épistémonarque* (Manuel Comnène), le droit de participer aux débats de l'Église. Certes, l'évolution politique de l'empire conduit à la mise en place de grandes dynasties (les Macédoniens, les Comnènes) dont le principe successoral renforce la légitimité, mais n'importe quel homme peut, en principe, être distingué par Dieu. Basile I, Michel V le Calfat et d'autres empereurs sont issus du peuple. Les usurpations heureuses sont considérées comme légitimes même quand elles sont criminelles, car leur succès même témoigne de l'expression du choix divin.

Ainsi se fonde la relation particulière qui unit le basileus à l'Église et, plus particulièrement, au patriarche de Constantinople. Le principe est simple et repose sur trois piliers : le pouvoir est entièrement dans les mains de l'empereur, le dogme est défini par les conciles œcuméniques, la discipline dans l'Église relève du patriarche de Constantinople. Le basileus intervient fortement dans la désignation du patriarche et lui remet la crosse, symbole de sa charge. Quelques fortes personnalités peuvent bien marquer le patriarcat et se saisir de circonstances favorables pour s'opposer victorieusement à un empereur affaibli. Le grand patriarche Photios esquisse une théorie duale du pouvoir (dans *l'eisagôgé*) et décrit le patriarche comme une « vivante image du Christ ». Nicolas le Mystique s'oppose résolument à Léon VI qui, cherchant désespérément à avoir un fils, contracte au début du Xe siècle, un troisième, puis un quatrième mariage (affaire de la « tétragamie »). Mais au bout du compte, c'est le basileus qui l'emporte et la règle de subordination du patriarcat au pouvoir impérial n'est jamais démentie, fondant la pratique politique que l'on nomme le césaropapisme.

L'empire en Occident, entre mythe, circonstances et idéologie

L'idéologie impériale dans l'Occident médiéval n'est pas aussi assurée ou solidement construite qu'à Byzance. C'est que l'empire doit beaucoup aux circonstances ainsi que le montre la nature même de sa restauration en l'an 800. L'existence d'un empire, c'est-à-dire d'une autorité politique supérieure à toutes les autres, avait été expérimentée par les barbares qui s'étaient installés sur son territoire à titre de fédérés et dont les chefs s'étaient honorés des titulatures prestigieuses que distribuaient les empereurs de Ravenne. Certains de ces chefs barbares avaient plus que les autres associé leur fortune à cet empire déliquescent. Les Aétius, Stilicon et Ricimer avaient pu s'emparer de fait du pouvoir, mais, s'ils avaient parfois fait les empereurs, ils ne les avaient jamais remplacés et ils exerçaient leur autorité en leur nom. Après 476, l'empire survivait à Constantinople et les rares relations entretenues avec lui par l'Occident témoignaient de la reconnaissance de son prestige ou de sa supériorité morale. En fait, l'idée impériale était peu à peu devenu un mythe et, sans doute, avait-elle pu ainsi plus facilement survivre. À la fin du VIIIe siècle, les circonstances avaient restauré en la personne du roi des Francs une puissance hors du commun. Parallèlement, l'empire byzantin portait de moins en moins bien le mythe de sa prédominance morale tant elle était entamée. La conquête lombarde l'avait évincé de la plus large partie de l'Italie, la querelle des images avait introduit le doute sur son incarnation de l'orthodoxie, une femme enfin, s'était attribuée le titre impérial.

L'élaboration de l'idéologie impériale carolingienne doit alors beaucoup au courant culturel et clérical dont le roi des Francs s'entoure à la fin du VIIIe siècle. Les historiographes, poètes et grammairiens dont Alcuin est le représentant le plus achevé, savent puiser dans leur culture chrétienne et dans la tradition antique les arguments qui leur permettent de mettre en forme une conception de l'empire. Mais celle-ci reste tout aussi fortement déterminée par les circonstances. C'est la *potestas* acquise par Charles, son rayonnement sur l'ensemble de l'Occident et l'abaissement parallèle de Byzance et du pape qui constituent le premier argument. Le roi des Francs est désormais perçu comme se plaçant au-dessus de tous les autres « par la puissance » écrit Alcuin, mais aussi « par la sagesse » et « par la dignité de son règne ». Sur ce constat, le groupe qui entoure Charles et le roi lui-même développent dès la fin du siècle une conception essentiellement chrétienne du royaume (image, réplique terrestre de la cité de Dieu) et du rôle du prince (« unique guide du peuple chrétien »). C'est ainsi que se justifient les multiples interventions du roi des Francs dans le domaine religieux (y compris celui du dogme), dès la fin du VIIIe siècle.

Cette conception ne fait guère l'affaire du pontife romain. Dans les années qui précèdent le couronnement de l'an 800, Léon III développe un autre programme qui se lit dans une mosaïque du palais Latran dans laquelle le pape Sylvestre et Constantin d'une part, Léon III et Charles d'autre part, sont mis explicitement en parallèle. Ils sont en effet représentés recevant les symboles du pouvoir spirituel (les deux papes) et temporel (l'empereur romain et le roi). Mais, dans une hiérarchie transparente de la légitimation, c'est le Christ lui-même qui traite avec le pape Léon III, le roi Charles devant se contenter de saint Pierre, dont le pape est le successeur. Les deux conceptions du pouvoir s'affrontent à fleuret moucheté en l'an 800, dans un contexte qui est très défavorable au pontife. En butte à l'opposition des aristocrates romains, menacé de destitution en 799, Léon III se retrouve entièrement dans la main du roi des Francs, son seul recours. Contraint de se justifier par serment devant un concile présidé par Charles le 23 décembre, l'habile pontife tente de reprendre la main deux jours plus tard. La tradition byzantine, héritière de la conception romaine, prévoyait une accession à l'empire en trois temps dont l'ordre était soigneusement symbolique. Les acclamations de l'armée (désignation politique) étaient premières, suivies du couronnement par le patriarche (légitimation religieuse) puis par la prosternation de tous les présents (reconnaissance des deux rites précédents). Mais il semble bien que Léon III ait su prendre tout le monde de vitesse en prenant l'initiative de couronner Charles avant que retentissent les acclamations des guerriers présents, posant implicitement le principe de la désignation de l'empereur par le pape et donc, de la supériorité du pouvoir religieux.

Si cette ambiguïté initiale allait se révéler riche de conflits pour la suite de l'histoire de l'Occident médiéval, elle ne change rien alors à la réalité du rapport des forces et Charles se pense et se dit alors « couronné par Dieu » et non par le pape. Tout au plus, la conception de l'empire carolingien intègre-t-elle plus nettement l'héritage romain. « Sérénissime Auguste », « empereur gouvernant l'empire romain », Charles fait désormais sceller ses actes d'une bulle portant la mention *Renovatio Romani Impero*. Le nouvel empire est donc d'abord chrétien, exprimant un ordre éthique du monde, mais il emprunte aussi ses symboles au souvenir de l'empire romain.

L'idéologie impériale se précise enfin à la faveur de la succession de Charles. Les circonstances, on l'a vu, font qu'un seul fils survivant (Louis) hérite pour ainsi dire naturellement de l'empire que Charles, selon la coutume franque, avait prévu de diviser entre ses héritiers. Or la politique de Louis est d'abord déterminée par sa piété et par l'influence d'un entourage clérical qui précise et accentue l'idéologie impériale autour de deux ou trois idées principales. L'action religieuse dont Benoit d'Aniane est le principal inspirateur réforme les abus, l'amélioration des institutions perfectionne le service de l'État, mais surtout, le règlement de la succession impériale introduit un principe nouveau. À la différence de la vieille conception franque selon laquelle l'unité du *regnum* subsiste en dépit de son partage entre les fils du souverain défunt, *l'Ordinatio imperii* de 817 n'accepte pas « qu'il fut possible par amour pour nos fils de laisser rompre l'unité d'un empire que Dieu a maintenu à notre profit ». Lothaire, le fils aîné de Louis est couronné empereur, ses frères pourvus de royaumes réduits et subordonnés. L'empire devient ainsi un concept plus étroitement politique dont l'unité effective devient la condition d'existence. Certes, la réalité de la société carolingienne fait alors rapidement justice d'une conception élaborée dans un groupe trop restreint, trop intellectuel et trop peu réaliste. La construction idéologique, s'étant trop éloignée du réel, échoue dans la dislocation de l'empire, mais elle a sans doute contribué à préciser et à renforcer le mythe impérial qui survit assez dans les esprits, malgré les partages territoriaux et les vicissitudes de la couronne, pour être relevé par la dynastie ottonienne.

L'empire rétabli par Otton Ier en 962 doit tout autant aux circonstances, celles qui ont redonné puissance et prestige au roi de Germanie qui a su établir son autorité sur les ducs allemands, mettre un terme aux razzias des Hongrois à la bataille du Lechfeld et se réinstaller en Italie en épousant l'héritière du royaume. Les difficultés du pape Jean XII avec l'aristocratie romaine lui fournissent la même opportunité que jadis celles de Léon III pour rétablir un empire qui se veut continuateur de celui de Charlemagne, qui en reprend donc les principes mais qui va au-delà. La théorie fondamentale des deux corps du souverain, déduite des deux natures du Christ, l'un mortel (celui de l'homme) l'autre éternel (c'est-à-dire l'État) apparaît en effet dans la théologie politique d'Otton Ier. Son État est ainsi sacré. L'empereur est le lieutenant du Christ sur terre, et son action trouve son sens dans l'*imitatio Christi*. Sa prééminence sur le pape est conséquemment affirmée et Jean XII, pontife scandaleux, est destitué.

Sous les successeurs immédiats du premier ottonien, Otton II et surtout Otton III, l'affirmation de l'universalisme romano-chrétien va se faire encore plus explicite. L'empire, d'abord essentiellement germano-franc d'Otton Ier, s'affiche déjà clairement romain sous Otton II que l'Évangéliaire d'Aix-la-Chapelle nous présente assis sur un trône et entouré de deux rois dont l'attitude est celle de la déférence. Mais il appartint à son fils Otton III, pétri de culture antique et fils de la princesse byzantine Théophano de pousser à son extrême développement la logique universaliste. Installé à Rome même, proclamée capitale universelle, adoptant pour sa cour les symboles et le rituel romano-byzantin (pourpre, diadème et globe d'or), appuyé par la collaboration amicale de Gerbert d'Aurillac qu'il fait pape sous le nom significatif de Sylvestre II, Otton III prétend exercer un magistère universel. Il patronne les Églises naissantes de Pologne, de Hongrie et accueille dans son impériale fratrie le maître de la Pologne, Boleslas le Vaillant. Sa mort prématurée à 22 ans en 1003 et celle presque simultanée de Sylvestre II mettent certes fin au rêve impérial, mais les empereurs ottoniens ont su forger l'idéologie sur laquelle le *Saint-Empire* (formule apparue au milieu du XIIe siècle) va se perpétuer. Les Saliens et les Hohenstaufen recueillent l'héritage et s'efforcent de le perpétuer. Henri III obtient le serment de fidélité du roi de Hongrie, Pierre Orseolo et, selon certaines sources, le couronne en 1044. Henri IV puis Frédéric Barberousse investissent ou couronnent les princes de Bohême. Les Hohenstaufen enfin, exploitent le renouveau du droit romain, situant leurs propres constitutions dans la suite de celles de Justinien et se plaçant explicitement dans la filiation des Césars, de Constantin et de Charlemagne que Frédéric Barberousse parvient à faire canoniser par un antipape.

Cette idéologie conçue dans le cercle impérial est largement diffusée par des gestes, des chroniques, des poésies, des miniatures et des traités, comme celui d'Otton de Freising qui place le monde entier sous le patronage de l'empereur. Elle survit aux péripéties qui ruinent peu à peu la réalité de l'empire qu'elle prétend définir. Elle s'exprime encore au début du XIVe siècle, dans les projets et dans l'entourage de Louis de Bavière, l'empereur Louis IV. Un vaste courant de contestation des prétentions pontificales est alors exprimé autant par Dante que par des Franciscains dissidents et par des philosophes comme Guillaume d'Occam, et donne, dans le *Defensor pacis* de Jean de Jandun et de Marsile de Padoue, la dernière version de l'idéologie impériale. En 1327-1328, la descente en Italie de Louis IV donne l'occasion d'une dernière grande mise en scène de la prétention universelle de l'empire lors de son couronnement romain, sur le Capitole même. Mais si cette idéologie survit ainsi sous de multiples avatars, c'est qu'elle n'est plus qu'une arme politique, conçue pour peser sur une réalité bien différente, celle d'un empire réduit, essentiellement germanique, qui a presque toujours peiné à établir son autorité de fait en Italie et notamment à Rome, là même, où il prétendait trouver sa légitimité historique.

La revendication théocratique de la papauté : la rupture de l'Europe avec l'héritage constantinien

Chaque civilisation, chaque culture même, s'est trouvée confrontée au mystère de la vie et de la mort, à l'effroi des forces naturelles et à l'insatisfaction de l'esprit qui l'ont conduite à développer, à un certain stade de son histoire, une dimension religieuse qui lui soit propre. La civilisation européenne n'échappe pas à cette constante humaine, mais son originalité tient à ce qu'elle a développé, avec le christianisme, une Église rigoureusement organisée et hiérarchisée, installée à la fois dans le siècle et à ses côtés.

Or cette Église est peu à peu portée à revendiquer la conduite complète de la société. Dans le domaine de l'équilibre politique des pouvoirs, l'Église romaine bouleverse ainsi le cadre romano-constantinien en prétendant placer le pape au-dessus, sinon à la place, de l'empereur lui-même. Cette revendication lentement définie n'aboutit pas, mais elle bouscule les deux empires et, en sapant leurs fondements, elle induit dans toute l'Europe des mutations décisives au profit de nouvelles formes d'organisation politique.

Les relations paradoxales de l'Église et du siècle dans l'Europe médiévale.

Héritier du modèle constantinien, le pouvoir médiéval est explicitement relié à Dieu. Les empires d'Orient et d'Occident conçoivent son exercice dans un cadre romano-chrétien qui associe légitimation divine et exercice laïque de l'autorité. L'Église prend certes une place capitale dans ce système, mais elle reste subordonnée, à Constantinople où le basileus peut faire et défaire le patriarche, comme en Occident où Charlemagne, Louis le pieux et les ottoniens assument sans hésitation l'autorité. À la périphérie des empires, lorsque des princes habiles entreprennent de fonder de nouvelles entités sur la christianisation de leur proto-État, ils n'agissent pas autrement. En Bulgarie, en Russie ou en Pologne, ils s'efforcent de constituer auprès d'eux des Églises locales qui sont les fondements des Églises nationales.

Presque partout en Europe, et plus particulièrement dans les premiers siècles du Moyen Âge, l'Église est ainsi soumise à la pression des laïcs. Ces pressions sont d'abord politiques. Si elles s'exercent sur tous les territoires, elles concernent d'abord la papauté. En effet, les papes des premiers siècles du Moyen Âge restent longuement aux prises avec des impératifs paradoxaux. Face aux menaces qu'ils rencontrent en Italie même, leur sécurité dépend d'un pouvoir protecteur, généralement celui de l'empereur, qu'il soit byzantin dans un premier temps, carolingien et germanique ensuite. Leur liberté d'action est limitée par les intérêts de ce protecteur qui ne se prive pas d'intervenir dans le champs ecclésial, qu'ils voudraient bien pourtant voir réservé. Leur autorité sur l'Église, fondement de leur pouvoir, peut d'ailleurs être contestée par des concurrents et notamment par les patriarches orientaux. Leur ambition est pourtant d'assurer la conduite de l'Église et, lorsque les circonstances finissent par le leur permettre, de revendiquer celle de la chrétienté. Ainsi leur histoire médiévale embrasse l'horizon de l'Europe dont ils contribuent à façonner le visage.

Plusieurs menaces pèsent en effet durablement sur la papauté et sur son Église. D'abord celle des pouvoirs locaux, proches et dangereux. Si l'Ostrogoth Théodoric joue ainsi un rôle protecteur au tournant des Ve et VIe siècles, il ne respecte l'autorité du pape que tant qu'elle lui sert. Aux VIe et VIIe siècles, les Lombards se montrent particulièrement menaçants. On comprend dès lors que des papes aux abois aient besoin de la protection d'un empereur chrétien. Pour autant, celle-ci s'avère souvent pesante. Si les empereurs byzantins reconnaissent une primauté honorifique et une autorité aux papes dans l'Église, leur pratique reste conforme au schéma constantinien, et chaque nouveau pape doit à la fois faire ratifier son élection à Constantinople, et verser un tribut à l'empereur.

Lorsque l'empereur byzantin devient plus lointain, la papauté ne fait que changer de maître. On a vu comment Léon III, contraint de solliciter le roi Charles, avait tenté de définir les relations du pape et de l'empereur, selon des principes qui lui soient favorables. Mais les empereurs d'Occident, carolingiens puis ottoniens, ont toujours voulu recueillir l'héritage constantinien. Selon les circonstances, les nécessités et les moyens dont ils disposent, ils jugent, font nommer ou même déposent les pontifes, à l'image de ce même Léon III, jugé et absous par Charlemagne, ou de Serge II, déposé puis rétabli par Lothaire.

Dans la période troublée qui s'ouvre en Italie lors de la dislocation de l'empire carolingien, puis à chaque fois que l'autorité de l'empereur germanique s'estompe, les conditions des élections pontificales successives laissent le champ libre aux rivalités et aux manœuvres des clans religieux ou aristocratiques. Ainsi la papauté n'échappe pas au mouvement qui, dans l'Occident du IXe siècle, place peu à peu l'Église aux mains des laïcs. D'abord enjeu de la rivalité des ducs de Frioul et de Spolète, la papauté tombe sous la coupe de la plus puissante famille de l'aristocratie romaine. Pour 60 ans (904-962), les pontifes sont manœuvrés par la dynastie du comte Théophylacte. L'accession d'Otton Ier à l'empire en 962 complique la situation. L'aristocratie romaine ne renonce pas à ses prétentions et la papauté reste l'objet des conflits entre les empereurs Ottoniens puis Saliens d'une part, et la famille des Crescentii, lointains héritiers de Théophylacte d'autre part. C'est dire que les papes, quelle que soit leur qualité (Grégoire V, Sylvestre II), sont au mieux les auxiliaires des empereurs.

Cette dégradation de l'autorité pontificale résume une situation plus générale de l'Église. C'est que dans la société médiévale, l'Église pose à l'aristocratie le redoutable problème de l'accumulation des biens. L'Église thésaurise souvent le métal précieux afin de servir dignement le culte, mais surtout, et par le jeu des donations, elle accumule des biens fonciers. Par définition, ces biens ont vocation à rester propriété de l'Église et ne peuvent pas être remis sur le marché des successions. Ils attisent donc parfois les critiques et bien des convoitises. Pour ceux qui en ont les moyens, la tentation est grande de procéder à leur récupération dès lors que le pouvoir protecteur faiblit. La captation des fonctions ecclésiastiques, les spoliations et les usurpations sont autant de moyens dont les pouvoirs et les aristocraties disposent pour saisir les revenus des biens d'Église ou pour les remettre en circulation. Dans une société que domine désormais la logique des clans et des lignages, les immenses biens de l'Église, ceux des grands évêchés et des grandes abbayes notamment, sont en effet des sources de richesses et de pouvoirs bien alléchantes. Les empereurs et les rois, les princes et les féodaux de tout rang s'en emparent donc largement. Les abbés laïques se multiplient, les évêchés et le Saint-Siège lui-même connaissent l'usurpation. La vente ou l'achat des charges ecclésiastiques, la simonie, se répand dans tout l'Occident, à l'image de ces premiers capétiens qui en font une source de revenu.

Dans ces circonstances, la démoralisation guette les clercs et leur Église. Le mariage des prêtres et des prélats, le nicolaïsme, accompagne l'appropriation privée des charges et des biens de l'Église. La vente des charges ecclésiastiques encourage l'indignité des clercs. Bien souvent, le scandale n'épargne pas le trône de Saint-Pierre. Troubles, meurtres, simonie et antipapes animent jusqu'en 1048 la vie politique romaine.

La papauté à la conquête de l'Europe chrétienne.

Dès les origines, la prétention des évêques de Rome à la suprématie se fonde sur deux piliers. D'abord, le premier évêque de la ville aurait été Pierre, le premier des apôtres, dont la tradition pieusement recueillie et perpétuée fait le fondateur de l'Église : « Tu es Pierre et sur cette pierre, je fonderai mon Église. » Ensuite ce premier évêque est celui de Rome, c'est-à-dire de la capitale du monde romain, la ville « caput mundi ». Aussi les successeurs de Pierre jouissent-ils peu à peu d'une suprématie morale reconnue par les empereurs dès lors que la conversion de Constantin puis la définition du christianisme comme religion d'État par Théodose le Grand font de l'Église une institution publique. Ils s'efforcent de se faire reconnaître une autorité de métropolite sur les évêques italiens et désignent même quelques vicaires apostoliques hors de la péninsule, en

Provence notamment. La fondation de Constantinople, le déplacement de la capitale d'Occident à Ravenne affaiblissent certes les fondements de cette autorité morale, mais avec des hauts et des bas, elle se perpétue dans les premiers siècles du Moyen Âge. Si les évêques des grandes capitales de l'Orient (Alexandrie, Antioche, Jérusalem et surtout Constantinople) se font reconnaître le titre de patriarches, l'évêque de Rome devient peu à peu le seul *pape*, le père que les fidèles et les autres évêques consultent et dont les décisions, les *décrétales*, sont conservées. En 494 enfin, le pape Gélase, fonde la doctrine de l'Église en matière de relation avec les pouvoirs laïques. C'est l'*auctoritas* des pontifes qui régit le domaine religieux et si les clercs sont soumis aux lois impériales dans le domaine profane, l'État et ses agents n'interviennent pas d'eux-mêmes dans les affaires de l'Église, mais seulement comme instruments de l'autorité légitime des évêques.

Sur ces fondements, la papauté engage un patient dialogue avec les pouvoirs impériaux. Pendant plusieurs siècles, ce dialogue souvent conflictuel place l'Église romaine à la charnière des deux empires européens. Les circonstances permettent d'abord à la papauté de se dégager peu à peu de l'emprise du basileus. Loin de Constantinople et de l'Orient, les pontifes romains ne sont pas engagés par les mêmes nécessités politiques que leurs souverains, et il semble bien qu'ils saisissent souvent l'occasion des atermoiements de la politique religieuse des basileus, pour s'affirmer d'abord comme gardiens de l'orthodoxie. Le pape Léon Ier en avait d'ailleurs fortement inspiré la définition lors du concile de Chalcédoine en 451, dans la question de la nature du Christ. Les empereurs de Constantinople sont alors piégés par le conflit qui oppose cette doctrine orthodoxe (il y a deux natures, divine et humaine, présentes à égalité dans l'unique personne du Christ) au monophysisme (le Christ n'a qu'une seule nature qui est divine) auquel adhèrent beaucoup de leurs sujets orientaux de Syrie, de Palestine et d'Égypte. Pour assurer l'unité religieuse de l'empire face à la menace perse, ils s'efforcent de trouver un moyen terme entre les deux thèses en faisant élaborer une succession de synthèses d'État, théologiquement boiteuses et rejetées avec véhémence par les furieux des deux bords (le *monothélisme* : deux personnes, mais une seule volonté ; le *monoénergisme* : deux personnes mais une seule énergie). Ils finissent par tenter d'interdire tout débat sur le sujet. Les pontifes successifs refusent le plus souvent ces arrangements, ce qui leur permet de se distinguer des patriarches de Constantinople, agents des volontés successives de l'empereur.

Or, le basileus ne parvient à imposer ses décisions aux papes que jusqu'au milieu du VIIe siècle. Dès 695, le pape Sergius, qui a refusé les décisions du concile Quinisexte voulues par Justinien II, est victorieusement défendu par les milices romaines et ravennates contre un coup de force du basileus. Les mesures iconoclastes des empereurs isauriens du VIIIe siècle accentuent la rupture. Elles sont condamnées par le pape Grégoire III en 731. Les représailles du basileus Léon III (confiscation de domaines pontificaux, mesures fiscales) montrent que le basileus n'a plus les moyens de contraindre directement le pape. C'est que l'invasion lombarde (Milan est prise dès 569) réduit peu à peu la domination byzantine à l'Italie du sud. Les papes, à l'image de Grégoire le grand en 592 sont ainsi amenés à prendre eux-mêmes en charge la défense de Rome et à négocier avec l'envahisseur.

En 751, la prise de Ravenne par les Lombards met fin à la capacité d'intervention de Byzance ailleurs que dans l'Italie méridionale, et les papes qui trouvent de moins en moins un protecteur en la personne du basileus se tournent alors vers le roi des Francs et vers la toute nouvelle dynastie carolingienne dont ils légitiment l'usurpation pour en acheter l'alliance. Le pontificat d'Étienne III consacre cette évolution. À partir de ce pape, les élections pontificales ne sont plus ratifiées à Constantinople. Mieux encore, Étienne III entre directement en conflit avec le basileus iconoclaste Constantin V. En 769 il fait échouer les tentatives diplomatiques de l'empereur byzantin, qui tentait de convaincre le carolingien Pépin de le suivre dans sa condamnation des images. Ainsi est rompue une première fois la tradition romano-constantinienne de répartition des pouvoirs : la papauté ne se contente plus de la discipline dans l'Église et aspire à une autre autorité.

Les siècles qui suivent sont ceux de l'affirmation des principes qui fondent cette prétention et de la lente construction des moyens qui la serviront. Peu à peu se mettent en place les instruments idéologiques et matériels qui vont conduire la papauté à entrer dans les lices où s'affrontent les universalismes rivaux de Byzance et du Saint Empire. On a vu comment, dès l'extrême fin du VIIIe siècle et dès le couronnement de Charlemagne, Léon III avait posé les principes de la suprématie pontificale, en prenant notamment l'initiative du couronnement impérial. Dès que l'occasion s'en présente, c'est-à-dire lorsque le pouvoir impérial est assez affaibli et lorsque que les menaces que les ducs de Spolète, les Sarrasins ou l'aristocratie romaine font régulièrement peser sur les pontifes s'estompent un peu, des papes énergiques peuvent tenter de prendre l'ascendant sur les pouvoirs laïques. Lorsque Lothaire II répudie en 855 son épouse légitime mais stérile Teutberge pour épouser sa concubine Waldrade, Nicolas I saisit l'occasion qui se présente pour affirmer sa suprématie morale sur l'empereur et sur les prélats qui avaient donné leur aval à un divorce qu'il condamne avec véhémence. Chevauchant l'occasion que lui donne l'humiliation de Lothaire II après un long conflit, il sait affirmer son autorité sur un grand archevêque comme Hincmar de Reims en condamnant avec succès plusieurs de ses décisions.

Mais le plus important est ailleurs ; il réside dans la lente reconnaissance d'un pouvoir temporel à la papauté. Dès le milieu du VIIIe siècle, les papes s'ingénient à accaparer la succession que leur laisse le retrait de Byzance en Italie. Très vite le pape dirige de fait le duché byzantin de Rome et lorsque la menace lombarde se fait plus pressante, Étienne II se rend auprès de Pépin qui finit par promettre de rendre au pape les biens usurpés par les Lombards en échange de son sacre. Au moyen de deux expéditions en Italie, Pépin vainc les Lombards et remet au pape les régions de Rome et de Ravenne, réunies par un couloir le long du Tibre. L'ensemble va devenir le « patrimoine de Saint Pierre », et les protestations de l'empereur byzantin auquel tous ces territoires appartenaient avant l'invasion lombarde ne sont pas entendues. L'acte sera légitimé après coup par la « Donation de Constantin », faux célèbre fabriqué au Latran dans la seconde moitié du siècle dans les milieux de la chancellerie pontificale. Le texte, capital pour légitimer les ambitions des pontifes romains, est présenté par la chancellerie pontificale comme l'authentique donation de l'Italie au pape Sylvestre I par l'empereur Constantin lui-même, lors de son départ pour la nouvelle capitale à laquelle il allait donner son nom. La dévolution du patrimoine de Saint-Pierre au pontife romain est répétée par Charles en 774 ; l'État pontifical se trouve ainsi fondé en droit. Qu'importe si dans la réalité le pouvoir réel échappe souvent à des pontifes trop faibles et si les empereurs, lorsqu'ils sont assez puissants, font intervenir leurs agents dans ces territoires : l'idée du pouvoir temporel des pontifes est reconnue dans son principe.

C'est dans le combat contre l'invasion de l'Église par le siècle que réside le sens de la réforme dite grégorienne et que les papes vont trouver, à partir du XIe siècle, les moyens spirituels et matériels de prétendre au magistère de la chrétienté. Ce mouvement réformateur naît pourtant en dehors de la papauté, de l'action concordante de plusieurs acteurs qui, pour des raisons variées, prennent ombrage de l'immoralité et s'attachent à restaurer une Église incontestable. On voit ainsi des laïcs prendre l'initiative, tel que le duc d'Aquitaine Guillaume le pieux, lui-même abbé laïque de Saint-Julien-de-Brioude, et à l'origine de la fondation décisive de l'abbaye de Cluny (vers 910). Dès l'origine, la nouvelle abbaye est déclarée indépendante de tout pouvoir, laïc ou ecclésiastique. Bénéficiant rapidement de la protection et de l'exemption pontificale, l'abbaye connaît un succès prodigieux, créant un véritable ordre monastique et diffusant la réforme monastique dans toute la chrétienté par la multiplication de ses filiales. D'autres monastères réformateurs (l'abbaye de Gorze en Lorraine, Saint-Victor de Marseille, les Camaldules et Vallombreuse en Toscane) complètent cette action. Chaque fois qu'ils peuvent prendre le pas sur l'aristocratie romaine, les empereurs ottoniens et saliens choisissent des papes de qualité. Confronté au scandale du pontificat de Benoit IX (1032-1044), Henri III impose son parent Brunon, évêque de Toul. Formé dans le milieu réformateur lorrain, il devient pape sous le nom de Léon IX et engage fermement la papauté dans la réforme. En fait, un mouvement général pousse l'Église d'Occident vers la réforme. Confrontés à la violence de la classe des *milites* et des sires, les évêques du midi de la France et les clunisiens s'efforcent alors de défendre les intérêts matériels de l'Église en distinguant violence illégitime et violence légitime par « la paix de Dieu » dès la fin du Xe siècle. Au siècle suivant et en Lombardie, un mouvement populaire, la *pataria*, s'attaque violemment aux clercs simoniaques, mariés ou scandaleux.

Ce mouvement est à la fois saisi et inspiré par la papauté qui trouve peu à peu dans son développement les moyens de se dégager de l'étreinte étouffante de la société laïque. En un siècle, une théorie de papes réformateurs occupe le trône de Saint-Pierre. Léon IX (1048-1054), jette l'anathème sur les clercs simoniaques qu'il dépose lors de la réunion de conciles provinciaux comme celui de Reims, dont l'un des canons affirme un principe fondamental : « Nul ne peut s'arroger le gouvernement d'une Église, s'il n'a été élu par le clergé et par le peuple. » Nicolas II réunit le concile du Latran de 1059, qui prend la décision capitale de réserver l'élection pontificale aux seuls cardinaux. Grégoire VII enfin (1073-1085), interdit l'investiture laïque des clercs et par une série de dispositions au nom évocateur de ses prétentions (les *Dictatus papae* de 1075, instructions « dictées par le pape »), il affirme la suprématie du pouvoir spirituel pontifical sur celui, temporel, des princes et même de l'empereur. Ainsi se construit et s'affirme un modèle idéologique « grégorien ». Les clercs doivent respecter une morale sexuelle qui les sépare radicalement de la société laïque. Astreints au célibat et à la chasteté, ils sont coupés des intérêts et des logiques lignagères de la société aristocratique. Ils se distinguent de la société laïque en général par cette morale rigoureuse et d'autant plus prestigieuse qu'elle est celle des moines. Ils cherchent enfin à s'emparer d'un puissant levier de pouvoir en exerçant leur censure sur les mariages des laïcs, l'indissolubilité, l'interdiction de la consanguinité étendue au septième degré et la dévolution aux évêques de la juridiction sur les causes matrimoniales permettant de peser sur l'essentiel : les stratégies matrimoniales des détenteurs de la terre. Cette tentative pour séparer rigoureusement les serviteurs de Dieu du reste de la société a des corollaires politiques nécessaires : les élections et l'investiture des clercs comme du pape doivent être libres de toute ingérence laïque ; l'autorité du pape est supérieure à toute les autres. Le développement de la théorie gélasienne est alors accompli.

L'affirmation de la réforme grégorienne n'est pas seulement l'occasion de polémiques acharnées entre clercs. Elle est surtout l'occasion de conflits qui éclairent la prétention nouvellement affirmée de la papauté à incarner l'universalité chrétienne. Il est significatif que le schisme qui allait définitivement séparer les Églises grecque et latine apparaisse en 1054. Les deux chrétientés n'en étaient pas à leur première rupture et la forte personnalité du patriarche Michel Cérulaire, qui réclame alors la reconnaissance de son égalité avec le pape, joue un grand rôle dans l'événement. Mais les protagonistes latins de l'affaire, les cardinaux Humbert de Moyenmoutier et Frédéric de Lorraine qui déposent la bulle d'excommunication du patriarche sur l'autel de Sainte-Sophie, appartiennent au groupe réformateur lorrain qui entoure Léon IX. Moins que tout autre ils ne peuvent faire la moindre concession à un patriarche. Mais le conflit principal voit s'affronter les deux pouvoirs qui revendiquent le même magistère sur l'espace occidental, le pape et l'empereur. Dès lors que Grégoire VII prononce avec force l'interdiction de l'investiture laïque des clercs, les empereurs voient mettre en cause l'un des fondements de leur pouvoir en Allemagne même, où ils pouvaient compter sur la fidélité et les forces des prélats parce qu'ils les désignaient. Le conflit qui oppose les deux prétendants au magistère universel en Occident est compliqué par le jeu des princes allemands et des villes italiennes. Il dure presque deux siècles. La « querelle des investitures » (1076-1122), est sanctionnée par le concordat de Worms en 1122 (compromis portant sur la partage de l'investiture) et le concile du Latran 1123, premier concile œcuménique depuis 869. La « lutte du sacerdoce et de l'empire » rebondit sous les Staufen et ne se conclut qu'à la mort de Frédéric II en 1250, par l'abaissement de l'empire.

Au travers des péripéties de cet affrontement, la prétention des papes à l'exercice du magistère universel sur la chrétienté prend de la consistance. Les pontifes veulent disposer de la couronne impériale dont ils désignent ou excommunient les prétendants. S'ils sont en fait souvent menacés par leurs adversaires et même contraints à la fuite hors de Rome et de l'Italie, ils exploitent les faiblesses du pouvoir impérial. Surtout, ils saisissent toutes les occasions pour affirmer leur rôle de recteurs de la chrétienté. Urbain II donne une extension formidable à cette prétention en prêchant la croisade dont son légat Adhémar du Monteil assure la co-direction. Innocent III impose Otton de Brunswick à l'empire en 1198 puis l'excommunie et lui suscite un concurrent en la personne du jeune Frédéric II. Innocent IV (1241-1254) fait déposer ce dernier par un concile. Ses successeurs imposent les Angevins à Naples. Grégoire X (1271-1276) exploite la faiblesse du basileus Michel Paléologue pour obtenir, à ses conditions, l'union des Églises au concile œcuménique de Lyon de 1274. En 1302 enfin, Boniface VIII (1294-1303) donne l'expression la plus nette de la prétention pontificale dans la bulle *Unam Sanctam*. Le pontife, vicaire du Christ est à la tête d'une Église unique. Comme tel, il dispose seul des « deux glaives », les deux pouvoirs, spirituel et temporel. Les princes n'exercent le second que pour l'Église ; ils peuvent être jugés par le pontife romain, à qui ils sont soumis comme tous les autres hommes s'ils veulent être sauvés.

Ainsi l'action de la papauté ouvre la voie à une nouvelle Europe en cassant le modèle idéologique qui cherchait, par la suprématie du pouvoir impérial héritée de la Rome de Constantin le Grand, à concilier la légitimité laïque et humaine d'une part, et la légitimité divine de l'autre. Cette revendication pontificale écrit donc un chapitre de l'histoire européenne. En des temps certes différents, elle embrasse dans un même projet une large partie de l'Europe chrétienne. L'aire de l'affrontement romano-byzantin, celle de la longue querelle avec l'empire occidental, celle des croisades enfin définissent l'espace d'une histoire pour partie commune qui s'étend de l'Angleterre au Levant. Elle implique l'empire et la France, l'Italie normande et vénitienne, les Balkans et Byzance.

La prétention de la papauté à instaurer dans la chrétienté une théocratie universelle sous sa direction n'aboutira pas et c'est une autre Europe qui naîtra de la réaction qu'elle engendre du vivant même de Boniface VIII. Mais elle aura joué son rôle dans une évolution qui, par le déclin des empires romano-chrétiens, conduit à l'Europe moderne des États.

L'ÉCHEC POLITIQUE DE L'UNIVERSALITÉ ROMANO-CHRÉTIENNE

Le mythe et l'idéologie d'un magistère universel, fruit du double héritage romain et chrétien traversent donc l'histoire de l'Europe médiévale et réunissent dans une même famille les protagonistes qui s'affrontent pour l'incarner. Les basileus, les empereurs et les papes, leurs conseillers et leurs serviteurs échangent polémiques, invectives et anathèmes parce qu'ils conçoivent leur monde comme unifié par une foi commune et qu'ils veulent légitimer leur pouvoir par la volonté divine. Mais plusieurs facteurs concourent à ruiner peu à peu ces prétentions.

Mutations et affaiblissement des empires

Dans cette « république chrétienne », le niveau de développement économique et technique limite les moyens dont disposent les pouvoirs dès lors qu'ils embrassent de trop vastes horizons. Surtout, la réalité sociale que caractérisent la permanence et la puissance des aristocraties, impose des partenaires dont les intérêts réduisent souvent au symbole la prétention universaliste. Enfin, les longs conflits qui opposent, neutralisent et finalement épuisent les trois prétendants au magistère universel sont eux-mêmes dynamiques et producteurs de situations et d'idées nouvelles.

Le Saint-Empire germanisé et émietté

Dès ses origines, l'empire occidental rencontre une difficulté jamais surmontée. Le fondement de la puissance des empereurs est en Allemagne où les souverains germaniques disposent de leurs biens patrimoniaux, du contrôle de grandes abbayes, d'évêchés et d'archevêchés, de villes enfin. Mais la concrétisation du rêve impérial se trouve, elle, en Italie. C'est là où, venant quérir la légitimité, ils engloutissent les forces mobilisées plus au nord, à l'exception des derniers Staufen, héritiers des rois normands de Sicile, dont les bases sont autant italiennes que germaniques.

Le long conflit qui oppose l'empereur au pape et la large défaite impériale qui le conclut, modifient les caractères du Saint-Empire. La puissance des princes allemands se renforce aux dépens d'un empereur qui se replie de plus en plus sur les fondements patrimoniaux de sa puissance. Frédéric II déjà renonce à de nombreux droits régaliens en Allemagne. Sa mort ouvre le « Grand Interrègne » (1250-1273) à l'issue duquel le principe dynastique cède la place à l'élection des nouveaux empereurs par un collège restreint de princes-électeurs. Les Habsbourg, Wittelsbach et Luxembourg qui suivent, s'appuient surtout sur leurs forces propres. Les premiers, et plus habiles d'entre eux, s'efforcent d'utiliser l'empire pour consolider les domaines familiaux germaniques qui fonderont leur fortune. Les limites effectives de l'empire reculent presque partout. À l'ouest, les Capétiens empiètent sur le territoire impérial et le grignotent. Le Barrois mouvant, la vallée du Rhône, le Dauphiné et la Provence échappent au Saint Empire entre 1301et 1480. En Italie, la présence impériale se réduit. Dès la fin du XIIIe siècle les Angevins de Naples tiennent Spolète et le pape, la Romagne. Aux XIVe et XVe siècles enfin, Venise soustrait la « Terre Ferme » à l'orbite impériale. Moins que jamais universel, l'empire devient essentiellement germanique.

Les empereurs de la fin du Moyen Âge commencent enfin à tirer les conclusions politiques de leur affrontement malheureux avec Rome. Les tentatives des derniers empereurs saisis par le mirage italien, Henri VII de Luxembourg et Louis IV de Bavière, échouent au début du XIVe siècle. Charles IV promulgue alors la *Bulle d'or* (1355-1356), qui sanctionne le principe électif d'accession à l'empire. Sept princes allemands élisent à la majorité le roi des Romains et celui-ci « devant être promu empereur », la nécessité de la confirmation pontificale est niée de fait. Quelles que soient les formes que prendra aux siècles suivants la répétition conjoncturelle de la revendication universaliste de l'empire (Charles Quint), une étape décisive est franchie vers la laïcisation du pouvoir impérial.

Byzance hellénisée puis disparue

Bien que prétendant à la perpétuation de l'empire romain universel, l'empire byzantin en rassemble majoritairement (et dès ses origines) les provinces helléniques ou hellénisées. Il est significatif que dès l'époque de Justinien, qui représente pourtant plus que tout autre la volonté d'affirmer la nature romaine de l'empire, le grec s'impose aux côtés du latin (535) comme langue officielle de l'empire, puis tend à le supplanter.

Parallèlement, et en dépit des déclarations constantes d'attachement à l'empire universel, deux tendances coexistent dans la réalité de l'idéologie politique byzantine et de sa mise en œuvre. Celle qui représente les intérêts et les options de la partie occidentale de l'empire, attachée à la Méditerranée, poursuit toujours le rêve d'une grande politique à l'ouest. Elle se déploie lorsque les menaces asiatiques se font moins pressantes. Mais que les Perses, les Arabes ou les Turcs se fassent soudain dangereux et les empereurs donnent la priorité à la défense des populations orientales, notamment anatoliennes, exploitant le sentiment identitaire chrétien sinon national, et renvoyant aux calendes la poursuite de la chimère universaliste. Au VIIIe siècle, l'œuvre sociale, militaire et religieuse (l'iconoclasme) des empereurs isauriens, peut être interprétée comme la plus évidente manifestation de ce patriotisme byzantin qui n'hésite pas à se différencier de l'Occident pour mieux se défendre de l'Orient. La menace une fois écartée, les empereurs de la dynastie macédonienne peuvent renouer avec une politique d'expansion et réaffirmer l'idéologie constantinienne et universaliste dont Constantin VIII Porphyrogénète se fait le théoricien, au XIe siècle, pour l'éducation de son fils Romain II.

Mais, parallèlement à cette époque de grandeur, la « renaissance » culturelle macédonienne entraîne la réévaluation sinon la redécouverte de la culture grecque ancienne. Ce faisant, elle renforce l'identité hellénique de l'empire dont le patriotisme s'ancre de plus en plus dans la grécité et dans l'orthodoxie, piliers de la civilisation. Lorsque viennent les temps de l'acrimonieuse affirmation de la suprématie pontificale à l'occasion d'une réforme grégorienne étrangère aux Byzantins (schisme de 1054), lorsque les agressions des Normands de Sicile semblent exploiter les défaites de l'empire devant les Turcs (le désastre de Mantzikert et la prise de Bari sont de la même année 1071), lorsqu'enfin les croisades, loin de donner l'occasion des retrouvailles de la chrétienté, se déroulent sur un fond de malentendu, d'incompréhension et de suspicion réciproques, alors Byzance s'éloigne d'un Occident à la fois perdu et devenu d'autant plus étranger qu'il est trop présent dans la ville même où les Vénitiens ont accaparé une large partie du grand commerce. Le désastre de 1204, le scandale de l'installation à Constantinople d'un empire latin jusqu'à la reconquête de la ville par l'empire de Nicée où s'était réfugié l'hellénisme (1261), consacrent la rupture entre les deux moitiés de la chrétienté.

Ainsi peuvent se comprendre les traits qui vont conduire l'Empire à sa perte dans ses derniers siècles. Malgré les menaces de plus en plus pressantes que les Turcs font peser sur son existence, les empereurs de la dernière dynastie (les Paléologues) ne parviennent pas à réaliser l'union des Églises avec Rome. Ce n'est pourtant pas faute d'essayer. Dès 1274, on l'a vu, le concile œcuménique de Lyon prononce l'union aux conditions voulues par le pape, le basileus prenant le parti de rechercher l'aide pontificale contre Charles d'Anjou, successeur des Normands de Sicile jusque dans leurs ambitions. Si cette tentative se reproduit à plusieurs reprises (et encore en 1439, au concile de Ferrare-Florence), c'est que les basileus qui la souhaitent ne parviennent pas à l'imposer au clergé et au peuple byzantin, farouchement attaché à l'orthodoxie. Dans ce radicalisme, les questions doctrinales comptent peu. Elles sont surtout le paravent d'une affirmation déterminée de l'identité grecque, qui n'est pas exempte de xénophobie comme le montrent les multiples émeutes antilatines à Constantinople ou à Trébizonde.

Surtout, rompant définitivement avec la tradition constantinienne qui fondait l'empire, l'Église orthodoxe abandonne peu à peu l'État. C'est que la foi orthodoxe connaît au XIVe siècle une révolution qui rend soudain désuète la question de la relation des pouvoirs, du moins aux yeux de ceux qui l'accomplissent. Cette révolution *hésychaste* prétend fonder la pratique religieuse sur une communication directe entre Dieu et l'homme, qui, par des exercices spirituels et corporels répétés peut entrer en contact personnel avec la divinité.

Fondé sur la tradition mystique des pères du désert et sur une conception platonicienne du divin, porté par l'adhésion massive des moines et par conséquent du peuple, l'*hésychasme* trouve son grand homme dans Grégoire Palamas qui parvient à l'imposer comme doctrine officielle de l'Église grecque en 1351. Dès lors, l'union éventuelle avec les Latins peut paraître mettre plus sûrement en cause la foi, la culture, l'identité même de l'orthodoxie que la domination temporelle des Turcs qui passent pour tolérants en matière de religion. Alors que se renforce un patriotisme culturel et religieux, l'État « romain » paraît moins nécessaire à la survie de la communauté grecque qui place désormais son identité dans l'orthodoxie et son Église. Pour les moines et les prélats qui refusent l'union avec véhémence, l'empire byzantin peut donc disparaître, parce que l'essentiel de la civilisation grecque est ailleurs et que sa perpétuation est assurée par la seule Église orthodoxe.

La prétention théocratique pontificale contestée puis rejetée

Lorsque Boniface VIII devient pape au tournant des XIIIe et XIVe siècles, ce n'est plus l'empereur qu'il doit affronter, mais de nouveaux adversaires et notamment le roi de France Philippe IV le Bel. Dès les premières années de son règne, le pape a voulu intervenir dans le conflit qui oppose la France et l'Angleterre. En 1296, il interdit aux deux souverains rivaux de lever des taxes sur le clergé, sans l'autorisation du pape (bulle *Clerici laïcos*). Les deux rois ne tiennent aucun compte de l'interdiction et Philippe le Bel exploite la brutalité des manières du pontife pour rallier à sa cause l'université de Paris et le clergé du royaume. En Italie, le pape se heurte à l'influence des Aragonais qui viennent de s'installer sur le trône de Naples. En 1301, le conflit devient aigu avec le roi de France qui, violant la loi canonique, fait arrêter pour trahison l'évêque de Pamiers. Tandis que l'entourage du roi Philippe développe peu à peu une doctrine niant radicalement l'autorité du pontife sur toutes les affaires du royaume, Boniface choisit de publier un exposé résolu de la prétention théocratique du Saint-Siège dans la bulle *Unam Sanctam*. L'affaire se conclut en 1303, lorsque, devançant le pontife qui s'apprête à excommunier le roi et à délier ses sujets de toute obligation à son égard, une expédition, menée par Guillaume de Nogaret et aidée par les adversaires romains de Boniface, a l'audace d'un acte inouï, tenter de capturer le pape réfugié à Agnani pour le faire juger par un concile. L'opération échoue de justesse le 7 septembre, mais Boniface VIII, malmené par ses adversaires, meurt un mois plus tard. Ses successeurs et notamment Clément V choisissent de temporiser, évitant certes le procès par lequel Philippe le Bel voulait condamner la mémoire de Boniface, mais laissant de fait la victoire au roi de France.

Dès lors, c'en est fait de la prétention théocratique pontificale. Non pas que les papes n'aient plus l'occasion ou la volonté de l'affirmer, comme on l'observe dans les conflits désormais archaïques qui peuvent encore opposer Clément V à Henri VII de Luxembourg et Jean XXII à Louis IV de Bavière. Mais, menacée dans Rome même, la papauté finit par s'installer pour presque trois-quarts de siècle en Avignon (1309-1377). Dans cette capitale nouvelle, des papes français se succèdent et donnent une organisation monarchique centralisée au gouvernement pontifical, destinée d'abord à rassembler les sommes considérables que leur coûtent de multiples guerres en Italie et la construction du palais d'Avignon. Mais l'appareil administratif et fiscal qui se développe suscite vite hostilité et rancœur. La papauté se heurte alors à la contestation de ceux que sa collusion avec le siècle et notamment sa richesse scandalisent, comme la faction franciscaine des *Spirituels*. La montée du mécontentement conduit le roi Édouard III d'Angleterre à rompre en 1366 le lien de vassalité que Jean sans Terre avait reconnu avec le pape.

La déchéance profonde de l'autorité pontificale se prépare lorsque, sous la pression de l'opinion catholique, la papauté décide de revenir s'installer dans Rome (1377). Les circonstances de l'élection troublée d'Urbain VI en 1378, la révélation de son caractère insupportable et le malaise de la plus grande partie de la Curie qui se sent étrangère à Rome, conduisent le Sacré Collège à revenir sur sa décision initiale et à élire l'antipape Clément VII. Pour presque quarante ans, le « Grand Schisme » divise la chrétienté occidentale qui se répartit en deux obédiences rivales. Lorsque le scandale devient insupportable, c'est en dehors du gouvernement de l'Église que la solution est trouvée, par la réunion du concile de Constance (1414-1418), dans lequel l'empereur Sigismond trouve l'occasion de renouer avec la tradition carolingienne et ottonienne de protecteur de l'Église. Les papes schismatiques abdiquent ou sont déposés. L'élection de Martin V laisse le nouveau pontife aux prises avec la menace de voir mettre en tutelle la papauté par le concile (*conciliarisme*), dont les pères de Constance ont prévu la réunion régulière.

Les papes ont alors définitivement perdu les moyens de leur grande prétention théocratique. Si Martin V et ses successeurs reconstruisent les fondements temporels de leur pouvoir, c'est sous la forme d'un État pontifical italien que bien peu de choses distingue des autres États monarchiques européens. Si leur autorité morale sur l'Église se rétablit et si Pie II dissipe la menace conciliariste par la bulle *Execrabilis* en 1460, Rome doit désormais composer avec les États qui sont en voie d'organisation et dont chaque prince s'efforce de recueillir une part des prérogatives pontificales pour ses domaines, à l'image de ce duc de Clèves qui ose se prétendre « pape sur ses terres ». En France, Charles VII promulgue la *Pragmatique Sanction* qui lui donne le fondement juridique pour prendre le contrôle de l'Église de son royaume. En Angleterre, l'autonomie de l'Église est garantie par les textes législatifs de 1351 (*Statute of Provisors*) et 1353 (*Statute of Praemunire*). En Espagne et au Portugal, les souverains disposent de fait de la plupart des bénéfices ecclésiastiques et se font reconnaître en 1436 un « patronat » qui leur permet de désigner, sans aucune consultation du spirituel, les titulaires des bénéfices des territoires conquis sur l'Islam.

Entités nationales et États en gestation

Trois événements majeurs dessinent donc peu à peu un nouveau visage de l'Europe. Le Saint Empire, de plus en plus diaphane, trouve une identité de repli de plus en plus germanique. L'empire byzantin cerné d'ennemis et politiquement épuisé trouve dans une identité de plus en plus hellénique les moyens de faire survivre sa culture avant de disparaître. À peine formulée, la revendication pontificale d'une théocratie universelle s'évanouit devant la réaction victorieuse de jeunes monarchies.

C'est d'abord que les prétendants au magistère universel n'ont jamais exercé, même à eux trois, une véritable suprématie sur l'ensemble de l'espace européen. Tout autour d'eux, et dès les premiers siècles du Moyen Âge, les hasards du mouvement des peuples et de la fortune des chefs locaux concourent à la formation d'entités politiques, à la destinée qui est certes parfois fugace ou troublée, mais qui dessinent peu à peu une carte de l'Europe bien différente de celle qui est rêvée à Byzance, à Aix-la-Chapelle ou à Rome.

Dans l'espace européen qui leur est géographiquement périphérique, des entités politiques édifiées autour de groupes ethniques échappent dès les origines à l'emprise réelle des empires universalistes. Sur des fondements plus anciens, les populations de ces régions saisissent l'occasion des troubles qui accompagnent tant le repli de l'empire byzantin sur l'espace anatolien et balkanique que la dislocation de l'empire carolingien pour faire naître les entités politiques qui deviendront des nations.

Dans les Îles Britanniques, les composantes celte, anglo-saxonne et normande s'affrontent ou se combinent pour donner naissance aux ensembles irlandais, écossais et anglais. En Scandinavie, la vague d'expansion des invasions normandes rend semble-t-il compte d'une volonté des chefs des lignages locaux d'échapper à l'emprise croissante des chefs régionaux ou des rois. Elle est suivie d'une difficile mais lente stabilisation autour des monarchies danoise, norvégienne et suédoise.

En Europe orientale, passée l'expérience brillante mais sans lendemain de la Grande Moravie, les Tchèques, les Polonais et les Hongrois s'organisent en principautés puis en royaumes, autour de dynasties nationales. Dans les Balkans, la proximité de Byzance et ses fréquents retours offensifs rendent plus chaotique l'histoire de peuples qui sont tantôt subjugués tantôt menaçants pour l'empire. Croates, Serbes et Bulgares trouvent néanmoins l'occasion d'affirmer une identité destinée à durer.

Dans le reste de l'Occident, les circonstances créent des situations différentes mais qui conduisent peu ou prou aux mêmes résultats. Dans la péninsule ibérique, la vie et le développement des royaumes chrétiens sont déterminés par le face à face avec l'islam. Construits d'abord sur des bases régionales et dynastiques (Asturies, Léon, Galice, Castille, Navarre, Aragon, et Portugal), ces ensembles ne connaissent que progressivement les regroupements qui donneront naissance aux monarchies ibériques nationales de la fin du Moyen Âge. La Francie occidentale du traité de Verdun rassemble quant à elle des territoires qui ne sont pas ceux d'un peuple au sens ethnique, où Hongrois et Bulgares préexistent à l'État qu'ils édifieront. Ils sont, au Moyen Âge, ceux d'une histoire passée (les Gaules romanisées, les Francs catholiques, le partage de Verdun) et ceux d'une histoire en construction, celle qui est liée à l'action et à la fortune des Capétiens.

Ces entités subissent certes la fascination et parfois l'ascendant des trois prétendants à l'universalisme qui saisissent toutes les occasions pour faire reconnaître leur suprématie sur leurs plus proches voisins, au moins nominalement. Soit par force, soit pour légitimer leur royauté en obtenant la caution d'une autorité morale reconnue, les dynastes qui gouvernent les Tchèques, les Polonais et les Hongrois sont ainsi amenés, sinon à se reconnaître vassaux du Saint Empire, du moins à accepter sa suprématie. Les princes des Bulgares, des Serbes, des Croates et dans une moindre mesure des Russes de Kiev, peuvent se trouver placés envers Byzance dans des situations similaires. Dès que l'occasion s'en présente enfin, les papes marchandent leur patronage à tous ceux qui sont en situation de faiblesse, en quête de reconnaissance ou qui se trouvent simplement être les ennemis de leurs ennemis. Normands de Sicile, Angevins, Polonais, Aragonais et même le roi d'Angleterre peuvent ainsi reconnaître la suzeraineté du pontife romain. Mais, dès que s'inverse le rapport des forces, chacun se dégage d'une emprise qui reste d'ailleurs le plus souvent symbolique.

Significativement, les princes soucieux de leur indépendance s'attachent souvent à passer d'un patronage à l'autre. En Hongrie, Étienne demande sa couronne au Pape Sylvestre II en l'an 1000 et évite soigneusement l'allégeance de vassal auprès d'Otton III. Si Pierre Orseolo, son successeur contesté, trouve semble-t-il sa couronne auprès de l'empereur salien Henri III en 1044, André I obtient les insignes royaux du basileus en 1047 et les transmet à son fils. En 1074, Grégoire VII cherche encore à faire reconnaître l'origine pontificale de la dignité royale hongroise, mais Géza I préfère demander le diadème à Michel VII Doukas. Comme pour Léon I de Petite Arménie qui, au XIIe siècle, demande sa couronne au pape, au Hohenstaufen Henri VI et au basileus Alexis III, l'autorité morale d'un empereur ou du pape est toujours bonne à prendre pour légitimer un pouvoir, mais elle n'est plus unique.

Lorsque les modèles idéologiques de gouvernement des trois prétendants sont repris localement, ils aboutissent en fait au renforcement de l'autonomie grandissante des pouvoirs princiers nationaux. Porté par la conversion à l'orthodoxie, le modèle byzantin marque fortement les Slaves orientaux. Lorsque le prince de Kiev, Vladimir, se convertit en 989, il est salué du titre de « frère impérial » et reçoit les attributs impériaux envoyés de Constantinople, dont les sandales de pourpre que les miniaturistes reproduisent avec application dans ses représentations. Le prince de Kiev et ses successeurs sont tour à tour comparés à Constantin, qualifiés d'« autocrate », voire d'empereur (Iaroslav le Sage). Les souverains bulgares, en conflit presque constant avec l'empire byzantin, lorgnent vers le titre impérial comme Syméon qui est un moment reconnu co-empereur par le patriarche (912) et prend le titre de *tsar* (César) en 917. Ils revendiquent la création d'un patriarcat autocéphale pour leur Église nationale, ce qu'ils finissent par obtenir dans la première moitié du XIIIe siècle. L'abaissement de l'empire après 1204 permet en effet la reconstitution d'un royaume bulgare dont certains souverains comme Jean Alexandre (1331-1371) cultivent le modèle byzantin et prétendent même prendre la succession du vieil empire. Plus modestement, Étienne Dusan s'intitule « roi et autocrate de Serbie et de Romanie » au milieu du XIVe siècle. Au XVe siècle, ce sont les princes de Moscou qui, sous l'influence de l'Église orthodoxe prétendent relever l'héritage politique de Byzance. Ivan III (1440-1505) refuse avec hauteur la confirmation de la couronne royale que l'empereur germanique lui propose. Il épouse la nièce du dernier empereur byzantin, Constantin Dragasès, mort en combattant sur les remparts de Constantinople lors de la prise de la ville par les Turcs. Il édifie le nouveau Kremlin qui associe dans ses édifices la puissance spirituelle et le pouvoir temporel. Il se qualifie d'« autocrate » puis de *tsar*, tandis que le métropolite Zosime énonce en 1492 l'ambitieuse et célèbre revendication : « Deux Romes sont tombées, Moscou sera la troisième, et il n'y en aura pas de quatrième. »

En Occident, l'atmosphère propre à la *reconquista* exalte tant la puissance perçue des rois de Castille, qu'elle semble autoriser une revendication impériale. Dès 1078, le roi Alphonse VI de Castille prend le titre d'« empereur de toute l'Espagne ». En 1135, Alphonse VII confirme ce titre qu'il porte depuis dix ans en répétant à peu près le cérémonial consacré : désignation par ses hommes (dont le roi de Navarre, le comte de Toulouse, le roi musulman de Saragosse), couronnement par l'archevêque de Tolède, acclamation par la foule. Alphonse X enfin, qui hérite de cette tradition est l'un des concurrents au Saint Empire lors du Grand Interrègne.

Mais cette séduction largement répandue de la symbolique du pouvoir des empires semble traduire plutôt l'affaiblissement de la réalité de ce pouvoir. Aucun de ces tsars, de ces autocrates ou de ces empereurs ne vise sérieusement le magistère universel. Les titulatures et symboles impériaux leur servent plutôt à légitimer leur pouvoir et surtout, à affirmer leur indépendance envers tous les autres. La formule finalement retenue par les conseillers du roi de France, « le roi est empereur en son royaume » est significative de cette revendication qui ouvre l'ère nouvelle des États en gestation.

Pour autant, la réalité de ces États reste inégale, si du moins on l'appréhende au travers des critères que constituent l'amorce d'un caractère national d'une part et, le degré de centralisation ou d'autorité monarchique d'autre part. On peut définir grossièrement trois aires où ces deux paramètres se combinent différemment.

C'est en Occident que la gestation de ce qui va devenir l'État moderne est la plus avancée, particulièrement en France, en Angleterre et, à un degré moindre en Espagne. C'est à partir des contraintes et des opportunités de guerres si fréquentes qu'elles apparaissent comme un fait de structure de l'histoire des XIVe et XVe siècles, que ces monarchies évoluent rapidement. La croissance et la régularité du prélèvement fiscal nécessaire à l'alimentation des conflits, le passage du devoir contractuel (l'*auxilium* féodal) à des formes de consentement à l'impôt (Cortès, Parlement, États), l'évolution de l'ost féodal vers l'armée moderne (l'armée anglaise, à partir de la conquête du Pays de Galles par Édouard I en 1276 ; l'armée du roi de France dans les turbulences de la guerre de Cent Ans), la complexité croissante des gouvernements (naissance de l'administration) et la théorisation de l'État prennent appui sur la maturation d'une base nationale du pouvoir des monarchies.

En Europe septentrionale et orientale, l'évolution des États (Danemark, Suède, Bohême, Hongrie, Pologne et Lituanie) est largement déterminée par la place prépondérante des noblesses. Si celles-ci prennent peu à peu un caractère national, elles tiennent en respect sinon en dépendance les monarchies auxquelles elles arrachent des privilèges exorbitants. Privés des ressources fiscales des souverains occidentaux, les monarques sont tentés par l'accumulation de territoires disparates, cherchant à rassembler sur leurs têtes plusieurs couronnes. Mais les réunions des royaumes scandinaves (Union de Kalmar), de la Hongrie et de la Pologne (Louis d'Anjou), de la Pologne-Lituanie avec la Bohême et la Hongrie (les Jagellons) sont instables et offrent, aux noblesses respectives de ces ensembles, l'occasion de marchander plus encore leur fidélité au nom de la défense d'intérêts nationaux.

Dans l'aire intermédiaire qui s'étend en croissant de l'Allemagne à Byzance en passant par l'Italie et les Balkans, la situation est la plus complexe, mais le morcellement domine. Au nord, l'empire est désormais essentiellement allemand, mais il se fractionne en villes, ligues et surtout principautés. L'institution impériale subsiste comme ersatz d'unité, mais elle est un obstacle à l'évolution vers l'État moderne, absorbant les forces des familles princières qui la convoitent et qui s'efforcent de fonder leur fortune sur le rassemblement de vastes domaines familiaux d'ailleurs instables. Au sud, l'Italie est divisée en petits États urbains et royaumes féodaux. Leurs luttes continuelles et la présence paralysante d'un État pontifical faiblement organisé ouvrent la péninsule aux ambitions des États modernes qui naissent en France et en Espagne. À l'est, l'empire byzantin moribond, dont l'économie est dominée par les villes marchandes italiennes, se décompose à la faveur de guerres dynastiques qui conduisent souvent au partage de ce qui reste du domaine grec. Mais, navigant entre les écueils, il reste un obstacle pour toute autre tentative de réorganisation balkanique. Ni le Bulgarie instable et vassalisée par la Hongrie au XIVe siècle, ni la Serbie, malgré l'embellie qui s'étend des années 1280 à la mort d'Étienne Dusan en 1355, ne pourront faire face à la puissance croissante des Turcs ottomans qui en triomphent en 1389 (Kossovo). L'aventure de Tamerlan, qui écrase les Ottomans à Ankara en 1402, retarde d'un demi-siècle la disparition d'un empire byzantin réduit à la ville de Constantinople (1453).

Ce que l'Europe médiévale hérite de l'empire romain chrétien dans le domaine qui nous occupe ici, ce sont les caractères fondamentaux d'une conception du monde qui opère une synthèse des approches romaines et chrétiennes de la question du pouvoir. Universalisme (union de l'œkoumène chrétien) et harmonie de l'Église et de l'empire sous l'autorité suprême de l'empereur sont les deux piliers de cette conception qui conduit, en fait, au césaropapisme. Cette conception a une forte réalité en Orient où elle fonde l'idéologie impériale byzantine. En Occident elle est d'abord un mythe dans lequel les souverains fortunés (Charlemagne, les Ottoniens et les Hohenstaufen) puisent les éléments de constructions impériales qui sont à la fois nouvelles et enracinées dans le passé constantinien.

Toutefois, aucun des deux empires qui prétendent au magistère universel n'est à même de l'exercer pleinement. Dans leur périphérie, des entités politiques échappent largement à leur autorité, même réduite à une simple suprématie morale. Au XIe siècle, les circonstances permettent aux pontifes romains de poser à nouveau la question du pouvoir en défendant le principe de l'indépendance de l'Église puis de la théocratie pontificale. Cette nouvelle prétention suscite des réactions qui conduisent, à terme, à la laïcisation du pouvoir politique. Elle ne réussit pas plus que les deux autres, mais elle contribue à les ruiner, en rompant l'équilibre constantinien des pouvoirs. L'empire d'Occident est renvoyé au symbole, au mythe et à sa réalité germanique morcelée. L'empire d'Orient s'éloigne avant de disparaître.

Ces expériences, parfois brillantes, et leurs naufrages, laissent en Europe la place à d'autres fondements de l'organisation politique. L'embryon de l'État moderne est le premier de ces fondements que la fin de la période médiévale lègue à l'Europe. Il est le plus certain, mais il n'est vraiment présent que dans sa partie la plus occidentale. Forgé au feu de la guerre, il est promis à un bel avenir parce qu'il est à terme le plus efficace instrument de pouvoir. Le rêve théocratique de la papauté est sa première victime. Le fondement national est à la fois le plus général et le plus ténu, le plus incertain. On le suppose lorsque des États sont fondés autour d'un peuple jadis en mouvement (Hongrois, Bulgares, Serbes...). On le devine lorsque des aristocraties concourent fortement à la naissance des États, à leur défense ou s'affirment comme telles (Écosse, Suède, Pologne...). On le perçoit lorsqu'il s'affirme dans l'opposition à une menace ou à un ennemi (Grecs contre Latins, Russes contre Tatars, Portugais contre Castillans, Français contre Anglais). Mais l'on sait aussi que ces peuples pouvaient être hétérogènes, que ces noblesses pouvaient être pour partie étrangères aux peuples qu'elles dominaient, que ces oppositions étaient complexes. On sait surtout que, par la construction d'une histoire propre et largement mythique, des États peuvent rendre solidaires autour de cette histoire ceux qui y ont concouru, en ont tiré bénéfices ou pensent en avoir hérité. Il n'y a pas encore de nations dans l'Europe du Moyen Âge, du moins au sens contemporain et plein du mot. Ni même sans doute de sentiment national conçu comme celui d'un peuple conscient de lui-même. Mais des mythes commencent à se forger dans les épreuves, des histoires nationales commencent à s'écrire et des élites, au moins, commencent à s'y reconnaître.

IV

Permanences et dynamiques des sociétés médiévales européennes

Plus encore que celle des faits de civilisation qui sont largement marqués par le fait chrétien, une histoire européenne des économies et des sociétés médiévales se heurte à la diversité régionale et chronologique des évolutions dont les rythmes opposent grossièrement l'est et l'ouest du continent. De plus, l'histoire économique du Moyen Âge ne dispose pas des mêmes outils que celle des époques qui suivent. Globalement, les données chiffrées manquent, en nombre comme en rigueur.

Aussi faut-il concevoir une telle approche à deux conditions. La première est celle d'une vue large des phénomènes, que rend possible une double constante : les sociétés européennes médiévales sont d'une part essentiellement rurales et agraires, et dans ce domaine, leur capacité technologique limitée ne connaît pas d'évolutions qui changent sensiblement les conditions de la production. La seconde est prospective. Les évolutions porteuses d'avenir, celles de la ville, ne sont pas simultanées sur le continent. Elles prennent leurs sources dans des centres d'impulsion qui élaborent les modes d'organisation et les schémas mentaux qui feront à terme la fortune de l'Europe et dont l'influence s'étend plus ou moins largement et plus ou moins rapidement vers l'est du continent.

Les populations de l'Europe, entre évolution naturelle et dynamique culturelle

Les vicissitudes de l'évolution de la population européenne

Tout au long du Moyen Âge, les populations européennes subissent les effets des événements naturels et humains que leur faible emprise sur leur destin ne leur permettent pas de contrôler. Les Grandes Invasions bouleversent l'empire romain dès le IIe siècle et elles se prolongent, en Europe centrale au moins, jusqu'au XIIIe siècle. De multiples guerres régionales ou locales, les grandes épidémies des VIe et VIIe siècles, la peste noire de 1347 et ses récurrences, sont des événements dramatiques qui alternent avec des périodes pendant lesquelles une relative sécurité permet une croissance démographique sur un espace donné. C'est semble-t-il le cas de l'empire byzantin à partir du VIIe siècle, c'est surtout celui d'une large partie de l'Europe occidentale et centrale entre le XIe et le XIIIe siècle.

Aussi l'évolution de la population du continent est-elle contrastée, pour autant que nous la connaissions. Les historiens démographes se sont efforcés de la reconstituer. Mais leurs évaluations ont bien du mal à rendre compte des différences régionales et elles ne reposent pas sur les mêmes définitions spatiales. Celles de J.-N. Biraben par exemple embrassent l'espace contemporain et conventionnel de l'Europe à l'exclusion des territoires de l'ex URSS (Russie, Ukraine, Baltes). Plutôt que des certitudes, il faut donc retenir les ordres de grandeurs, et les grandes pulsations de l'évolution démographique.

Ainsi, à la période de l'apogée de la Paix romaine (IIe s.), 44 millions d'habitants vivraient sur le continent puis, dans la tourmente des invasions, la population subirait un déclin de près de 50 % qui se prolongerait jusqu'au VIe siècle (22 millions). Une longue stagnation puis une lente remontée conduirait jusque vers l'an mil (30 millions) et serait suivie d'une croissance forte, qui culminerait au début du XIVe siècle avec 74 millions d'habitants. Une forte chute, liée aux crises de mortalité qui précèdent, accompagnent et suivent la peste noire de 1347-1350, ramène la population de l'espace européen à 52 millions en 1400. Une reprise au XVe siècle permet un rattrapage qui conduit à l'orée de l'époque moderne (67 millions vers 1500).

Cette population ne représente que peu de choses dans la population mondiale, entre 10 et 15 % selon les époques.

Ces chiffres sont bien sûr globaux et gomment les différences entre les régions, qui ont dû être fortes, même considérées à une grande échelle. La peste, on le sait, peut momentanément épargner telle ou telle ville ou région. Plusieurs des épisodes de cette histoire démographique intéressent par contre une large partie du continent

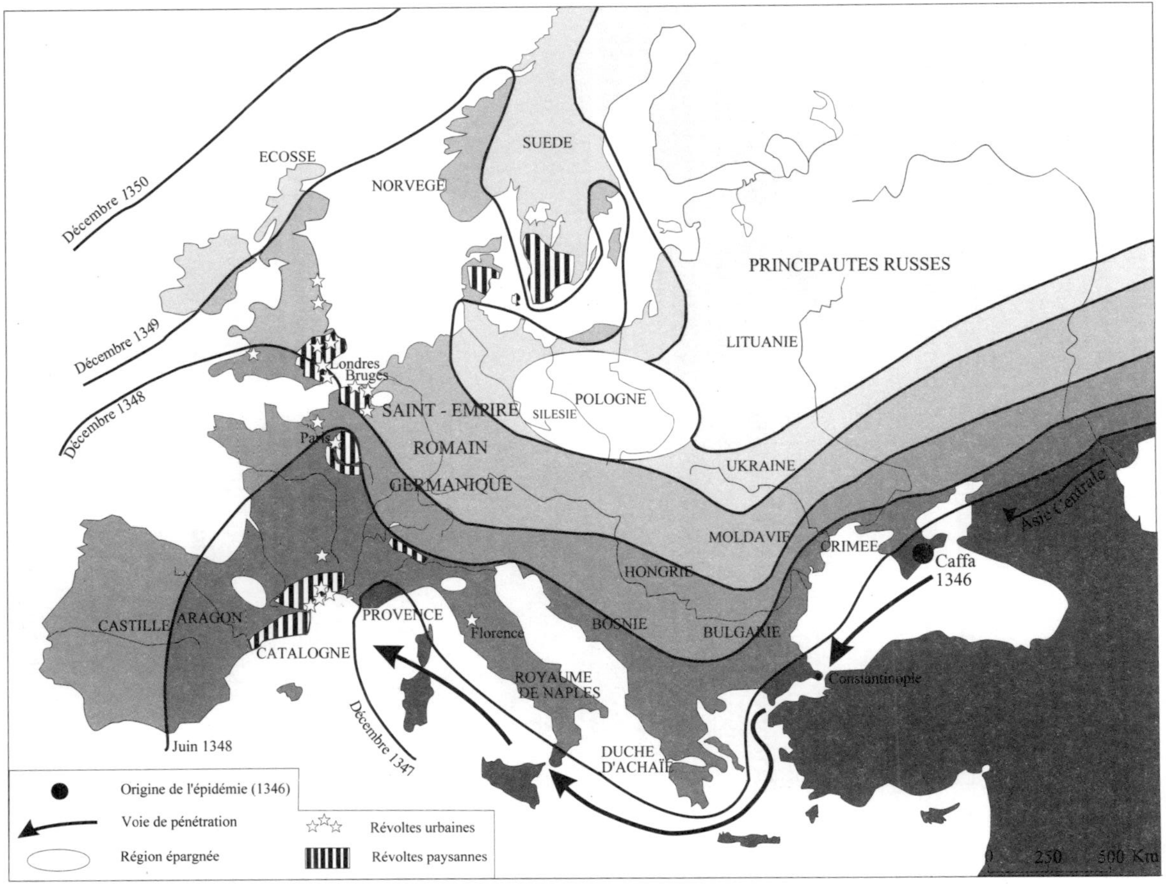

La grande peste en Europe (1346-1353)

dont ils constituent une histoire commune. Les Grandes Invasions qui conduisent à la chute de l'empire romain d'Occident, sont un événement majeur qui bouleverse et réduit les populations de tout l'empire. Les envahisseurs germaniques sont numériquement peu nombreux à s'installer en Occident, et ils finissent par fusionner lentement avec les populations romaines. Mais l'apport des nouveaux venus n'est pas négligeable partout. Les Slaves par exemple s'installent sur les vastes espaces des Balkans et de l'Europe centrale. Une large partie de l'Europe prend alors l'aspect d'un archipel d'îles de peuplement parfois assez dense, mais qui sont séparées par de vastes espaces presque vides. La croissance démographique des IXe/XIIIe siècles intéresse une très large partie de l'Europe, avec des décalages dans le temps et dans son amplitude. Les grandes épidémies sont aussi des événements européens. La peste dite justinienne ravage Constantinople, la Méditerranée et l'Europe occidentale jusque en Irlande entre les VIe et VIIIe siècles. Celle du XIVe siècle, la terrible peste noire se déclare dans la ville de Caffa assiégée par les Tatars en 1347. Les galères génoises qui évacuent la ville gagnent Messine en septembre, puis Gênes. De là, la peste étend ses ravages sur de plus vastes espaces encore, tuant selon les lieux entre 35 et 70 % des populations. Surtout, elle s'installe durablement et ses récurrences brutales épongent régulièrement les rattrapages démographiques jusqu'au XVe siècle.

Les brassages des populations

On devine à ses premiers éléments que l'image d'un monde immobile, borné par l'horizon quotidien du village et de la forêt qui barre son horizon, ne corresponde pas du tout à la réalité du Moyen Âge européen. Les populations qui occupent alors cet espace sont, de gré ou force, soumises à des échanges, des migrations, voire à de véritables brassages.

Les invasions, on l'a vu, installent des populations germaniques au beau milieu des « romains ». Occupant lentement les espaces libérés par le départ des Germains vers l'ouest et le sud, les Slaves colonisent de vastes territoires entre l'Ukraine et l'Elbe et ils s'installent de force dans les Balkans où leur présence est suffisamment forte pour slaviser le peuple d'origine turque que constituent les Bulgares. La seconde vague des invasions voit les Scandinaves dans les

Îles Britanniques, en Russie et en Normandie, tandis qu'un peuple appartenant au rameau finno-ougrien, les Magyars, s'installe en Pannonie. Ce tourbillon des invasions, traversé par le goût de la rapine et du butin, est aussi l'occasion d'une reprise des captures et des échanges de cette marchandise que sont les esclaves dont le commerce reste actif durant le haut Moyen Âge. Au travers de places spécialisées dans son commerce, comme Verdun ou Kiev, il draine dans de nombreuses directions, et surtout vers les régions méditerranéennes, les esclaves capturés en Europe centrale et orientale. Dans l'Al-Andalus des derniers califes de Cordoue, les Slaves finissent ainsi par jouer un rôle considérable.

À des fins de repeuplement, des migrations sont organisées par l'Empire byzantin lui-même, notamment au VIIe et VIIIe, en Thrace et en Bythinie. Dans l'Espagne de la *reconquista*, les rois du nord de la péninsule tentent de repeupler les territoires lentement récupérés en déplaçant des populations chrétiennes vers le sud et en attirant des colons venus des autres régions d'Occident (Aquitaine, Italie et même Allemagne et Angleterre). Les souverains hongrois accueillent les Coumans et attirent délibérément des Allemands.

Parallèlement à ces brassages de population, l'espace européen est peu à peu occupé. Les populations scandinaves connaissent ainsi une expansion vers le nord. Les Norvégiens font la conquête de l'Islande dès le IXe siècle, tandis que d'autres groupes occupent les Shetlands, les Orcades et paraissent même au Groenland. Mais ce sont les populations germaniques qui, au cœur du Moyen Âge, connaissent l'expansion la plus importante. Suivants l'axe du Danube, celui des plaines de Saxe et de Silésie et celui des rives de la Baltique, le puissant courant de l'*ostsiedlung* est soutenu à partir du XIe siècle par des intérêts divers. L'empire germanique bien sûr, les princes allemands, les évêques et les monastères, mais aussi les souverains des nouveaux ensembles politiques de Bohème, Hongrie et Pologne. Ces princes craignent certes le relais que ce mouvement peut donner aux prétentions universelles de l'empereur germanique, mais ils utilisent les populations allemandes pour le renforcement des villes naissantes et pour la mise en valeur de leurs royaumes, notamment des richesses minières dont ils tirent de gros revenus. Ces mouvements de population sont plus souvent nourris par les colons eux-mêmes dont une partie de la descendance prolifique peut franchir une nouvelle étape, que par les apports du groupe ou de la région d'origine. Ils assurent peu à peu la maîtrise des territoires européens.

La dimension culturelle des comportements démographiques

Le comportement démographique d'une population est d'abord défini par un problème commun à toutes les sociétés, celui de l'adaptation du nombre de sa population à la quantité des ressources disponibles. Chacune d'elle peut par exemple lier la croissance démographique à l'augmentation de la production, extensif, par accroissement des surfaces cultivées ou intensif si des moyens technologiques nouveaux le lui permettent. À moins qu'une régulation spontanée et brutale toujours possible ne vienne s'opérer par le jeu des épidémies, des famines, voire des conflits.

Mais de puissants facteurs culturels ou circonstanciels interfèrent fortement avec les éléments de cette problématique fondamentale, dont le jeu des facteurs n'est jamais aussi simple. Dans une Antiquité qui se révèle faiblement préoccupée par le progrès technique, une double régulation s'opère. Les esclaves formant difficilement une famille capable d'avoir et d'élever des enfants, une partie du potentiel de fécondité de l'ensemble de la population est ainsi stérilisé du fait de l'esclavage. La pratique de l'avortement et, plus encore celle de l'exposition des enfants que le père renonce à élever, complète ce système de régulation. Mais, tandis que le progressif tarissement des sources d'esclaves pèse sur les disponibilités en main d'œuvre de l'empire romain finissant, la diffusion dans les élites d'une morale plutôt hostile à la sexualité (celle des stoïciens et des épicuriens), annonce les évolutions futures. L'action de l'Église va se révéler d'abord contradictoire. Au nom d'une morale de la personne, la nouvelle religion lutte contre le couple malthusien de l'exposition des enfants et de l'avortement, ce qui devrait avoir des conséquences populationnistes dans une société chrétienne. Mais, marqué par son intégration à la société romaine et par le poids que les élites prennent très vite dans sa direction, elle emprunte aux stoïciens la dévalorisation de la sexualité à laquelle elle donne un développement considérable. Cherchant un juste milieu entre les tentations du siècle et les injonctions des saint Jérôme, saint Justin et autres partisans, parfois radicaux, de la chasteté, l'Église finit par accepter l'idée de l'acte sexuel licite dès lors qu'il se produit dans le cadre du mariage et qu'il a la procréation pour seule fin. Mais elle affirme en même temps l'infériorité de cet accommodement avec la nécessité par la valorisation de la virginité.

Cette morale héroïque est bien entendue très loin de la pratique des ouailles dont la vitalité naturelle résiste largement à la contention des ébats. Dès les premiers conciles, l'Église formule les exigences parallèles de la monogamie et de l'indissolubilité du mariage. Elle tente d'assurer ses prescriptions par le caractère public d'un acte jusque là privé, politique qui débouche finalement sur son caractère sacramentel. Mais ce ne sont là et pour longtemps que des vœux pieux, et il faudra des siècles pour en concrétiser la réalité dans la vie des sociétés européennes.

Ces conceptions religieuses ont toutefois une incidence réelle sur le devenir des populations européennes. Elles heurtent les traditions germaniques des larges parentèles dans lesquelles le mélange des sangs garantit la paix entre les lignages tout en conduisant à la multiplication des concubines. Elles gênent les pratiques des lignages qui cherchent à fonder alliances et héritages sur des stratégies matrimoniales qui excluent le consentement des personnes au profit de la nécessité des politiques claniques. Mais l'Église poursuit son combat et exploite le renforcement de son poids politique sous les Carolingiens pour obtenir des décisions conformes à ses vœux. Au milieu du IXe siècle, la condamnation victorieuse du remariage de l'empereur Lothaire II, qui avait répudié son épouse légitime et stérile pour épouser sa concubine déjà mère, témoigne de ses progrès. Sur le plan démographique ce renforcement du mariage chrétien, dont la victoire est assez largement assurée en Occident au Xe siècle, est lié à deux aspects originaux. La famille mononucléaire que les démographes lient à un modèle démographique facilitant la croissance, se développe au détriment des familles élargies. Le retard de l'âge au mariage s'ébauche aussi et résiste même à la dépression démographique du XIVe, réduisant la surmortalité féminine qui est liée aux accouchements, notamment précoces.

Certes, aucun de ces phénomènes n'est généralisable à l'espace européen du Moyen Âge. Ainsi les Scandinaves et les Slaves conservent alors un âge au mariage qui reste précoce. Mais en Europe occidentale se mettent en place les fondements d'un comportement démographique original et promis à une large extension.

Assises terriennes de l'économie et aristocratisation des sociétés

Le déclin urbain des premiers siècles

L'Antiquité gréco-romaine s'était singularisée par une place importante du fait urbain dans la civilisation, importance dont les racines étaient culturelles et politiques, beaucoup plus que liées à l'état de développement de l'économie. La cité grecque, dont le modèle avait été étendue à l'Orient dans la période hellénistique, et la cité romaine, qui avait multipliée les petites Rome dans tout l'empire à des fins de contrôle des territoires et des populations conquises, étaient d'abord des catégories politiques dont la ville, lieu des temples, des pouvoirs et des assemblées de citoyens était l'expression physique, inscrite dans le paysage.

La crise de l'antiquité romaine avait été, entre autres composantes, une crise de son système urbain que l'on peut grossièrement ramener à deux facteurs : les élites de la fortune sur qui reposaient de fait l'entretien des villes avaient eu tendance à se replier sur leurs bases rurales tandis que la menace des invasions entraînait une rétraction de l'espace urbain désormais enserré dans des murailles couvrant une superficie restreinte. Un très grand nombre des villes d'Occident se repliaient autour de la fonction épiscopale. En Orient, les premiers siècles du Moyen Âge sont aussi ceux d'une ruralisation de l'empire byzantin. Constantinople reste toujours une grande ville et la prospérité reste toujours visible à Thessalonique ou Éphèse. Mais les activités commerciales se réduisent et la ville se replie sur des fonctions religieuses (évêché), administratives et militaires. Le déclin urbain est certes inégal dans l'espace comme dans le temps, mais il est général et il révèle la nature fondamentalement rurale du Moyen Âge.

Des économies terriennes

Les économies médiévales sont avant tout terriennes. Le problème principal et immédiat que rencontrent les sociétés du continent européen est alors celui de la subsistance. Le faible développement technologique ne permet pas des rendements élevés dans l'agriculture du temps. Il rend les récoltes, et par conséquent les hommes, étroitement dépendants des aléas du climat. Le terrible hiver 927-928 plonge dans la misère et l'angoisse la paysannerie de l'empire byzantin. Le mauvais été 1315 détruit une large partie des récoltes et plonge l'Europe occidentale dans une terrible famine.

Les techniques agricoles traditionnelles déterminent des rendements certes variables d'une région à l'autre, mais qui restent limités (de 3 à 7 ou 8 pour un) et on ne perçoit que de faibles évolutions. Les progrès techniques (la charrue, le collier d'épaule) permettent plus la mise en culture de terres jusque là en friches (terres lourdes) qu'une augmentation des rendements. L'augmentation de la production dépend donc essentiellement de l'accroissement des surfaces cultivées, car l'autosuffisance alimentaire est la règle pour une très large partie de la population, l'objectif premier des paysans comme de l'aristocratie foncière. Les cultures destinées au commerce ne concernent jamais que des espaces limités. Le ravitaillement des grandes villes lorsqu'elles existent (Constantinople, à différents moments de son histoire, Paris à partir du XIIIe siècle, les villes italiennes et flamandes) engendre toutefois un commerce important qui reste limité aux régions proches dès que l'Égypte a échappé à l'empire byzantin (VIIe siècle).

La terre constitue aussi largement et longuement le principal fondement de la puissance. Celle de l'État byzantin dont elle est le principal support de la fiscalité, celle des souverains d'Occident qui la distribuent à leurs fidèles, celles des aristocraties enfin dont elle fournit le plus clair des revenus.

Hommes libres et aristocrates

Les legs de l'Antiquité gréco-romaine et celui du monde des « peuples barbares », dans le domaine de la conception de la société, peuvent être rapprochés au moins sur un point. Dans la Méditerranée gréco-romaine comme au-delà du limes, le statut juridique de l'homme libre est originellement associé à une dimension militaire et politique. À l'origine, le citoyen est à la fois celui qui porte les armes pour défendre la cité et celui qui participe aux assemblées pour sa gestion. Cette conception n'empêche pas la formation de véritables aristocraties qui évincent souvent les citoyens de la réalité du pouvoir. Mais elle traverse les siècles de l'Antiquité comme une référence juridique et elle survit dans l'Antiquité tardive sous la forme dégradée et fictive de la participation du peuple à la désignation du souverain par l'acclamation de l'armée. L'organisation des peuples germaniques et slaves repose sur le jeu de familles princières au sein desquelles est choisi le « roi » et du groupe des hommes libres qui sont aussi des guerriers. Une conception parallèle du rôle de l'homme/citoyen et du guerrier/libre définit donc un peuple qui n'est pas, à l'origine, composé de serviteurs d'un maître et à qui son statut juridique n'exclut pas la participation, même restreinte, à la conduite de la société. Plusieurs formes dégradées de la participation originelle des guerriers libres à la vie politique subsistent dans l'acclamation de l'empereur (byzantin ou occidental), dans le plaid carolingien ou le *vietché* slave par exemple.

Les aristocraties que connaissent les sociétés romaines ou « barbares » ne sont d'ailleurs pas des noblesses fermées par la légitimité du sang. Considérée sur plusieurs générations, l'aristocratie romaine se renouvelle assez vite, laissant place à l'ascension de familles favorisées par la fortune. Des familles riches et puissantes ont par contre très tôt développé des relations de clientèle tant avec des citoyens recherchant leur protection qu'avec leurs affranchis et leurs descendants. Dans les monde slave et germanique, les suites armées des princes (la *trustis* franque, la *druzina* slave) et, en particulier leurs plus proches compagnons, forment un groupe qui peut prétendre à devenir une aristocratie en bénéficiant des meilleurs parts de butin et de ses largesses.

Ainsi, toutes différentes que puissent être leurs cultures, les sociétés de l'espace européen médiéval ont quelques racines qui peuvent devenir communes lorsqu'elles sont amenées à confronter leurs expériences dans le tourbillon des invasions. Dans leur conception de l'organisation des rapports sociaux, elles définissent toutes des hommes libres, par opposition à la condition d'esclave. Elles peuvent garder le souvenir plus ou moins proche d'une marge d'autonomie de ces libres par rapport au pouvoir. Elles n'ignorent pas la réalité des hiérarchies sociales qui s'expriment dans la distinction de quelques-uns qui se pensent comme les meilleurs, et qui assoient leur fortune tant sur des relations particulières avec le prince que sur la constitution de clientèles.

La puissance des aristocraties foncières

Or le Moyen Âge connaît semble-t-il la tendance lourde de l'aristocratisation des sociétés. Depuis la fin de l'Antiquité, le statut des paysans libres avait pu subir quelques entorses (le colonat, qui attachait l'homme à la terre), tant de la part de l'État romain que de celle des grands propriétaires. Significativement, l'esclavage commence à se dissoudre dans de nouvelles formes de servitudes (qui deviennent le servage) tandis que le sort de nombre des paysans libres qui se dégrade à tendance à s'en rapprocher.

La tendance est presque partout la même, si les situations sont diverses selon les régions. Passés les troubles liés à la première vague des invasions, la paysannerie petite et moyenne de l'empire byzantin connaît d'abord un renforcement (VIIe et VIIIe siècles) et elle devient la base sociale, fiscale et militaire de la première renaissance de l'État. Mais dès le IXe siècle, la croissance de la grande propriété reprend et, en dépit des efforts des empereurs macédoniens qui multiplient les tentatives pour la limiter, elle fonde durablement la puissance de grandes familles comme les Phocas ou les Comnènes. Avec ces derniers, l'aristocratie foncière parvient au pouvoir en 1081.

Dans le reste de l'Europe les pouvoirs monarchiques naissants s'attachent à la fois à contrôler l'aristocratie et à l'utiliser pour encadrer la population. Selon les circonstances, ils parviennent momentanément à leurs fins, comme les premiers carolingiens, ou doivent lui abandonner de larges pans de l'autorité. En Occident, un double modèle se met en place. Celui de la seigneurie est essentiellement économique. Il s'efforce de capter une partie de la production au profit du seigneur, propriétaire éminent de la terre, qui multiplie autant que possible les prélèvements sur les paysans. Celui de la féodalité est plus politique. Charlemagne avait déjà systématisé les vieilles relations d'homme à homme dans l'obligation faite aux serviteurs de l'empereur de prêter un serment de fidélité à la personne même de l'Empereur. Associé à la distribution, d'abord viagère et conditionnelle de *bénéfices*, c'est-à-dire de biens fonciers prélevés sur le *fisc* (le domaine royal), cette pratique allait largement ruiner l'autorité des souverains successeurs dès lors que les aristocrates obtenaient l'hérédité des fiefs. Lentement élaboré, le système féodal allait prendre la forme d'une pyramide complexe de liens contractuels entre suzerain et vassal, échangeant fiefs et protection contre fidélité et assistance. Dans ses formes pures, si elles ont jamais existé, la féodalité concernait essentiellement l'Europe occidentale, mais son influence s'étendit progressivement en Europe centrale et même dans les Balkans, du moins lorsque la quatrième croisade y eut installé des principautés latines. Dans les faits, seigneurie et féodalité étaient liées, la mainmise du seigneur détenteur de droits (sur la terre et sur les hommes) et celle du seigneur détenteur d'une partie de la puissance publique (justice et pouvoir de commandement) s'appuyant l'une l'autre. À Byzance, la féodalité n'existe pas, mais dès l'époque des Comnènes, les empereurs tendent à récompenser leurs partisans par la *pronoia*, cession temporaire d'une terre appartenant à l'État, le bénéficiaire devant l'entretenir en échange de la jouissance de ses revenus. Assez généralement à l'époque des Comnènes du moins, le *pronoaire* doit fournir aussi une contribution militaire (hommes et équipements). Au fur et à mesure que l'autorité impériale décline, les biens confiés en *pronoia* peuvent être agrégés à des propriétés patrimoniales. Dans la Morée franque et vénitienne, dans les îles et même dans les Balkans méridionaux, de grands propriétaires grecs qui découvrent les systèmes occidentaux et qui se parent du nom significatif d'*archontes* arrondissent ainsi leur propriétés, accentuent leur emprise sur les paysans et voit leurs avantages confirmés quand les Byzantins récupèrent la région.

Mais cette histoire est complexe et il ne faudrait pas imaginer que les aristocraties enserrent le reste de la société dans une domination sans partage. Même en Occident, la seigneurie n'est pas le modèle unique d'organisation des campagnes. Dans de nombreuses régions, les terres patrimoniales possédées en toute propriété par de moyens ou petits propriétaires (les *alleux*) restent nombreuses. La où règne la seigneurie foncière, les communautés rurales peuvent établir un rapport de force qui tempère l'emprise du seigneur. Mais celui-ci dépend des circonstances. Dans l'empire byzantin déliquescent et dans les États balkaniques qui lui succèdent momentanément (Serbes, Bulgares), les petits propriétaires ont semble-t-il largement disparus et les paysans sont devenus des *parèques*. Leur statut reste celui d'hommes libres. Ils restent détenteurs de la terre qu'ils exploitent s'ils en paient le loyer et ils peuvent la léguer à leur descendant ou la vendre. Mais dans les faits et à partir du XIIIe siècle, les moyens de pression des grands propriétaires réduisent fortement ces protections juridiques et les *parèques* se retrouvent plus ou moins attachés à la glèbe.

Les aristocraties, l'Église et les États

L'Église joue partout un grand rôle dans ce système d'encadrement, comme puissance économique grâce aux immenses biens fonciers qu'elle accumule, mais aussi par son insertion dans le système féodal occidental. Évêques et monastères sont aussi des seigneurs, souvent dans les différents sens du terme. Leurs biens posent pourtant le problème d'être retirés de fait de la circulation des héritages et des regroupements matrimoniaux. Mais, en Occident du moins, l'aristocratie investit les fonctions ecclésiastiques importantes. Lorsque l'occasion s'en présente, c'est-à-dire lorsque l'autorité des princes se réduit, ses revenus peuvent être partiellement récupérés par l'aristocratie. Aux abbés laïques et autres avoués qui captent la fortune et la puissance des monastères en Occident aux IXe et Xe siècles, répond la *charistiké* byzantine qui se développe à partir du XIIe siècle. Ce système voit les biens d'un monastère réputé mal administré remis à des laïcs, en principe temporairement. Les *charistikaires* perçoivent les revenus en échange de la mise en valeur des biens, mais l'affaiblissement de l'autorité impériale permet alors bien des détournements. Par tous ces moyens, l'aristocratie conserve la jouissance d'une partie des revenus que ses propres donations transfèrent régulièrement à l'Église.

Cette forte présence des puissants au cœur des sociétés médiévales s'accompagne du développement d'une culture aristocratique. La valorisation des exploits militaires, la revendication de qualités particulières et honorables, le culte du faste comme moyen de différenciation sont les éléments de cette culture qui se retrouve même à Byzance dès l'époque de Manuel II Comnènes. Le basileus rompt significativement avec la tradition des courses de l'hippodrome, moment privilégiés des rapports de l'empereur et du peuple constantinopolitain. Il leur substitue les joutes et tournois qui séduisent alors l'aristocratie. Cette culture s'exprime et se renforce d'autant plus lorsque ces aristocraties doivent composer avec la montée en puissance des États qui, en Occident, modifient leur rapport avec le prince. Elles se définissent alors progressivement comme une noblesse, groupe qui se reconnaît à des qualités éminentes et uniques, progressivement attribuées au sang et essentielles pour légitimer un statut particulier. Si leur puissance réelle est progressivement encadrée par le développement de l'État monarchique moderne qui les domestique lentement, tout en protégeant leurs intérêts, ces noblesses exercent leur culture, et leur mode de vie une puissante et durable séduction sur les sociétés.

En Europe centrale, les aristocraties hongroise ou polonaise contrecarrent efficacement les tentatives royales pour renforcer l'État. Au début du XIIIe siècle, le roi André II de Hongrie multiplie les donations à ses fidèles et doit reconnaître par la Bulle d'Or de 1222 les droits de la noblesse. En débit des efforts de Béla IV, ses successeurs Arpadiens comme Angevins ne parviennent pas à inverser la tendance. Tandis qu'une minorité de grands barons accaparent d'immenses domaines, toute la petite noblesse se fait reconnaître les mêmes privilèges, notamment fiscaux (1351). Le roi de Hongrie Louis d'Anjou achète la couronne de Pologne par l'octroi de privilèges considérables à sa noblesse, (charte de Kosice en 1381). Dans ces grands royaumes, l'oligarchie des magnats détient la réalité du pouvoir tandis que la petite noblesse militaire (la *szlachta* polonaise) impose sa participation aux diètes nobiliaires qui contrôlent les souverains.

La ville, principal moteur de l'évolution des sociétés médiévales

Presque partout donc et quelle que soit l'évolution des pouvoirs, on voit que les sociétés médiévales font une place privilégiée à des aristocraties qui associent la puissance foncière, la fonction militaire et, de plus en plus, un genre de vie qui finit par définir la noblesse. Pourtant l'histoire européenne médiévale ne se résume pas aux rapports des paysans, des aristocrates et des princes. Une frange d'abord très marginale de la population, celle des villes et des sociétés urbaines, est appelée par son dynamisme renaissant à fonder les évolutions futures.

Survivance des villes au haut Moyen Âge

On a pu entrevoir combien le Moyen Âge commençant, celui des invasions, avait été marqué par un déclin urbain et la ruralisation corollaire des activités déjà sensibles dans certaines provinces occidentales de l'empire romain finissant. Ce n'est pas que cette période ait été dépourvue d'organismes urbains. Dans l'espace de l'ancien empire romain, les villes antiques ont pour beaucoup subsisté. Leur rétraction derrière des murailles avait commencé dès le IIIe siècle. La plupart survivent à la vague des Grandes Invasions autour de leur évêque. Certaines villes continuent de jouer un rôle commercial, même au-delà du commerce local ou un rôle politique, notamment comme capitale (Soissons, Paris, Winchester). Les courants d'échanges déterminent l'apparition de concentrations temporaires d'habitat et d'entrepôts, comme ceux de Birka en Suède, de Haithabu au Danemark, de Dorestad dans les actuels Pays-Bas ou de Quentovic à l'embouchure de la Somme. À partir du VIIIe siècle, la vague des « invasions » normandes, hongroises et sarrasines, largement déterminées par la recherche du butin (objets précieux, esclaves) dégrade par contre fortement le vieux tissu urbain de l'antiquité qui subsistait encore assez largement.

En Orient la ville est certes réduite en importance, à quelques exceptions près dont celle de la capitale de l'empire byzantin bien sur. Elle est également repliée sur un *kastron*, une forteresse. Mais elle conserve largement son rôle administratif, religieux et militaire. La grande ville qu'est Constantinople demeure exceptionnelle et, à l'intérieur de l'enceinte théodosienne toujours entretenue, sa population varie grandement selon les heurts et malheurs de l'empire, jusqu'à 400 000 habitants semble-t-il lors des périodes fastes, mais avec des fléchissements à moins de 80 000 lorsque celui-ci traverse une crise profonde. Au nord du limes, dans les vastes espaces jadis « barbares » et lentement christianisés, on ne parvient pas à identifier des villes autrement que par la légende (la Calissia dont Ptolémée fait un centre de l'ambre). Les installations précaires dont nous avons parlé, parfois protégées de fortifications de terre et de bois (Haithabu) assument précocement (VIIe et VIIIe siècles) quelques fonctions urbaines. Des sites fortifiés comme les *grody* slaves qui ont été repérés par l'archéologie. Ceux dont le hasard fit la résidence de princes chanceux et qui voient l'installation d'un évêché (Nitra en Grande Moravie, Prague, Gniezno) et donnent peu à peu, mais tardivement naissance à une agglomération.

La renaissance urbaine

C'est dans la partie occidentale de l'Europe d'abord, que des villes connaissent un renouveau à partir de la fin du Xe siècle et que celui-ci prend les caractères économiques, sociaux et culturels qui en feront peu à peu le creuset de la modernité. Cette histoire est certes localisée à l'Occident et même à quelques unes de ses régions (Italie, Flandres...), mais elle est plus largement européenne parce qu'elle étend progressivement certains de ces caractères à un espace beaucoup plus large.

La croissance urbaine concerne d'abord la période des XIe, XIIe et XIIIe siècles. Après un fléchissement marqué à l'occasion de la peste noire et de ses récurrences, elle reprend au XVe siècle. Le phénomène est d'abord identifiable en Italie et en Flandres, mais il s'étend progressivement à l'ensemble de l'Occident, dans l'empire et au-delà, en Pologne, en Hongrie et en Russie. Elle est difficile à mesurer en l'absence de dénombrement de la population. Paris atteint seule les 200 000 habitants. Quelques très grandes villes italiennes Milan, Florence, Gênes et Venise finissent par dépasser 100 000 habitants. Bologne, Gand et Naples (entre 50 000 et 80 000), Londres, Bruges, Prague, Cologne, Breslau, Toulouse, Cracovie, Vilnius, Novgorod et Pskov sont aussi parmi les grandes villes pour l'époque, celles qui atteignent ou dépassent 20 000 habitants. Dans la Hongrie dévastée par les Mongols au XIIIe siècle, seul l'ensemble de Buda et Pest atteint 15 000 habitants vers 1400. De nombreuses villes plus petites (5 000 à 10 000 habitants) maillent les territoires depuis l'Atlantique jusque dans les pays Baltes, où Riga au moins et peut-être Tartu atteignent les 5 000 habitants avant la fin du Moyen Âge. La densité de ce réseau urbain décroît certes en allant vers l'est, mais l'essor est partout sensible, à l'exception des régions particulièrement troublées par les guerres ou les dernières invasions : Kiev qui aurait compté 30 000 à 40 000 habitants au XIIe siècle est durablement dévastée, tant par les guerres entre princes russes que par les Tatars.

L'essor des villes est lié à des facteurs multiples et non au seul développement du grand commerce comme on a pu le croire. Les progrès des échanges locaux ont soutenu la croissance et l'activité de la plupart des villes modestes et moyennes. La volonté des pouvoirs s'est manifestée dans la création de villes (comme Lübeck), dans l'installation d'universités attirant des populations de maîtres et d'étudiants, ou dans l'installation d'une cour princière dont les dépenses stimulent l'activité. Londres, Paris, Prague, Moscou ou Budapest ont ainsi largement été faites par les pouvoirs princiers qui s'y sont installés. Mais, cette variété des facteurs étant préalablement

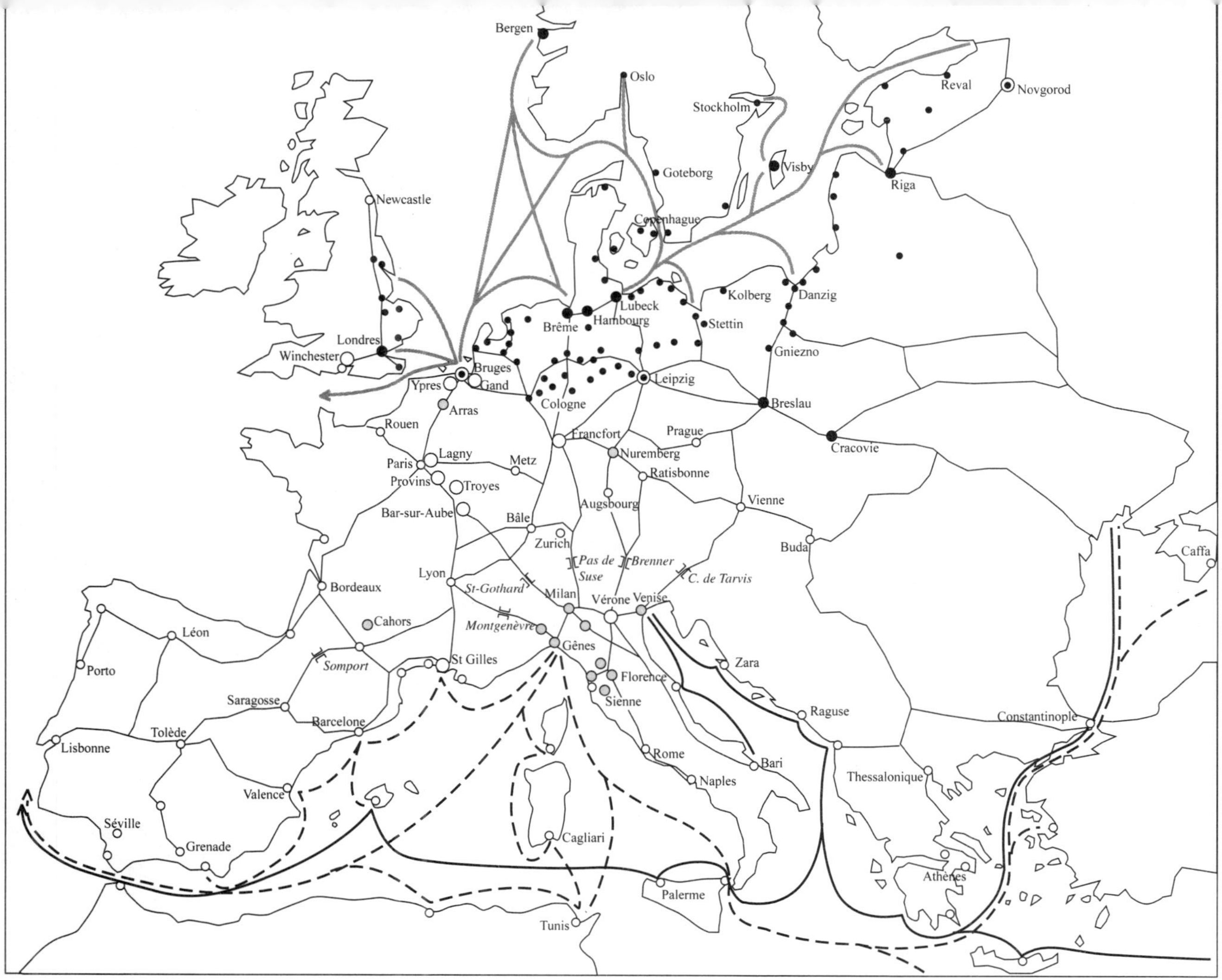

- Villes et comptoirs de la Hanse
- Principales foires
- Centres d'activité bancaire
- Autres villes

Routes maritimes
- de Venise
- de Gênes
- de la Hanse

Routes terrestres

Col

0 250 500 km

Les grands courants commerciaux européens (XIe-XIIIe siècles) posée, celui qui est alors le plus neuf comme sans doute le plus novateur réside dans le développement nouveau du commerce à longue distance et dans l'impulsion que les marchands donnent à l'économie urbaine.

De grandes voies de commerce à longue distance ont parcouru l'Europe tout au long du Moyen Âge, exploitant surtout les transports maritimes et fluviaux, irriguant tantôt un espace tantôt un autre, et donnant l'occasion d'échanges fructueux, commerciaux certes, mais aussi culturels. Le commerce méditerranéen reste ainsi important pendant le haut Moyen Âge et l'on trouve des marchands « syriens » dans tout l'Occident. Le commerce de la mer du Nord est actif jusqu'aux invasions normandes. Les Varègues suédois ouvrent la voie des fleuves russes (IXe siècle), qui relient la Baltique à Constantinople et ils participent sinon inspirent les fondations des cités commerçantes que sont Novgorod ou Kiev. La conquête musulmane et la piraterie qui se développe en Méditerranée réduisent certes les échanges entre le VIIIe et le Xe siècles, mais elles renouvellent certains trafic comme celui des esclaves.

À partir du Xe siècle et plus encore du XIe, les marchands de villes italiennes exercent peu à peu leur prépondérance dans le commerce méditerranéen. Les Amalfitains d'abord, puis les Pisans, les Génois et les Vénitiens en deviennent les animateurs puis les maîtres. Dès avant les croisades, le commerce avec l'Orient byzantin ou musulman est devenu florissant. Venise utilise les relations privilégiées qu'elle détient avec Byzance depuis ses origines pour vendre au bon moment son aide au vieil empire : menacé par les Normands de Sicile à la fin du XIe le basileus Alexis I Comnènes accorde à ses marchands des privilèges exorbitants (1082). Avec l'établissement des États latins du Proche-Orient puis avec la conquête de Constantinople en 1204, ce commerce italien s'appuie désormais sur des privilèges et des comptoirs qui, pour Venise deviennent un véritable empire.

Au nord de l'Europe le commerce se développe dans la mer Baltique, la mer du Nord et le long des fleuves. D'abord aux mains des Scandinaves et notamment des Gotlandais (XIe siècle), il voit aussi apparaître les Russes de Novgorod, les Frisons, les Flamands et les Allemands de Brême et de Cologne. Celle-ci, la seule cité allemande qui remontât à l'époque romaine et dont l'activité commerciale s'était toujours maintenue reprend son essor dès le Xe siècle. En 1158, la fondation de Lübeck donne une impulsion décisive au commerce du nord. Dès le XIe siècle des associations réunissent les marchands de plusieurs villes fréquentant les ports de la Baltique. À la fin du siècle suivant, elles deviennent la Hanse, une ligue qui rassemble des dizaines de villes d'Allemagne, de Scandinavie et de Livonie tandis que des comptoirs hanséatiques sont installés à Novgorod, Bergen, Londres et Bruges. La Flandre, avec ses grandes villes commerçantes de Gand et de Bruges fait ainsi le lien entre le réseau méditerranéen et le réseau hanséatique. Les deux ensembles communiquent par l'isthme français (les foires de Champagne d'abord), complété par le trafic des vallées alpines et des fleuves allemands ensuite, du Rhin notamment.

Les plus importantes évolutions de la société urbaine et, parallèlement, de l'équilibre des différents pouvoirs, sont liées à ce facteur marchand de l'essor urbain médiéval. Le renforcement simplement numérique des sociétés urbaines et l'émergence du groupe des marchands/entrepreneurs pose des problèmes spécifiques comme celui de la réglementation des activités et de l'arbitrage des conflits.

Dans l'empire byzantin la tradition antique d'une autonomie des villes, héritière de celles de la cité antique dans l'empire romain, se prolonge jusqu'au VIIe ou VIIIe siècle. Elle semble certes s'évanouir parallèlement à la confortation de l'État byzantin aux VIIIe et IXe siècles. Mais, lorsque se confirme le recul de l'autorité impériale dès la fin du XIIe siècle et plus encore aux siècles suivants, on voit réapparaître franchises et privilèges municipaux d'abord semble-t-il pour des villes situées à la périphérie de l'empire, comme Raguse en 1192, puis pour les autres. En 1205, Thessalonique fait reconnaître par les Latins les droits que les empereurs byzantins lui avaient déjà reconnus, et qui sont confirmés par Jean Vatatzès en 1246. Mais la seconde ville de l'empire n'est pas la seule à bénéficier ainsi de franchises : Janina et Monemvasie par exemple jouissent de privilèges similaires. Lorsque les Serbes d'Étienne Douchan établissent leur autorité sur ces régions, ils confirment aussi ces privilèges qui comprennent souvent l'autonomie judiciaire et celle de l'administration municipale.

Le mouvement qui saisit les villes de l'Occident est d'une autre nature, à la fois par ce qu'il n'est pas dirigé contre l'autorité d'un

État qui n'existe pas et parce qu'il est porté par des groupes sociaux plus divers, dans lesquels les marchands peuvent localement peser d'un grand poids. Mais, dès le XIIe siècle, il va dans le même sens. D'abord, les habitants des villes se voient très tôt reconnaître, de fait ou de droit, un statut d'hommes libres, qui ne compte pas pour rien dans l'attrait que la ville va exercer sur les populations rurales. Dès les débuts de leur essor les villes avaient rencontré les problèmes d'organisation qui étaient liés à la croissance du nombre de leurs habitants. Au hasard des documents dont on dispose, apparaissent les *boni homines* ou les *probi homines* qui ont pour charge d'aider à les résoudre. Le mouvement d'émancipation qui suit ces aménagements initiaux peut grossièrement se résumer ainsi : les élites urbaines négocient avec les seigneurs laïcs ou ecclésiastiques des arrangements qui leur reconnaissent plus ou moins d'autonomie dans la conduite des affaires de la ville. Dans les cas les plus favorables, et essentiellement en Italie, des villes deviennent indépendantes de tous les pouvoirs et constituent de véritables États : Florence comme Venise entrent ainsi parmi d'autres cités italiennes dans la grande politique. Ailleurs, des droits rachetés, des concessions négociées ou plus rarement imposées par l'émeute, des décisions de seigneurs voulant attirer la population dans des centres urbains, dont ils espèrent tirer un profit fiscal de l'essor, donnent à une élite urbaine, les moyens de conduire les affaires internes de la ville. Sauf à l'occasion de courtes crises qui voient l'irruption du peuple dans ce dispositif (notamment lors des troubles sociaux de la fin du XIVe siècle), ces constitutions urbaines ne sont jamais démocratiques et un groupe restreint accapare le pouvoir municipal, véritable patriciat, dans lequel les grands marchands sont nombreux sinon dominants. Mais les principes qui animent son fonctionnement sont ceux de la collégialité de l'exercice du pouvoir, du mandat décerné à quelques uns par les autres et de la révocabilité de l'autorité. Dans le monde médiéval des princes, des évêques et des seigneurs où ils trouvent temporairement une place, ces principes sont radicalement novateurs.

Enfin, des mutations techniques, culturelles, et éthiques décisives accompagnent l'essor des villes et le développement du monde marchand. Confronté aux nécessités, le monde des marchands, des banquiers et des entrepreneurs se montre remarquablement inventif. Il met au point les techniques fondamentales de la banque, il conçoit de vastes entreprises comme celles qui organisent le fonctionnement de l'industrie textile flamande ou italienne, il définit les contrats d'association qui partagent les risques et les profits des expéditions commerciales lointaines. Son savoir repose sur sa transmission et notamment sur le développement d'écoles laïques dont on repère l'existence à Gand dès le XIIe siècle. Si les objectifs de formation de ces écoles sont la transmission des savoirs techniques et professionnels que le monde marchand a élaboré, elles jouent un grand rôle dans la diffusion de l'écriture, dans celle d'une géographie pratique et des mathématiques. Car il faut compter et mesurer, et d'abord le temps. Les cloches dont se dotent les villes ne sonnent plus les heures des offices mais celles du travail, et ce sont des heures qui sont égales et exactes. Enfin, les plus grands de ces marchands ou les corporations qui les réunissent participent au grand mouvement de la Renaissance artistique et ils l'inspirent partiellement. Ils en sont l'un des clients et leur mécénat oriente certains des aspects que prend l'art. Il soutient le développement du portrait et il encourage une certaine réalité de la représentation. Il transpose dans l'art leurs préoccupations, comme dans ces peintures du mathématicien Piero della Francesca où l'on a pu reconnaître dans le goût des volumes multiplié par le peintre, celui des calculs de contenance que la diversité des contenants imposait à la sagesse du marchand.

Ainsi le Moyen Âge finissant voit-il se mettre en place en de nombreux domaines les fondements de la modernité. Il ne faut certes pas en exagérer les prémisses. Le monde urbain des marchands par exemple, reste fortement imprégné ou séduit par le modèle social et culturel prestigieux que lui présente la noblesse et celui-ci va durablement l'emporter. L'Église est toujours un acteur fondamental de la société et son emprise sur les esprits reste considérable. Le mécénat des villes et des marchands n'oublie pas l'art religieux et l'embellissement des églises auquel il consacre une très large part de ses deniers. Mais une laïcisation de certains aspects de la vie sociale est en cours, comme d'ailleurs on l'a vu poindre dans le domaine politique avec les balbutiements de l'État ou dans celui de la pensée avec les incidences de la réflexion philosophique. Au fond, l'Europe dont la réalité se fonde au Moyen Âge sur son appartenance commune à une chrétienté a peut-être bien bénéficié d'une chance unique et inouïe, celle de disposer d'une Église puissamment organisée et amenée à revendiquer la conduite de la société. Contre cette revendication et parce qu'elle affrontait les autres pouvoirs, une société civile pouvait justement se construire et, dans ce processus, le lent dépassement des schémas mentaux de la religion initiale devenait possible.

Bibliographie

Brehier, L., *Vie et mort de Byzance*, Paris, Albin Michel, 1969
Champeaux, J., *La religion romaine*, Paris, De Fallois, 1998.
Chelini, J., *Histoire religieuse de l'Occident médiéval*, Paris, Hachette 1991.
Ducellier, A. et Kaplan, J., *Byzance, IVe-XVe siècles*, Paris, Hachette, 1997.
Grimal, P, *L'empire romain*, Paris, De Fallois, 1993.
Heers, J., *La ville au Moyen Âge*, Paris, Hachette, 1990
Jerphagnon L., *Histoire de la Rome antique*, Paris, Hachette, 1987.
Libera, A. de, *La philosophie médiévale*, Paris, PUF, 1993.
Livi Bacci, *La population dans l'histoire de l'Europe*, Paris, 1999.
Riché, P., *Les carolingiens*, Paris, Hachette 1983, réédité en 1997.
Roux, S., *Le monde des villes au Moyen Âge, XIe-XVe siècles*, Paris, Hachette, 1994.

*Index des noms de lieux**

* À l'exclusion du chapitre « L'espace européen »

Achevé d'imprimer sur les presses
de la Société de l'imprimerie artistique
à Lavaur (Tarn)
en septembre 1999